国家双高“铁道机车专业群”系列　活页工作手册式立体化教材
——城市轨道交通车辆应用技术专业

城市轨道交通车辆驾驶控制系统

主　编◎徐　彦　吴安伟　班希翼

副主编◎赵　慧　吴帅杰　可心萌

主　审◎罗　敏

西南交通大学出版社

·成　都·

图书在版编目（CIP）数据

城市轨道交通车辆驾驶控制系统 / 徐彦，吴安伟，班希翼主编. -- 成都：西南交通大学出版社，2023.12

ISBN 978-7-5643-9704-3

Ⅰ. ①城… Ⅱ. ①徐… ②吴… ③班… Ⅲ. ①城市铁路 – 铁路车辆 – 驾驶系统 – 控制系统 – 高等职业教育 – 教材 Ⅳ. ①U239.5

中国国家版本馆 CIP 数据核字（2024）第 019703 号

Chengshi Guidao Jiaotong Cheliang Jiashi Kongzhi Xitong

城市轨道交通车辆驾驶控制系统

徐　彦　　吴安伟　　班希翼　　**主编**

责任编辑　张华敏
特邀编辑　杨开春　陈正余
封面设计　何东琳设计工作室

出版发行　西南交通大学出版社
（四川省成都市金牛区二环路北一段 111 号
西南交通大学创新大厦 21 楼）
邮政编码　610031
营销部电话　028-87600564　028-87600533
网址　http://www.xnjdcbs.com
印刷　四川玖艺呈现印刷有限公司

成品尺寸　185 mm × 260 mm
印张　15.75
字数　431 千
插页　6
版次　2023 年 12 月第 1 版
印次　2023 年 12 月第 1 次
定价　59.00 元
书号　ISBN 978-7-5643-9704-3

课件咨询电话：028-81435775

前　言

PREFACE

我国“交通强国”的战略目标赋予城市轨道交通新的广阔发展前景，随着城市轨道交通运营规模的扩大和运营水平的提高，无人驾驶、智慧检修等轨道交通车辆智慧运维技术发展迅速。城市轨道交通行业的发展与智慧运维技术的不断进步、现代轨道交通技术的不断升级，对轨道车辆运用、维护、管理等方面的技能复合型专业人才的需求愈发紧迫。为了满足轨道交通运营、制造企业和职业院校对城轨车辆专业人员的培养和培训需求，学院通过与郑州地铁、洛阳地铁等骨干企业的校企合作，开发了工学结合的立体化教材。本书作为郑州铁路职业技术学院“双高计划”建设成果，主要用于高等职业院校城轨车辆应用技术专业的教学，也可用于全国各城市地铁公司系统运营、供电、车辆驾驶及检修、设备检测与维护等岗位的企业在职员工培训。

本书以工作过程为导向，结合城轨车辆驾驶、检修作业过程与轨道车辆电气系统功能结构，建立了相应的学习任务，每个任务按照任务描述、任务目标、教学建议、知识内容、任务实施、技能考核、任务拓展、任务训练的结构进行编写，把作业指导、作业过程、理论分析进行柔性结合，为开展“理实一体化”课程教学提供了指导方案。全书分为 9 个任务：任务一的内容为城轨车辆高压牵引系统工作原理分析及故障诊断，任务二的内容为城轨车辆辅助供电系统工作原理分析及故障诊断，任务三的内容为城轨车辆整备控制系统工作原理分析及故障诊断，任务四的内容为城轨车辆牵引控制系统工作原理分析及故障诊断，任务五的内容为城轨车辆制动控制系统工作原理分析及故障诊断，任务六的内容为城轨车辆乘客信息系统工作原理分析及故障诊断，任务七的内容为城轨车辆照明控制系统工作原理分析及故障诊断，任务八的内容为城轨车辆空调控制系统工作原理分析及故障诊断，任务九的内容为城轨车辆车门控制系统工作原理分析及故障诊断。

本教材由郑州铁路职业技术学院徐彦、班希翼以及郑州地铁集团有限公司吴安伟主编，由郑州铁路职业技术学院赵慧、可心萌及郑州地铁集团有限公司吴帅杰任副主编。具体编写分工如下：课程导读由吴安伟编写；任务一、任务二和任务三由班希翼编写；任务四、任务五、任务六和任务九由徐彦编写；任务七由赵慧编写；任务八由可心萌编写。全书由洛阳轨道交通集团有限责任公司罗敏主审。

在本教材编写过程中，得到了郑州地铁集团有限公司工程师刘润田、崔爽的大力支持和帮助，同时本教材参考了多位专家的著作及文献资料以及部分城轨企业的技术资料，在此编者向他们表示诚挚的感谢。

由于编者水平有限，书中难免存在疏漏和不足之处，希望各位读者给予批评指正。

编　者

2023 年 10 月

数字资源目录

续表

序号	资源名称	资源类型	页码	资源位置
27	停车制动控制电路图分析	二维动画	123	任务 5
28	单节车停放制动监视电路图分析	二维动画	125	
29	全列车停放制动缓解监视电路图分析	二维动画	125	
30	全列车停放制动施加监视电路图分析	二维动画	127	
31	制动电气测试作业	微课视频	129	
32	司机室与乘客紧急对讲	三维动画	156	任务 6
33	城轨车辆数字化报站	三维动画	158	
34	人工广播试验作业	微课视频	163	
35	紧急报警试验作业	微课视频	163	
36	半自动广播试验作业	微课视频	165	
37	紧急广播试验作业	微课视频	167	
38	广播优先级试验作业及广播系统音量调节试验作业	微课视频	167	
39	车辆外部照明功能试验作业	微课视频	184	任务 7
40	车辆内部照明功能试验作业	微课视频	185	
41	空调集控模式试验作业	微课视频	203	任务 8
42	开门指令控制电路图分析	二维动画	218	任务 9
43	关门指令控制电路图分析	二维动画	221	
44	门允许信号控制电路图分析	二维动画	223	
45	门控电路图分析	二维动画	225	
46	车门系统状态监视电路图分析	二维动画	226	
47	集控开关客室门试验作业	微课视频	227	
48	车门紧急解锁试验作业	微课视频	228	
49	车门隔离试验作业	微课视频	229	
50	车门障碍物检测试验作业	微课视频	229	

目录
CONTEN

课程导读

国内外各大城市的发展经验证明，发展城市轨道交通是解决大城市交通问题和实现可持续发展的最有效途径之一。自英国伦敦 1863 年建成运营世界上第一条地铁线以来，全世界已有 50 多个国家 200 多座城市修建了城市轨道交通系统。虽然中国现代城市轨道交通的发展历史仅仅 50 余年时间，但发展势头迅猛，已有 55 个大城市开通运营城市轨道交通。

虽然相对于国外发达国家而言，我国的城市轨道交通起步较晚，但随着一个个城市的地铁线宣布建设完工并投入使用，随着城市轨道交通网络布局越来越完善，建设项目和规模的不断扩大，为城市轨道交通的周边产业也带来了新的发展机遇，这无一不标志着我国的城市轨道交通迎来了发展高峰期。目前我国的城市轨道交通规划总里程已接近 3 万千米，越来越多的城市加入城市轨道交通建设的大军之中，我国已全面迎来城市轨道交通建设和发展的高峰期。

一、列车网络控制系统基础知识

城轨车辆的网络控制系统是车辆的“大脑”，是车辆运营的核心。该系统包括以实现各功能控制为目标的单元控制机、实现车辆控制的车辆控制机和实现信息交换的通信网络，为车载各设备提供相互通信的渠道，通过共享信息，实现设备协调工作。系统的网络化不仅能够有效增加数据的传输量，而且可以优化车辆的布线设计。该系统可以实时监视和控制车辆各系统，并能快速有效地进行诊断和分析，极大地提高了故障诊断效率，减少了维护人员数量和工时，缩短了维护时间。

目前国外车辆制造商在车载智能设备的研究、系统配置以及整车线路设计方面积累了丰富的经验，网络控制系统在城轨车辆上的应用已比较成熟，如西门子公司的 SIBAS 系统，庞巴迪公司的 MITRAC 系统、阿尔斯通公司的 AGATE 系统和三菱公司的 TIS 网络信息传输系统。虽然我国关于这方面的研究起步较晚，但近年来以西南交通大学、北京交通大学、同济大学、株洲电力机车研究所、大连电力牵引研发中心等为代表的科研院所自主研发的城轨车辆网络控制系统已逐步投入使用。

（一）列车网络控制系统概述

列车网络由车辆间的 MVB（Multifunction Vehicle Bus）主干网和每节车上子系统间的 MVB 车辆总线组成。如图 0-1 所示，MVB 主干网通过中继器和各个 MVB 车辆总线网络连接起来，实现列车中每节车辆之间的数据交换。图 0-1 中的设备名称见表 0-1。

城轨车辆控制分为列车控制级、车辆控制级与子系统控制级（包括牵引控制、制动控制、门控制、乘客信息系统控制、辅助电源控制等）三级，各控制级均为冗余结构。诊断系统给出整列车的故障分级，利于司机判断。

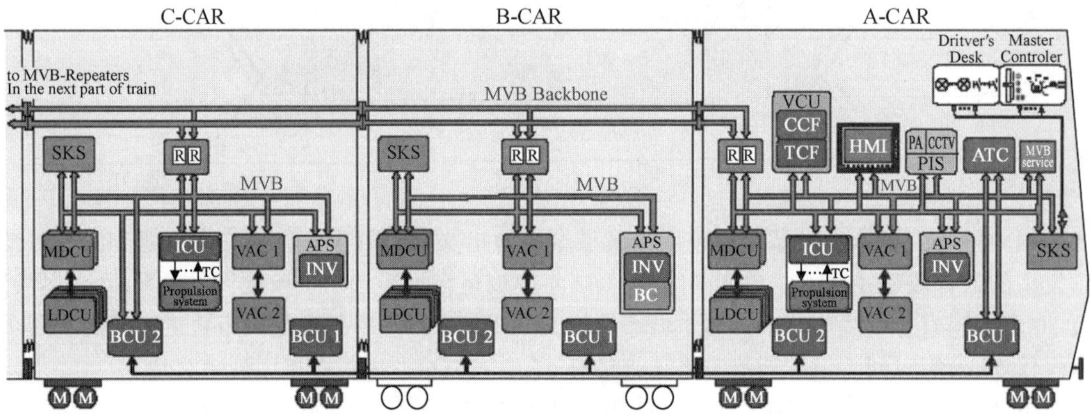

图 0-1　列车网络控制系统示意图

表 0-1　图 0-1 中的设备中英文名称对照

简称（英文名称）	中文名称	简称（英文名称）	中文名称
MVB （Multifunction Vehicle Bus）	多功能车辆总线	R （MVB-Repeater）	中继器
VCU （Vehicle Control Unit）	车辆控制单元	SAS （SIBAS Klip Station）	智能外围接口终端
ATC （Automatic Train Control）	自动驾驶控制	BCU （Brake Control Unit）	制动控制单元
PA （Public Address System）	乘客广播系统	CCTV （Closed Circuit Television）	闭路电视
PIS （Passenger Information System）	乘客信息系统	HMI （Human Machine Interface）	人机交换界面
VAC （Ventilation Air Condition）	空调	CCF （Central Control Functions）	中央控制功能
TCU （Traction Control Unit）	牵引控制单元	MDCU （Master Door Control Unit）	主门控单元
LDCU （Local Door Control Unit）	辅门控单元	APS （Auxiliary Power Supply）	辅助电源
ICU （Inverter Control Unit）	牵引逆变控制单元	TC （Traction Container）	牵引箱

VCU（Vchicle Control Unit）是列车通信控制系统的核心部件。每单元配备 1 台 VCU，位于 Tc 车司机室电气柜。其整合了 CCF（Central Control Function）（中央控制功能）和 TCF（Traction Control Function）（牵引控制功能）功能，通过主从切换，实现控制的冗余。CCF（中央控制功能）主要实现串行数据通信管理（车辆总线）、控制功能（车辆、列车）、部件自动测试、诊断设备、存储故障功能。TCF（牵引控制功能）提供一系列保护和监视功能用于保护牵引系统和保证列车的安全运行，如 HSCB（High Speed Circuit-Breaker）监视、过电压监视、低电压监视、线电流监视（RMS）、运行状态间转换的监视、能量平衡的监视、方向监视、温

度监视、牵引监视、ICU—MVB通信的监视、测量速度监视、空转/滑行监视、轮径值监视等。

列车和车辆控制系统与车辆控制单元（VCU）构成一个整体，通过车辆总线进行列车控制（紧急制动除外）。每节车的SIBAS® KLIP（智能外围接口终端）与MVB车辆总线相连，其具有总线控制器和大容量通信存储器等，各个SIBAS® KLIP通过令牌传递，轮流作为MVB网络的总线管理器，使MVB网络更加安全可靠；它还具有监视、诊断功能，通过MVB与子系统之间进行通信。

车辆总线物理上的连接采用两对双绞线的冗余结构。它们对有关的关键区域提供部分冗余，即在车辆总线故障时，不会导致列车牵引停止。牵引控制系统和空气制动控制系统与车辆总线（MVB）之间的接口也是冗余的，即相对于各个系统，单一接口的故障不会导致牵引、空气制动控制系统故障。有MVB接口的设备（如牵引逆变器、辅助逆变器）通过MVB接口与MVB车辆总线进行通信和数据传输；没有MVB接口的设备通过SIBAS® KLIP与MVB车辆总线进行通信和数据传输。各子系统与MVB之间的接口采用总线连接器，避免因部件短路导致MVB故障。

（二）列车网络控制系统与车辆及信号各系统的关系

城轨列车由牵引系统、制动系统、空调系统、乘客信息系统、辅助电源系统、车门系统、网络控制系统等多个系统组成。列车网络控制系统是让其他系统正常有序地工作，保证列车安全舒适地运行的重要环节。它主要实现以下功能：

1. 列车中央控制单元参与牵引系统的控制

（1）司控器的参考值信号通过SIBAS® KLIP的模拟输入模块读入，并发送到MVB网络，牵引/制动指令在经过VCU的评估后，通过MVB网络传递给牵引控制单元（ICU）和制动控制单元（BCU）。当牵引/制动参考值信号中断时，硬线的紧急牵引功能可以保证列车的基本运行。

（2）列车中央控制单元中的牵引起动封锁保护功能（软件实现）：车门未关闭牵引起动封锁；停放制动未缓解牵引起动封锁；空气制动未缓解牵引起动封锁；总风欠压启动封锁。

（3）列车中央控制单元中应实现下列牵引/制动列车保护控制功能：列车超速保护；列车冲击限制保护。

2. 列车中央控制单元参与制动系统的控制

（1）列车制动采用电制动与空气制动实时协调配合、电制动优先、空气制动延时投入的混合制动方式。电制动和空气制动均可由车载ATO控制或人工操纵司机控制器控制，且ATP可进行参与控制。

（2）每辆车上的制动系统的制动微机控制单元BECU应能随时根据车辆载荷及电制动的反馈信号来调节空气制动力，以满足不同工况时制动指令对制动力的要求。连续的混合作用可随时改变制动缸的空气压力，从而使电制动力和空气制动力之和满足制动指令要求。如果电制动能力不能满足制动指令要求，则由空气制动自动补足。空—电相互转换应平滑，列车应无冲撞。

（3）具有保持制动功能，列车停稳后，制动系统自动施加能确保（AW3情况）最大坡道下保证列车不发生溜滑的制动力。起动牵引力克服保持制动的制动力后，保持制动缓解。

3. 列车中央控制单元参与车门系统的控制

（1）列车中央控制单元接收司机给出或由车载信号设备发出的开门/关门/再开门指令，并通过多功能车辆总线发送到各车门控制子系统。

（2）列车中央控制单元通过车门控制子系统发送的门开/关到位的反馈信息监视列车的车门动作情况，并记录车门故障，同时监控门使能信号，在司机室显示器上显示车门状态和车门故障提示。

（3）列车管理系统中的开门/关门联锁功能（软件实现）：列车静止时（$v \leqslant 3$ km/h），门开/关指令有效；列车速度大于 0 时（$v \geqslant 3$ km/h），门开指令无效，司机台开门按钮指示灯灭；当列车车门未全部关好时，列车无法进行牵引（除旁路开关闭合外）。

4. 列车中央控制单元参与辅助电源系统的控制

（1）每列车上装有两套辅助逆变器箱体，每个箱体中包含两台辅助逆变器（DC/AC）和两台蓄电池充电机（DC/DC）。控制、调节、保护等系统采用微处理器技术，保证在规定条件下，输出电压和电流稳定，控制单元的时钟要与列车上其他微机系统同步。

（2）辅助逆变器故障：辅助逆变器发生故障时，故障逆变器将通过切断相应的输出接触器来使故障逆变器与列车的三相母线隔离。当一台辅助逆变器发生故障时，无须切除任何交流负载。当两台辅助逆变器发生故障时，VCU 负载管理单元将切除每个车辆上一半的空调，保留全部通风。当三台辅助逆变器发生故障时，VCU 负载管理单元将切除车辆上的全部空调，保留全部通风。

（3）当一台至两台 DC/DC 变换器故障时，整个系统由另外两台正常的 DC/DC 供电，系统将不切除任何 110V 直流负载。当三台至四台 DC/DC 变换器故障时，VCU 将切除所有的 DC/DC 变换器，由蓄电池进行供电，并切除相应的直流负载，转入紧急负载供电。

5. 列车中央控制单元参与空调系统的控制

（1）空调机组的运行模式和故障诊断由微处理器控制，通过其控制可实现客室通风、预制冷、制冷、预制热、制热、紧急通风功能，并根据运行条件自动调节制冷量大小。空调控制系统应具有列车网络通信功能。

（2）通过列车控制系统，将相关接口的有关信息传递给空调控制单元，保证机组的正常运行、停机和可靠的监控保护；将每节车辆的空调机组的运行状态通过车辆总线传递给列车中央控制单元，并在显示屏上显示；在列车中央控制单元中可以读取空调控制系统的所有相关信息，并可对客室内的温度值进行强制干预，直接设定温度值。

6. 列车中央控制单元参与乘客信息系统的控制

（1）车载通信系统包括：车载广播系统、乘客信息播放系统、车载视频监视系统、车载专用无线通信设备、乘客安全标志等。

（2）信号系统通过列车控制管理系统触发车载自动广播，提供时钟信号。由列车控制系统提供下一站名称、下一站到达时间（倒计时，要求精确到秒钟）、终点站名称、线网（接触网）电压有无信号等。紧急车门开锁装置启动后，自动触发车载视频监视系统，对相应的客室进行监视，并将监控图像传送至运营控制中心，并存储相关的视频信息。

7. 车辆运行控制模式

城轨车辆车载信号的主要功能是依据收集的车载信号，全面了解列车的运行速度，通过此方式监控列车的时速，还可以将相关的信息传达给车内的乘客，具有传输信息的功能。

ATP（列车自动保护系统）包括轨旁设备和车载设备，其中车载 ATP 设备根据接收到的各种信息，如临时限速、线路坡度等，计算列车运行的限速曲线，并按此曲线对列车的实际运行速度进行监督。

（1）ATO（列车自动驾驶系统）。不需要司机驾驶列车，通常仅需司机监控列车运行，在遇到突发情况下采取紧急措施。ATO 是地铁信号系统的子系统，采用先进的自动控制技术，其包括列车自动监视（ATS）、地域控制器（DC）、车载控制器（CC）。对 ATO 系统各部分的功能做一个简单的比喻：ATS 相当于行车调度员，DC 相当于车站值班员，CC 相当于列车驾驶员。ATO 与列车控制系统的接口通过 CC 实现，CC 通过该接口不仅取得列车状态信息，还可对列车进行控制，如发出牵引、制动、开关门等控制命令，然后由车辆来执行控制命令。

（2）ATP 监控下的人工驾驶模式。在该模式下，ATP 子系统确定列车运行的最大允许速度，司机驾驶列车在 ATP 保护的速度曲线下运行，ATP 子系统实现列车自动防护的全部功能。列车的速度、监控、运行及制动在信号车载设备限制下由司机操作。

（3）限速人工驾驶 RM 模式。在此模式下，列车的速度、监控、运行及制动由司机操作，信号车载设备仅对列车速度进行固定限速（如 25 km/h）超速防护。

（4）非限制人工驾驶 NRM 模式。在此模式下，列车的速度、监控、运行及制动由司机操作，没有 ATP 防护。此时，所有信号车载设备对牵引、制动等的控制功能失效。

（5）ATB（自动折返）模式。当列车在折返站规定的停车时间结束，在旅客下车完毕、车门和站台屏蔽门关闭的情况下，经过必要的操作确认司机下车，由司机按压站台“无人自动折返”按钮后采用此模式。

二、城轨车辆电气原理图识读

城轨车辆电气系统电路图是将轨道车辆的电源及各种用电设备按照它们各自的电路连接关系，通过导线、开关将电源和器件设备连接在一起的电路，并且用特定的符号表示出来的图形。通过识图可以了解城轨车辆电气系统的用电设备及其装置的构造、功能和工作原理。城轨车辆电气原理图是设计人员、调试安装人员及维护人员的工程语言，也是排除城轨车辆故障的一种重要手段。

熟练识读并掌握城轨车辆电气原理图是相关工作人员必不可少的知识技能，虽然一张电路图通常由几十乃至上百个元器件组成，但其本身有很强的规律性，不管电路图有多复杂，经过分析可以发现，它其实是由少数几个单元电路组成的。因此，首先要熟悉常用的基本单元电路，然后再学会分析和分解复杂的电路。

（一）城轨车辆系统电路图类型

一般将城轨车辆系统电路图按照功能分类。例如：用 10 表示主电路（高压电路）；用 20 表示牵引/制动控制电路；用 30 表示辅助电路；用 40 表示列车网络控制/乘客信息电路；用 50

表示照明系统；用 60 表示空调电路；用 70 表示司机室设备控制电路；用 80 表示车门控制电路；用 90 表示备用线电路。每一大类又包含几个小类，例如，20 为控制电路部分，包含 21（牵引控制电路）、22（制动控制电路）、24（制动设备电路）、25（高压控制电路）。

（二）城轨车辆系统电路图符号

在电路图中经常会碰到以下一些符号："A"表示主控制器；"K"表示接触器、继电器；"F"表示空气开关或熔断器；"Y"车钩电气接线盒；"R"表示电阻；"VD"表示二极管；"S"表示按钮或转换开关；"H"表示指示灯。电路图中常见的符号图形如表 0-2 所示。

表 0-2　电路图中常见的符号图形

序号	符号图形	名称	序号	符号图形	名称
1	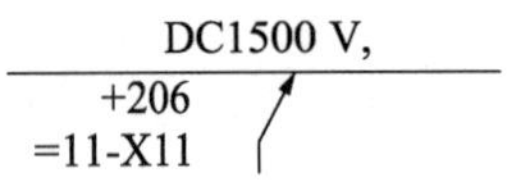	受电弓	11	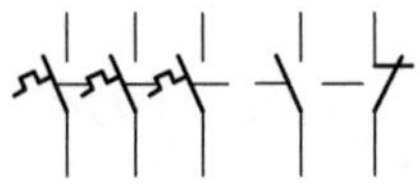	带过载释放的接触器触点
2		接地	12	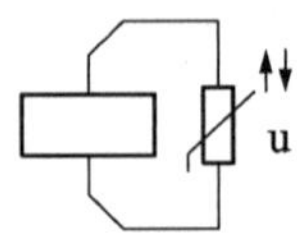	继电器
3		避雷器	13	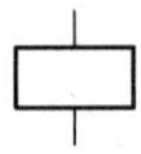	接触器
4	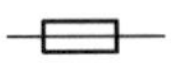	熔断器	14	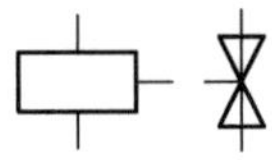	电磁阀
5	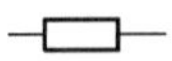	电阻	15	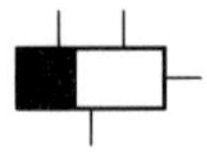	失电延时继电器
6	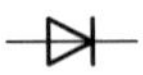	二极管	16	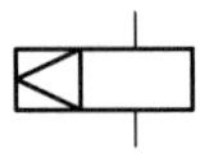	得电延时继电器
7	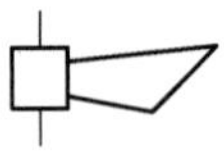	汽笛	17		常开触点（NO）
8		发光二极管	18		常闭触点（NC）
9		变压器	19		失电延时
10		微型断路器	20	110151 辅助电源箱750+	交互参考（导线跳转）

续表

序号	符号图形	名称	序号	符号图形	名称
21	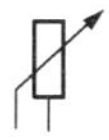	温度传感器	31	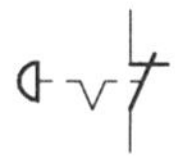	蘑菇按钮（紧急）
22	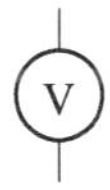	电压表	32		三位置旋钮
23		压力表	33		凸轮开关（或以凸轮表示的复杂旋钮）
24	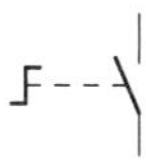	自复位旋钮	34		天线
25	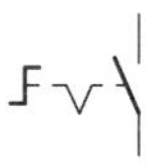	自锁旋钮	35		端子
26		指示灯	36		连接器
27	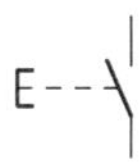	自复位按钮	37		导线
28		自锁按钮	38		导线交叉但不连接
29	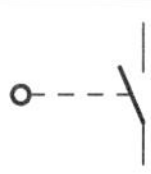	行程开关	39	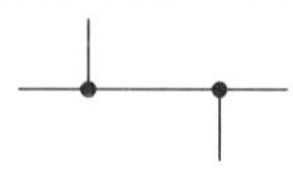	导线连接点
30	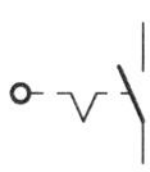	钥匙开关	40	110151	线号

（三）城轨车辆系统电路图绘制说明

如图 0-2 所示，城轨车辆系统电路图中：横向平均分成 8 个区，用数字“1，2，3，4，5，6，7，8”表示，数字下方用字母“Tc，Mp，M”表示处于列车的不同位置，字母下方用文字表示其下方图示的名称或功能；纵向平均分成 6 个区，用字母“A，B，C，D，E，F”表示，在实际应用中所指的区分往往都是指横向的；图示最下方的标题框会对电路的设计、审核人员，电路图类型以及代号和页码进行说明。

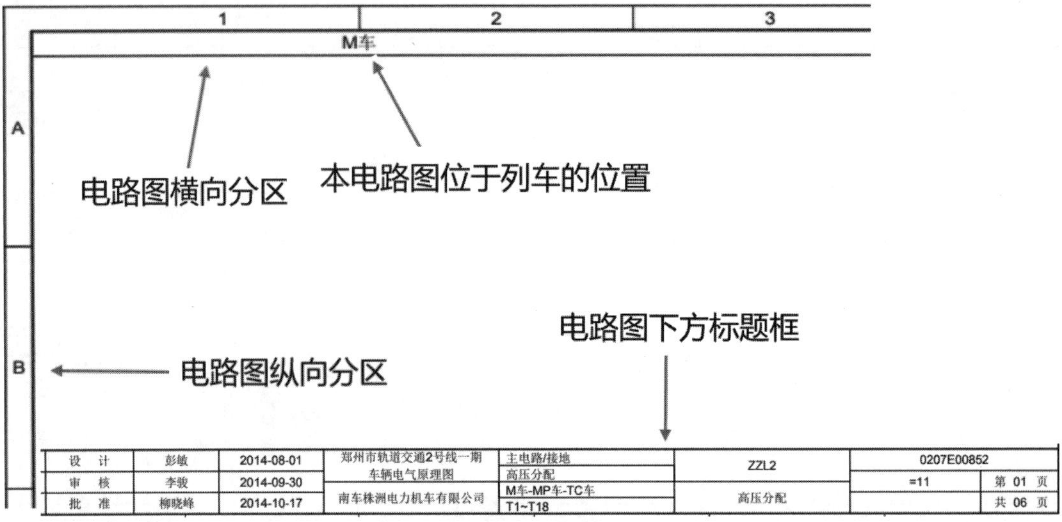

图 0-2　城轨车辆电路图功能描述

城轨车辆系统电路图用小圆点“.”加 5 或 6 位数字编号来说明线路的来源和去向。第一部分数字表示电路图功能分类代号，第二部分数字表示该类电路图的第几张图，最后两位数字表示位于该张电路图的横向及纵向第几区。如图 0-3 所示，“.36/3.B2”表示该线路电源去向低压电源负线汇流电路的第 3 张图纵向 B 区、横向第 2 区。

在城轨车辆系统电路图中经常会用不同的编号表示各种元器件。编号用数字和英文字母组合而成，第一部分的数字表示电路图功能分类代号；第二部分的字母表示器件的设备代号，代号首字母表示设备类型；第三部分的数字表示为序号。图 0-3 中，电器符号“.22-KMCP”中的”.22”表示该器件属于制动控制电路，“-KM”表示该器件为接触器，其下方标注的“+3ACC”表示该设备位于 M2 车的客室空调柜内，下方标注的“空压机启动接触器”表示其功能，正下方的触点“1-2”“3-4”“5-6”为三对常开主触点，触点“13-14”“23-34”为两对常开辅助触点，这些触点左侧对应的编号代表该触点在电路图中所处的具体位置。例如：“.22/18.C4”表示该触点在“22”类电路图的第 18 张图纵向 C 区、横向第 4 区。

城轨列车由多节车辆进行编组，车辆与车辆之间的电气连接通过车钩装置的电气接线盒连接，用“XSP”表示车钩电气接线盒。

全列车的具体位置说明如图 0-4 所示。在电路图中的接线上还有电线标注，具体含义如图 0-5 所示。

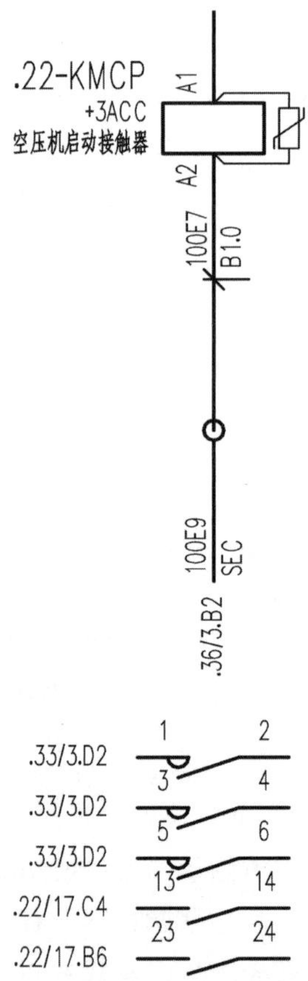

图 0-3　城轨车辆基础电路图

电路图功能详细说明如表 0-3 所示。

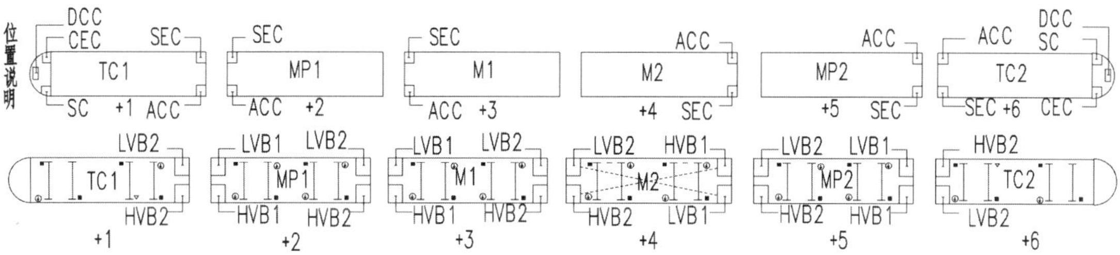

ACC—客室空调柜；BG1—一位端转向架；BG2—二位端转向架；CBR—车外车顶；CCR—客室顶板一位侧；CCL—客室顶板二位侧；CE1—客室顶板一位端；CE2—客室顶板二位端；CEC—司机室电器柜；CWL—客室二位侧墙；CWR—客室一位侧墙；DCC—操纵台；DCF—司机室地板；DCL—司机室左侧屏；DCR—司机室右侧屏；DCT—司机室顶板；ES1—一位端车端；ES2—二位端车端；HVB1—一端高压分线箱；HVB2—二端高压分线箱；HD—客室顶板；LVB1—一端低压分线箱；LVB2—二端低压分线箱；LDC—司机室左侧屏；RDC—司机室右侧屏；SEC—客室电器柜；UF—车下。

图 0-4　城轨车辆电路图位置说明

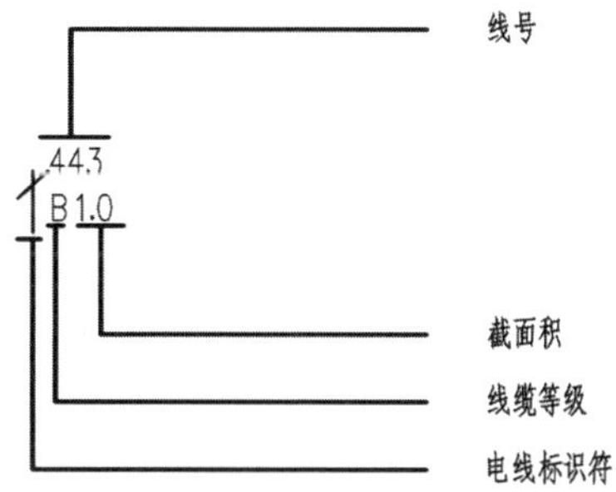

线缆等级说明：A—交流 380 V、220 V 线；B—直流 110 V、72 V、24 V 或 12 V 线；C—信号发生器、天线、扬声器或通信线；H—交、直流 750 V 以上高压线。

图 0-5　电线标注图

表 0-3　城轨车辆电路图功能说明

.11	高压主电路	.33	交流母线电路	.60	空调系统框图
.12	高压接地电路	.36	低压电源负线汇流电路	.61	司机室空调电路
.13	牵引电机和过压电阻电路	.41	信号系统电路	.62	客室空调电路
.14	牵引辅助设备高压总览	.42	网络系统电路	.63	紧急通风电路
.21	牵引控制电路	.43	地面 PIS 及车载台电路	.71	司机室设备控制电路
.22	制动控制电路	.44	PIDS 系统电路	.72	救援联挂电路
.24	制动设备电路	.47	烟火报警系统电路	.73	紫外燃弧电路
.25	高压控制电路	.51	外部照明电路	.81	车门控制电路
.31	辅助电源设备	.52	内部照明电路		
.32	低压直流电源电路	.53	试灯电路		

在城轨车辆空气制动过程中经常会使用气压开关，其在电路图中的电气符号如图 0-6 所示，气压开关的上、下参数为其动作值，当气压大于 7.0 bar（700 kPa）时，触点“3”与触点“1”闭合，当气压低于 5.5 bar（550 kPa）时，触点“2”与触点“1”闭合，当气压处于 5.5 ~ 7.0 bar（550 ~ 700 kPa）之间时，触点保持先前状态。

欠压检测继电器在永久负载激活回路中的电气符号如图 0-7 所示，其工作原理与气压开关类似，“=32-K05”检测永久负载电压，当电压低于 84 V 时，触点“11-12”闭合；当电压高于 96 V 时，触点“11-14”闭合；当电压处于 84 V 和 96 V 之间时，触点保持先前状态。

图 0-6　城轨车辆气压开关的电气符号

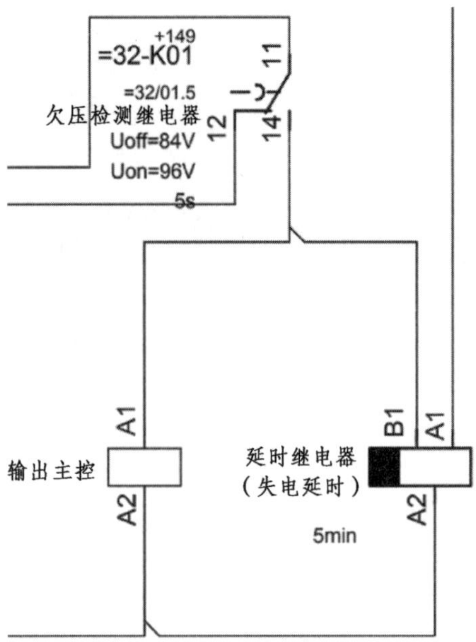

图 0-7　城轨车辆欠压继电器的电气符号

（四）城轨车辆电路识图技巧

1. 化整为零，分清主辅电路识图

根据整车电气电路的功能和工作原理将其划分成若干独立的局部电路，然后分别进行分析。因城轨车辆的电路原理图往往都是按各个系统进行绘制的，所以化整为零进行分析，分清主、辅电路，不仅可以分清重点，而且识图方便。例如，主电路最典型的特征就是线路上连接了用电设备，而辅助电路最典型的特征是具有控制元件（例如接触器、继电器、各种控制开关等）。遵循先看主电路、后看辅助电路的原则，根据主、辅电路各自不同的特征，很容易区分主电路和辅助电路。

2. 从部件功能到系统原理识图

在分析某系统的电路图之前，首先要清楚该电路中所包含的电器部件的作用和功能以及技术参数等。例如，要看清主电路中的用电设备采用什么样的控制元件，其在什么条件下闭合和断开等。

（1）有的用电设备仅用刀开关来进行控制，是一种最简单的控制方法。

（2）有的用电设备采用启动器进行控制。

（3）有的用电设备采用交流接触器配合其他继电器进行控制。

（4）有的用电设备采用程序控制器进行控制。

（5）有的用电设备直接采用功率放大集成电路进行控制。

然后再看除了用电设备以外的其他元件以及这些元件的作用。一般主电路中的元件和用电设备比辅助电路中的控制元件少。识读主电路时，可以顺着电源引入端向下（或由下向上）逐次识读。

3. 遵循回路识图原则

城轨车辆电气系统的电源，根据电源种类和电压等级分为直流电源和交流电源两大类。

（1）直流电源：主电路有的是由直流发电机供电，有的是由整流设备供电。直流电源的电压等级常见的有 12 V、24 V、110 V 等。

（2）交流电源：主电路在大多数情况下是由三相交流电网供电的，也有由交流发电机供电。交流电源低电压等级常见的有 220 V、380 V 等，频率多为工频 50 Hz。

识读城轨车辆系统电路图应遵循回路原则，即工作电流由正极流出，经用电设备流回电源负极，必须构成闭合回路才能形成电流，用电设备中只有流过电流时才能工作。学习识读城轨车辆电路原理图，首先要对车辆各系统有一定的了解和认识，然后要了解电路中各元件的功能及作用。由点到面，由简到繁，先了解清楚典型电路再举一反三，触类旁通地了解其他电路图。注重资料的收集和经验的积累，特别是在工作现场根据设备及线缆编号进行查看，更有利于对电路图的认识和故障查找。

任务一 城轨车辆高压牵引系统工作原理分析及故障诊断

任务描述

城轨车辆高压牵引系统是城轨车辆电路的重要组成部分，以城市电网的电能作为动力源，将电能转为机械能，牵引列车运行。目前城轨车辆的牵引传动系统基本都是电力牵引传动系统，其基本的工作过程是：电能经过列车牵引供电系统传输和相应的转换，提供给列车的牵引电动机，将电能转换成机械能，从而驱动列车运行。城轨车辆牵引供电的电源是城市电网，城市电网提供的电能经过牵引变电所的降压、整流变成 DC 1500 V（或 DC 750 V），再通过馈电线传递给接触网，然后通过受流装置，由钢轨和回流线流回牵引变电所形成回流。城轨车辆高压牵引系统的基本特点是牵引功率大、传动效率高、绿色环保、容易实现自动化控制。

本任务主要介绍城轨车辆高压牵引系统的工作原理及主要装置等基础知识，使学生具备分析城轨车辆高压牵引系统控制原理的能力，培养测试城轨车辆高压牵引系统的电气功能及分析处理电气故障的专业技能。

任务目标

1. 知识目标

（1）了解城轨车辆高压牵引系统的工作原理。

（2）熟悉城轨车辆高压牵引系统的主要装置。

（3）掌握城轨车辆高压牵引系统的主要装置电气测试标准。

2. 能力目标

（1）能对城轨车辆高压牵引系统的控制原理进行分析。

（2）能流畅完成城轨车辆高压牵引系统电气功能测试工作。

（3）能正确处理城轨车辆高压牵引系统的常见故障。

3. 职业素养目标

（1）培养“精益求精、严谨细致、操作规范”的工作作风。

（2）培养团队协作意识、环保意识、节约意识。

前沿技术

城市轨道交通柔性直流牵引供电系统

城轨交通是城市最大耗电行业之一，其中牵引能耗占比最高。为了实现城轨交通行业碳达峰、碳中和的目标，必须从现有的城轨牵引供电系统给出解决方案，以应对城轨交通面临的行车密度大、节能减碳任务重、供电可靠性要求高等诸多挑战。清华大学电机系交直流互联电网态势感知与装备技术团队聚焦新型的交直流电网，基于广域量测信息、态势感知和智能控制、先进电力电子技术等，研究提升其安全稳定性、经济高效性和智能化水平的基础理论、核心方法和关键装备。

该团队所提出的基于全控型双向变流器和智能协同控制的柔性直流新一代牵引供电技术，具有灵活调控牵引供电系统能量、主动响应城市配电网需求的能力，从根本上改变了牵引供电系统的运行机制，为系统性解决牵引供电系统痼疾、牵引供电系统和城市配电网互联互动提供了基础和平台。

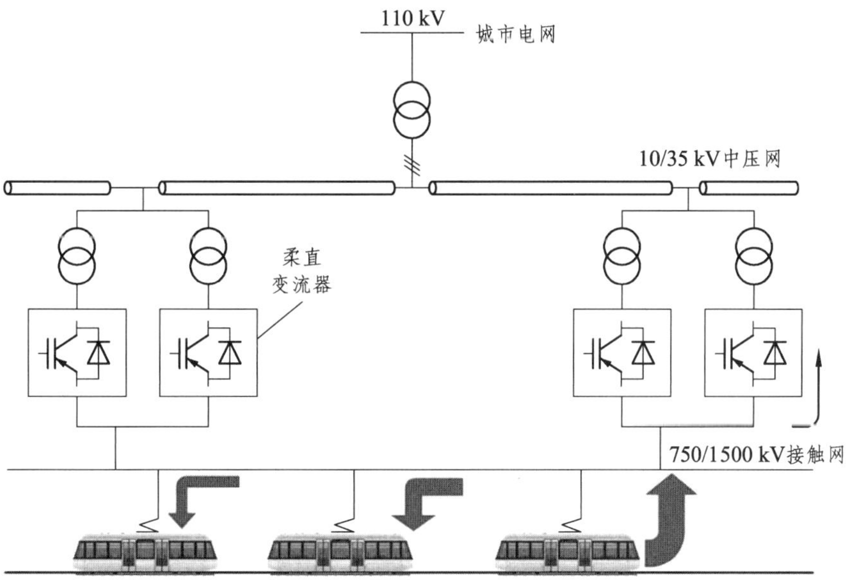

柔性直流牵引供电系统示意图

——摘编自清华大学技术转移研究院网（2022 年 4 月 15 日）

知识储备

一、城轨车辆高压牵引系统的工作原理及主要装置介绍

（一）城轨车辆高压牵引系统的工作原理

城轨车辆高压牵引系统将电网提供的电能传递到用电设备，同时完成电能形式的转换供

车内设备使用，如图 1-1 所示。升起的受电弓将接触网 DC（直流）1500 V 的电流传送到 MP 车（带受电弓的动车）中，直流电在 HV Box（高压箱）内分为两路：一路通过 HSCB（高速断路器）传递到 MP 车和 M 车（动车）的牵引逆变器，直流电在牵引逆变箱内转换为三相交流电，供本节车的牵引电机工作；另一路保持直流电的形式传送到 TC 车（带司机室的拖车），在带有蓄电池的辅助逆变器箱中完成逆变和对蓄电池充电的工作。

三维动画：城轨车辆高压牵引电路

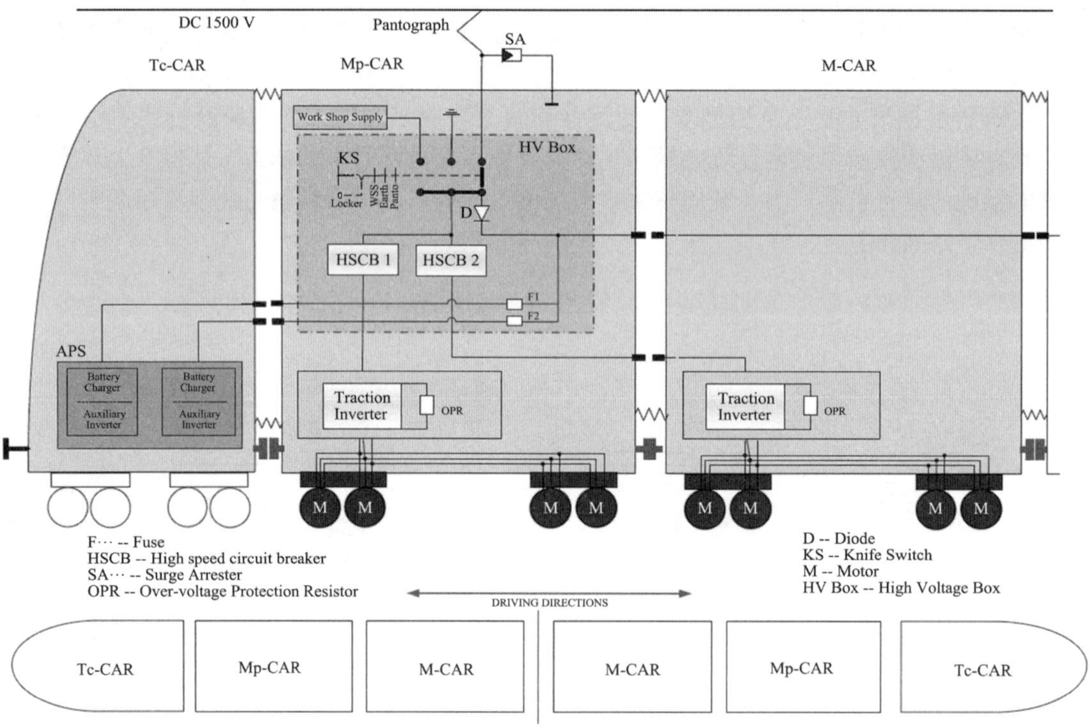

Pantograph—受电弓；SA—避雷器；KS—闸刀开关；F—熔断器；HSCB—高速断路器；OPR—过压保护电阻；D—电力二极管；KS—开关；Traction Inverter—牵引逆变器；M—牵引电机；HV Box—高压箱。

图 1-1 高压牵引系统组成图

城轨车辆高压牵引系统由 9 个主要设备组成：受电弓、避雷器、闸刀开关、高速断路器、熔断器、牵引逆变器、过压保护电阻、牵引电机和接地装置。这些主要设备在城轨车辆各个车体上的安装情况如图 1-2 所示。

1. 牵引工况

如图 1.3 所示，高压牵引系统在牵引工况下，通过安装在 MP 车车顶的受电弓将接触网上的电流引入 MP 车底架下部的高压箱（HVB）箱中，在高压箱（HVB）中受高速断路器控制，经牵引箱牵引逆变器逆变送入牵引电机，并通过接地碳刷经由车体、转向架轴端接地装置进入轨道形成电流回路，最终牵引电机通过齿轮联轴节和齿轮将牵引电机产生的力矩传递到车轮车轴。

TC 车	Mp 车	M 车	M 车	Mp 车	TC 车
接地装置	受电弓； 高压箱（含高速断路器，熔断器）； 牵引逆变器； 牵引电机； 过压保护电阻； 接地装置。	牵引逆变器； 牵引电机； 过压保护电阻； 接地装置。	牵引逆变器； 牵引电机； 过压保护电阻； 接地装置。	受电弓； 高压箱（含高速断路器，熔断器）； 牵引逆变器； 牵引电机； 过压保护电阻； 接地装置。	接地装置

图 1-2　城轨车辆各个车体上安装的设备

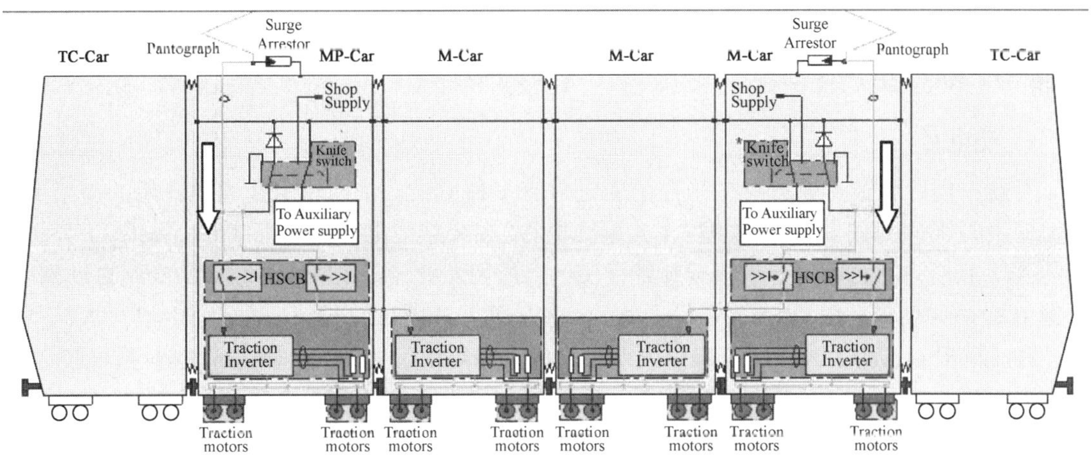

Pantograph—受电弓；Surge Arrester(SA)—避雷器；HSCB-高速断路器；
Traction Inverter—牵引逆变器；Traction Motor—牵引电机。

接触网 ⇨ 受电弓 ⇨ 高速断路器 ⇨ 牵引箱 ⇨ 牵引电机

图 1-3　牵引工况示意图

2. 制动工况

如图 1-4 所示，高压牵引系统在制动工况下，通过牵引电机将列车的动能转化为电能，转化后的电能如果经过牵引逆变器、制动电阻，则会以热量的形式耗散掉。由于城轨车站间距短、制动频繁，这种转化方式使能量浪费严重，故再生制动是目前被认为节能效果较好的制动方式。再生制动是通过牵引电机将列车的动能转化为电能，并经牵引逆变器、高速断路器、受电弓等将电能反馈给电网，列车运行时再生制动优先施加。

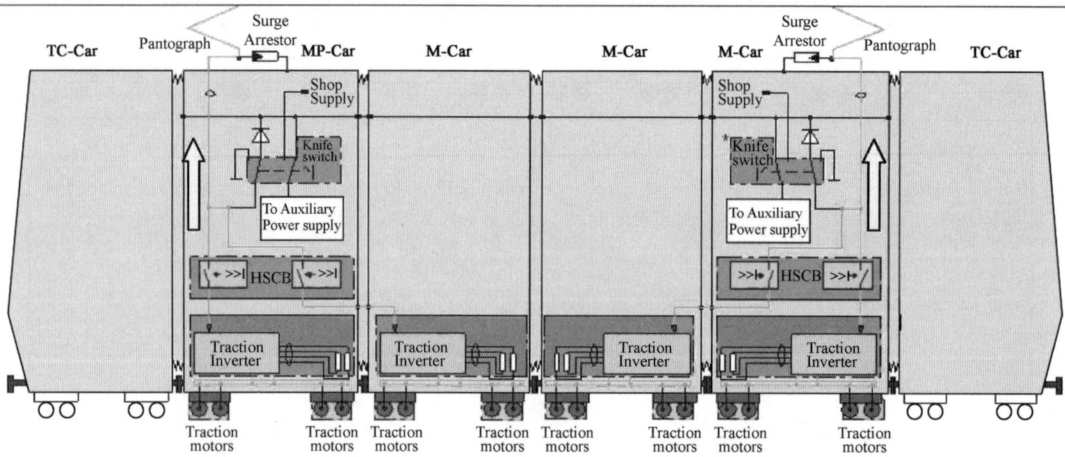

Pantograph—受电弓；Surge Arrester（SA）—避雷器；HSCB—高速断路器；
Traction Inverter—牵引逆变器；Traction Motor—牵引电机。

牵引电机 ⇒ 牵引箱 ⇒ 高速断路器 ⇒ 受电弓 ⇒ 接触网

图 1-4　制动工况示意图

（二）城轨车辆高压牵引系统主要装置介绍

1. 受电弓

目前在国际轨道交通行业中采用的受电弓有多种型号。法国轨道交通上采用的高速受电弓类型主要有 ADME 型、GPU 型、CX 型受电弓。CX 型受电弓是法维莱（Faiveley）公司研制的 X 系列受电弓的一种，采用碳纤维弓头，质量大大减轻，并可以随车速的变化自动调整。德国 ICE 高速列车采用 DSA-350 型受电弓，整体质量 140 kg，接触压力为 50 ~ 130 N，驱动方式是气动升弓。为了满足降低噪声的要求，日本研制出了 TPS3OI 型单臂受电弓，用于 700 系列车辆，它不仅降低了噪声，还具有成本低、轻量化、免维修等优点。我国城轨车辆采用的受电弓既有国产 TSG 型受电弓，也有从德国引进的 DSA 系列受电弓。下面以 TSG18G1 型受电弓为例进行介绍。

TSG18G1 型受电弓是一种通过空气回路控制升、降动作的铰接式机械构件，主要应用在我国城轨车辆上。受电弓通过支持绝缘子安装于车顶，并通过弓头上的碳滑板与供电网线接触，受电弓从接触网上集取电流，并将电流传送到车辆电气系统。在“工作”位置时，受电弓在车顶的部分都处于带电状态，仅机械接口和气路接口处是电气绝缘的。

TSG18G1 型受电弓的主要结构组件如图 1-5 所示。

（1）驱动方式：气动驱动升弓，自重降弓。

（2）工作原理：受电弓通过空气回路控制升、降弓动作，司机在司机室按下受电弓升弓按钮后，升弓保持继电器得电，从而使受电弓供风单元内的升弓电磁阀得电动作，向受电弓供压缩空气。

压缩空气经过车内的管路、车顶的受电弓绝缘软管，进入受电弓底架上的气阀箱。进入气阀箱的压缩空气依次经过空气过滤阀、单向节流阀、精密调压阀、单向节流阀、安全阀后分为两条支路分别向受电弓的两个升弓气囊供气，压缩空气进入升弓气囊后，气囊膨胀抬升，

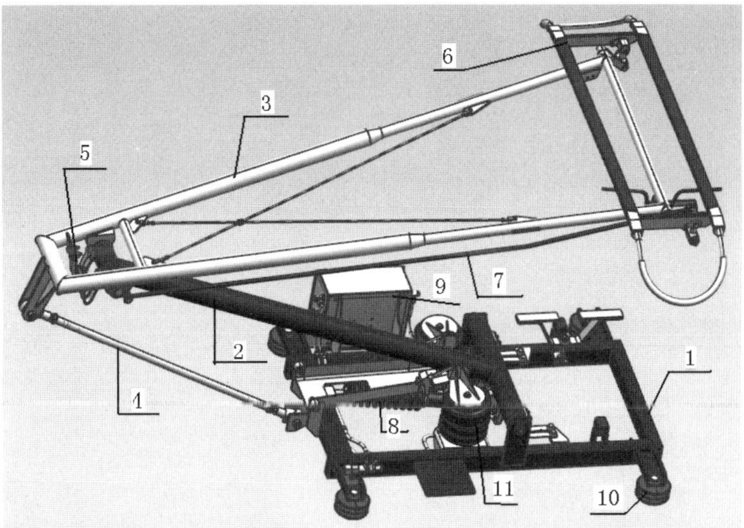

1—底架；2—下臂杆；3—上框架；4—拉杆；5—电流连接装置；6—弓头组装；
7—平衡杆；8—阻尼器；9—气箱；10—绝缘子；11—气囊。

图 1-5　TSG18 受电弓示意图

抬升的气囊带动钢丝绳拉拽下臂杆，使下臂杆转动，从而实现受电弓逐渐升起，直到受电弓弓头与接触网网线接触并保持规定的静态接触压力，此时升弓气囊中的气压稳定在气阀箱内精密调压阀的设定值。受电弓工作时，升弓气囊被持续供以压缩空气，弓头与接触网之间的接触压力保持基本恒定。

司机在司机室按下降弓按钮后，降弓继电器得电，升弓电磁阀失电，向受电弓供应的压缩空气被切断，同时，升弓电磁阀将受电弓气路与大气连通，气囊升弓装置排气，受电弓靠自重下降，直到顶管降下并保持在底架的两个橡胶止挡上。

2. 避雷器

避雷器是一种过电压限制器，实际上是过电压能量的吸收器。避雷器与被保护设备并联运行，安装于车顶。当作用电压超过一定幅值以后避雷器总是先动作，将大量能量泄入大地，限制过电压，保护电气设备。大电流过后，避雷器应能迅速切断工频续流，保证电力系统的安全运行。因此对避雷器的基本技术要求有两条：

（1）过电压作用时，避雷器先于被保护电力设备放电。

（2）避雷器应具有一定的熄弧能力，以便可靠地切断在第一次过零时的工频续流，使系统恢复正常。

以上所述两条要求对有间隙的避雷器都是适合的，这类避雷器主要有：保护间隙避雷器、管式避雷器、阀式避雷器等（见图 1-6）。

由于避雷器与被保护电气设备并联，当出现过电压危及被保护设备时，避雷器放电使高压冲击电流泄入大地。随后，避雷器仍能恢复原工作状态，截止伴随而来的正常工频电流，使电路与大地绝缘。过电压越高，火花间隙击穿越快，从而限制了加于被保护电气设备上的过电压。图 1-7 所示为避雷器在不同城轨车辆上的安装位置。

图 1-6　避雷器

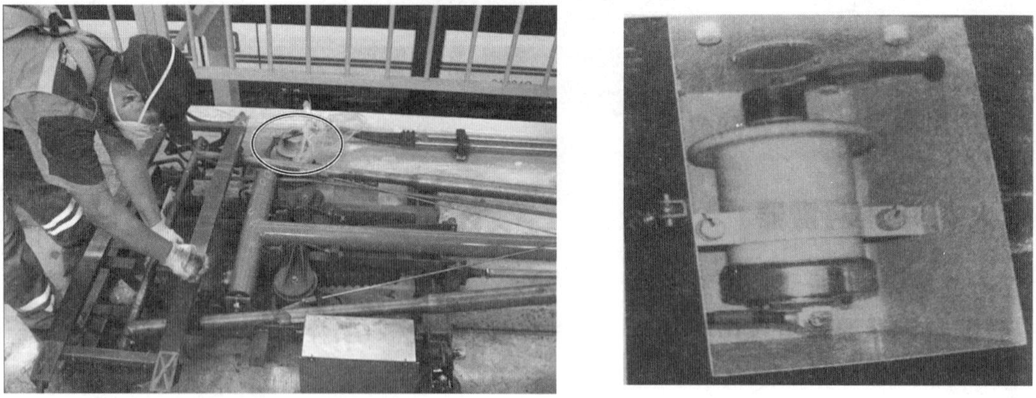

（a）安装在车顶的避雷器　　　　（b）安装在车下的避雷器

图 1-7　避雷器的安装位置

3. 高压箱

高压箱主要由高速断路器、熔断器、二极管、闸刀开关、车间电源插座组成。高压箱从工作原理上可以理解为高压配电箱。每个高压箱中均装有一把三位闸刀开关，该闸刀开关可以切断或者连接受电弓和高速断路器的电源。闸刀开关有以下三个工作位置，其电路连接如图 1-8 所示。

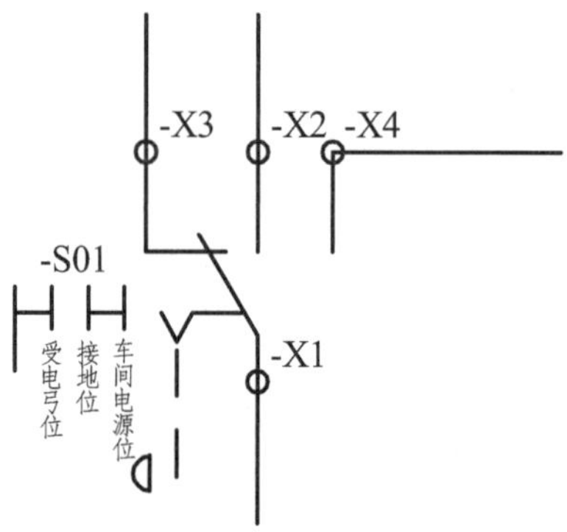

图 1-8　三位闸刀开关电路

（1）受电弓位。闸刀开关将牵引逆变器、辅助逆变器与受电弓连接起来，在列车运行时提供 DC 1500 V 的电能。

（2）接地位。闸刀开关切断牵引逆变器、辅助逆变器与受电弓的连接，并将高速断路器部分与地连接起来。为了在库内维修车辆时保护检修人员的安全，此时受电弓不能升起。

（3）车间电源位。闸刀开关将辅助逆变器与车间供电电源插座连接起来，实现库内电源向车辆辅助系统提供 DC 1500 V 电能，使辅助系统得电，但受电弓不能升起。

注意：只有在 0 V 状态下才可以操作闸刀开关。因此，在操作闸刀开关之前，所有的受电弓必须降弓，且必须预先检查闸刀开关是否为 0 V 状态。

MP 车和 M 车中的牵引逆变器通过 MP 车高压箱中的两个高速断路器与来自受电弓的高压电源相连。高速断路器的主要作用是：可在极短的时间内，对检测到的过载电流（短路、过载检测等）做出反应。高速断路器尤其适合用于保护城轨车辆上直流回路中的电气设备，其基本结构如图 1-9 所示。

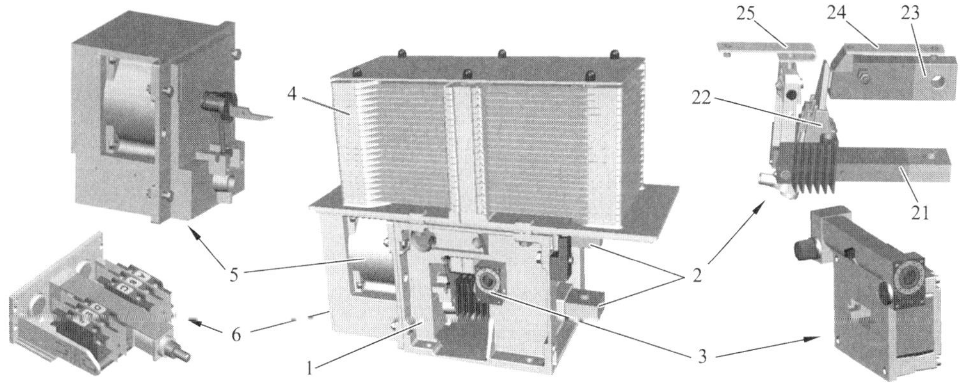

1—绝缘架；2—主回路组成；3—过电流脱扣装置；4—灭弧罩；5—合闸装置和拨叉；6—辅助触点组件；21—下连接铜排；22—动触头；23—上连接铜排；24—静触头；25—引弧条。

图 1-9　高速断路器的组成

高速断路器的绝缘架是由增强型绝缘材料——玻璃纤维组成的固定绝缘架。

高速断路器的主回路由下连接铜排 21，动触头 22，上连接铜排 23，带引弧条的静触头 24 以及另一侧的引弧条 25 组成。

高速断路器的工作状态有合闸、保持、分闸三种，如图 1-10 所示。

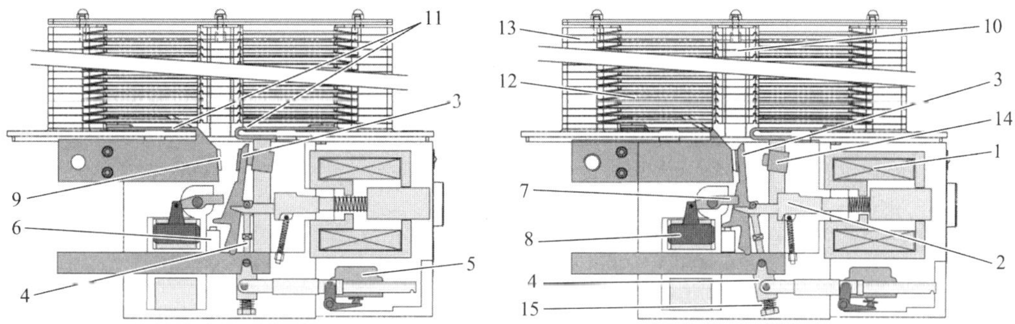

（a）分闸　　　　（b）合闸

1—合闸装置；2—拨叉；3—动触头；4—联动杆；5—辅助触点；6—减振器；7—杠杆；8—铁芯；9—上触头；10—灭弧罩；11—引弧条；12—灭弧栅片；13—隔板；14—减震器；15—弹簧。

图 1-10　动作单元的组成

（1）合闸。当高速断路器接收到一个合闸命令时，合闸装置 1 推动拨叉 2，由拨叉推动动触头闭合，同时主触头 3 和 9 间产生接触压力，连接动触头 3 的联动杆 4 驱动辅助触点 5（正常情况下，合闸后辅助触点 5 向 VCU 发出反馈信息。若 VCU 发出高断合指令后，未收到其反馈指令，将判断高速断路器故障）。减震器 6 可对合闸过程中产生的冲击力起到减震作用。

（2）保持。主触头闭合后，合闸装置 1 只需借助一个较小的保持电流（称作电保持）或者不带电流（称作磁保持）来维持接触压力。

（3）分闸。高速断路器既可以通过过流脱扣器，也可以通过分闸命令进行分闸。

① 采用过流脱扣器分闸。在出现超过最大电流设定值的过电流时，铁芯 8 将提升，并导致杠杆 7 推动拨叉 2 向下运动，动触头 3 释放。

② 通过分闸命令进行分闸。向高速断路器发送一个远程的切断保持电流（电保持）的分闸命令或者施加一个反向电流脉冲信号(磁保持),此时断路器的拨叉 2 向合闸装置 1 方向运动。

借助弹簧 15 的弹力打开动触头的同时，联动杆 4 驱动辅助触点 5。减震器 14 可对分闸过程中产生的冲击力起到减震作用。主触头 3 和 9 之间产生的电弧在引弧条 11 作用下向上运动进入灭弧罩 10，在灭弧罩中电弧被灭弧栅片 12 分割，产生的电离气体绝大部分被去电离子隔板 13 中和。

4. 牵引箱

每节动车（MP 车、M 车）上均配有一个牵引箱，牵引箱内的主要部件是牵引逆变器。牵引箱中的每台牵引逆变器都会产生一个幅值和频率可变（VVVF）的三相交流电，以驱动动车转向架上的牵引电机（牵引工况），并在制动时将列车的动能转换为可吸收的直流功率反馈电网（制动工况）。

牵引逆变器实物如图 1-11 所示。

图 1-11　牵引逆变器实物图

牵引逆变器的基本技术参数见表 1-1。

表 1-1　牵引逆变器的基本技术参数

额定电压	DC 1500 V
网压波动范围	DC 1000 V ~ DC 1800 V
标准输出电压	AC 1100 V
最大网压	DC 1950 V
标准输出电流	3AC400 A
最大输出电流	3AC600 A
输出频率范围	0 ~ 200 Hz
输出基波频率	0 ~ 130 Hz

5. 牵引传动装置

牵引传动装置的结构如图 1-12 所示，其技术参数见表 1-2。

牵引电机经齿轮箱与动车（MP 车、M 车）的驱动轮对机械连接，按照运行要求提供牵引力和制动力使车辆加速或制动。每台动车转向架配有两台自通风型牵引电机，由牵引逆变器提供的三相交流电压供电。在列车制动过程中，牵引电机将作为发电机工作，将列车的动能再生为电能，以热能的形式耗散掉或反馈至接触网。

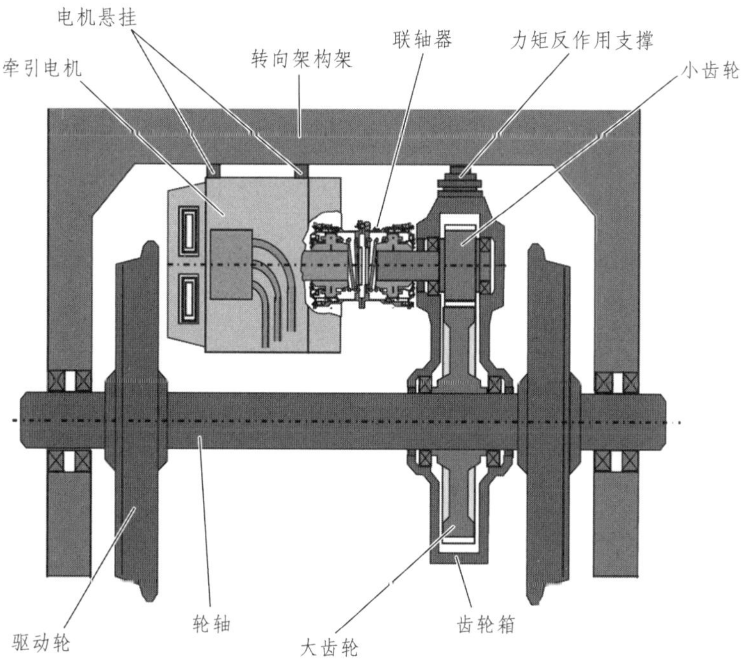

图 1-12　牵引传动装置的结构

表 1-2　牵引传动装置的技术参数

项目	技术参数	项目	技术参数
额定功率	190 kW	最大电压	1 403 V
额定速度	1 800 r/min	最大电流	283 A
额定电压	1 050 V	最大速度	4 350 r/min
额定电流	133 A	电路	Y
供电	逆变器	绝缘等级	C 级（200 级）
额定频率	61 Hz	冷却方式	自通风空气冷却
额定绝缘电压	1 500 V		

6. 接地装置

在车辆使用过程中，通过弹簧盖和轮轴旋转端使连接盘与传动轴电气连接。连接机架锁紧在安装座上，并用绝缘部件把刷架在绝缘的情况下安装在机架上。在刷架内自由滑动的碳刷是通过导线和线耳进行电气连接的，并用弹性夹把碳刷压紧在连接盘接触面上。回路电流和接地回流连接在电缆插座上，连接部分通过端盖密封。正确的安装能保证通过刷架、碳刷、连接盘和弹簧盖、驱动轴和车轮形成正确的回路电流和接地连接。接地碳刷的结构如图 1-13 所示。

图 1-13　接地碳刷结构示意图

接地装置作为车辆的固定端与旋转部件之间电流转换的低电阻电桥，其主要的功能有以下几点：

（1）形成主回路电流。从接触网或第三轨得到牵引车辆的主回路电流，通过车轮连接到铁路轨道上，再导入大地形成回路。从车辆的固定部件到转动轴的电流都通过称为“接地点”的特殊电桥。滚子轴承安装在活动的电流回路上，因此当电流通过时，必须使接地装置形成一个低电阻电流的电桥以保护滚子轴承。

（2）形成信号电流。与主回路电流不同，各种信号系统的电流值非常低。在任何情况下，这类电流的回路必须是绝对安全的。

（3）车辆的接地保护。所有的导电部件都必须与大地连接，因此车轮也必须通过接地装置连接大地。通常情况下零部件和大地不存在电压差，因此不存在电流感应。接地装置的功能是为所有正常工作车辆提供一个安全的电流回路。

二、城轨车辆高压牵引系统的控制原理分析

如图 1-14 所示，安装于 Mp 车车顶的受电弓“.11-PAN”接收来自接触网 DC1500V 的电流，通过车顶母线流入列车高压箱，当闸刀开关选择受电弓位时，高压直流电流通过 4 个熔断器分为 4 条支路，按照由左至右的顺序，第 1 条支路的电流经过熔断器“F1”及车钩电气连接装置进入 Tc 车辅助逆变器“.14-SIV”，电流通过其内部 IGBT 等组件完成逆变获得 AC380V、AC220V 及 DC110V 等各类电流，电流进一步流入 Tc 车两个转向架的接地装置“.12-EB1”和“.12-EB4”；第 2 条支路的电流经过熔断器“F2”及车钩电气连接装置与另一单元的辅助逆变系统相连，实现列车两个单元的辅助逆变器并网运行，提高了系统可靠性；第 3 条支路的电流经过熔断器“F3”、高速断路器“HB1”流入 Mp 车的牵引逆变器“.14-VVVF”，电流进一步流入 Mp 车两个转向架的 4 个牵引电机及 4 个接地装置“.12-EB1”“.12-EB2”“.12-EB3”“.12-EB4”；第 4 条支路的电流经过熔断器“F4”、高速断路器“HB2”流入 M 车

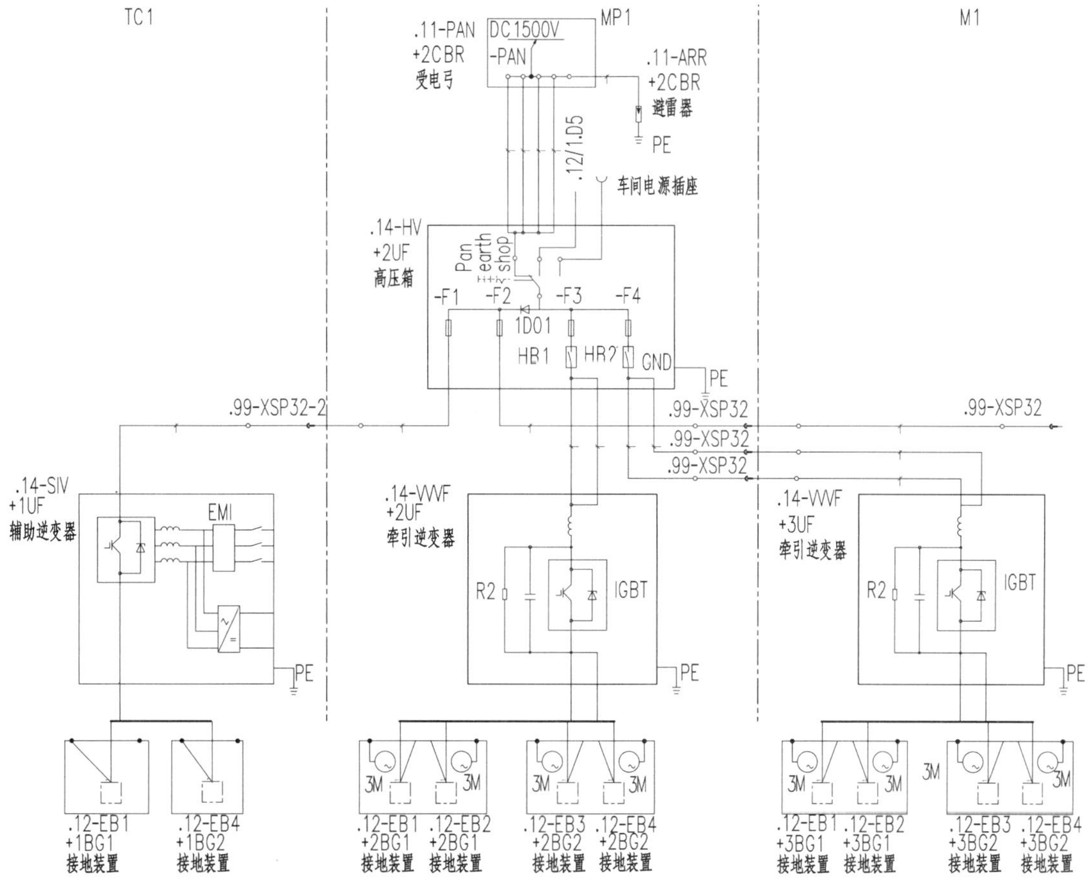

图 1-14　高压牵引系统电路

的牵引逆变器“.14-VVVF”，电流进一步流入 M 车两个转向架的 4 个牵引电机及 4 个接地装置“.12-EB1”“.12-EB2”“.12-EB3”“.12-EB4”。

每节动车（Mp 车、M 车）上均配有一个牵引箱，牵引箱内的主要部件是牵引逆变器。牵引箱中的每台牵引逆变器会产生一个幅值和频率可变的三相交流电，以驱动动车转向架上的牵引电机（牵引工况），并在制动时将列车的动能转换为可吸收的直流功率反馈电网（制动工况）。其原理如图 1-15 所示。

牵引逆变器主要由供电环节，直流连接环节、PWM 逆变器、电阻制动电路、制动电阻组成。功率模块（IGBT 模块）是构成变流器的核心部件，PWM 逆变器是由 U 相、V 相、W 相 3 个功率模块构成。每个模块由上、下桥臂的两组 IGBT 元件和反并联二极管构成。其具体端口分布如图 1-16 所示。图中“-XD11”与“-XD12”端口连接空调控制器，“-XD9”端口连接牵引维护插座。维护插座是城轨车辆在客室设置的维护端口，维护人员可以在车厢内通过该端口连接电脑查看相关系统的数据，无须进行车底开箱操作。

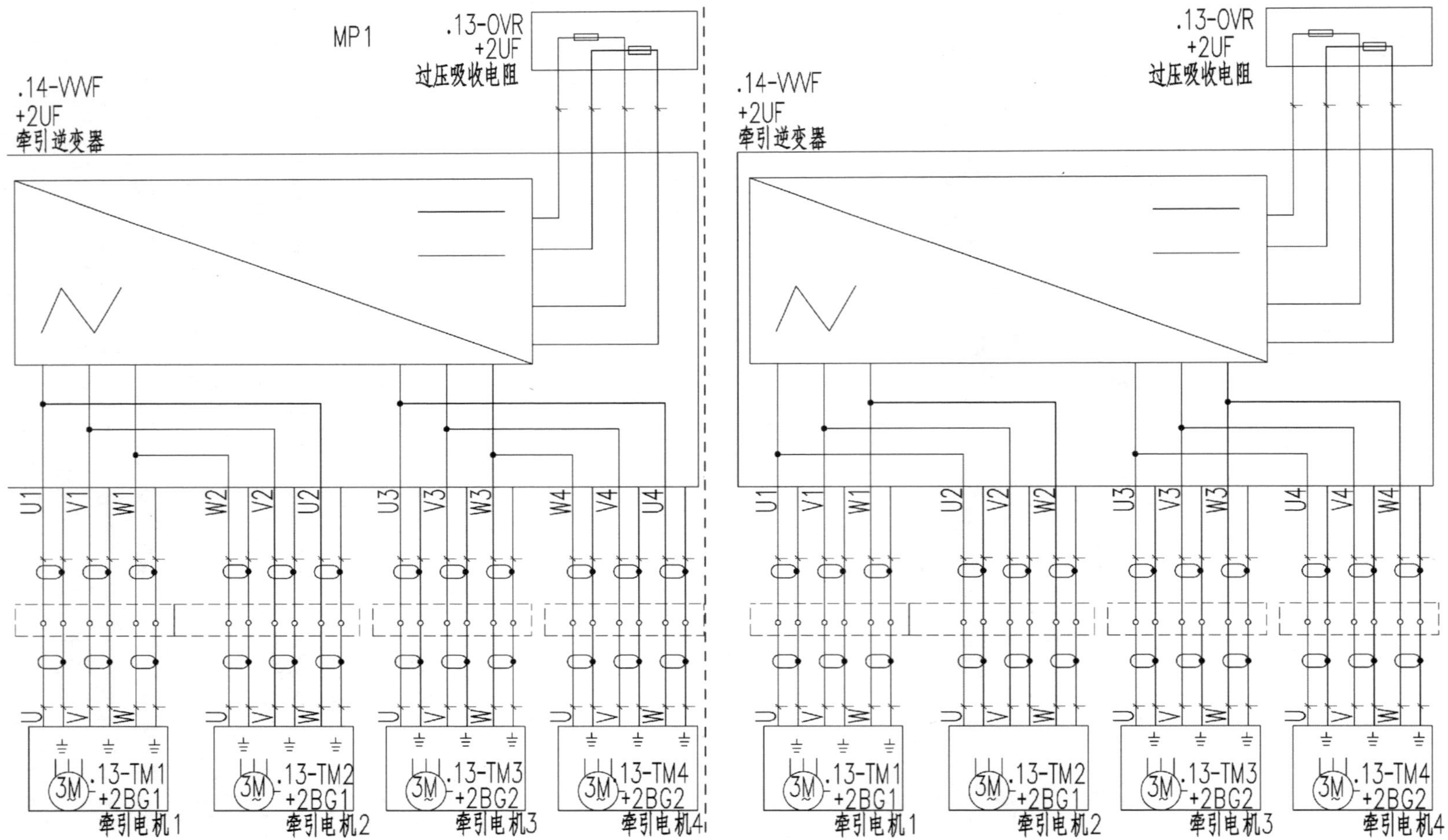

图 1-15　牵引电机和过压电阻电路

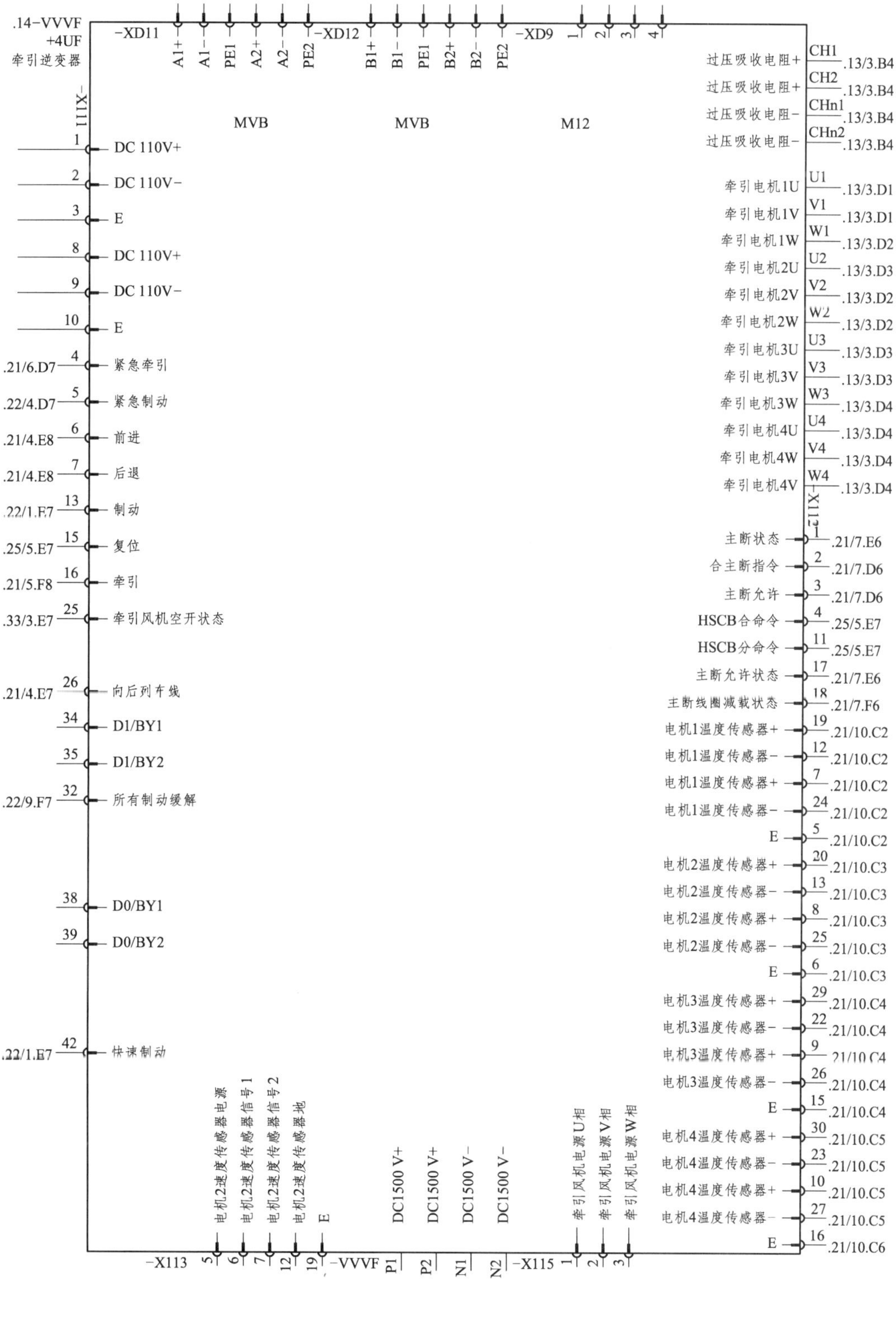

图 1-16 牵引逆变器具体端口分布（Mp 车）

任务实施

一、任务作业指导标准

（一）受电弓电气测试作业（见表 1-3）

表 1-3　受电弓电气测试

作业项目	受电弓电气测试作业	
作业人数	2 人	
作业工具	受电弓试验台、风源、气路软管、兆欧表	
序号	作业内容	作业标准
1	连接气管  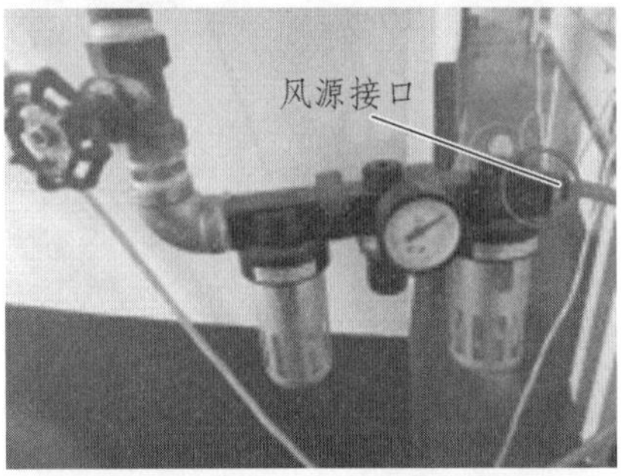 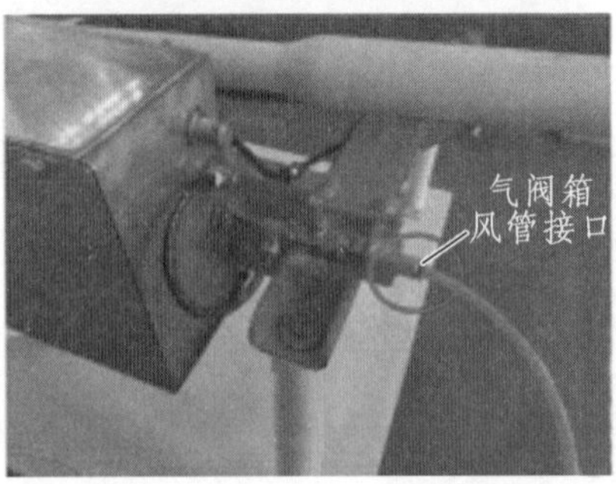 	（1）实验台两根气管分别连接进气口和出气口。 （2）进气口连接至库内三联件风源处。 （3）出气口连接至风阀箱接口处。

续表

序号	作业内容	作业标准
2	启动软件  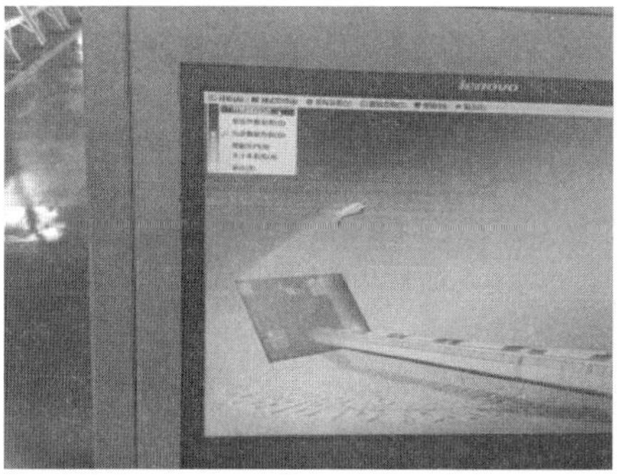 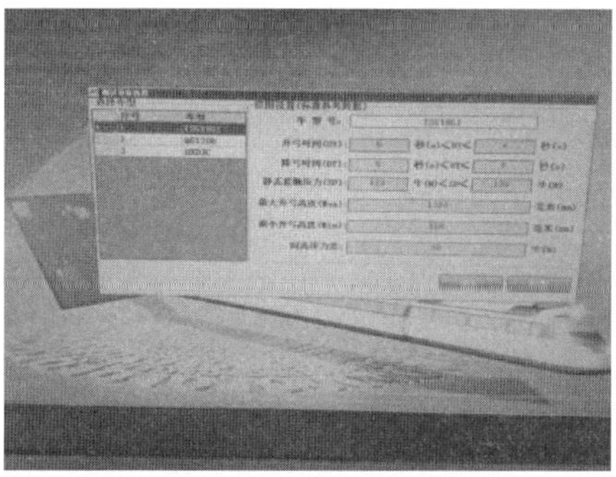	（1）将线缆与配电箱连接，手动拧开总控钥匙，打开试验台配电箱内部开关，启动电脑，双击“受电弓试验台”软件，进入登录界面。 （2）输入用户密码“1”，进入软件测试界面，点击左上角“开始——开始测试”。 （3）“测试设备选型”选择“TSG18G1”，右侧为相应参数范围设置，点击“确定”，进入受电弓测试系统。
3	受电弓静升、降试验 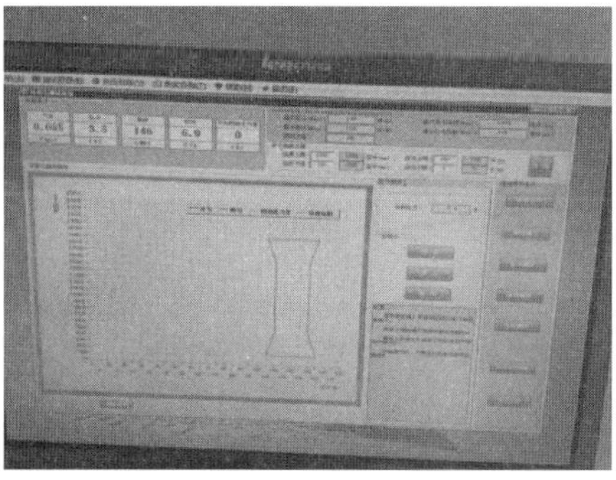	（1）挂好驱动箱挂钩，点击“升弓充气—压力测试—静升”，受电弓开始升弓，软件自动绘制升弓拉力曲线。 （2）点击“静降”按钮受电弓开始降弓，软件自动绘制降弓拉力曲线。

续表

序号	作业内容	作业标准
4	受电弓升降弓试验 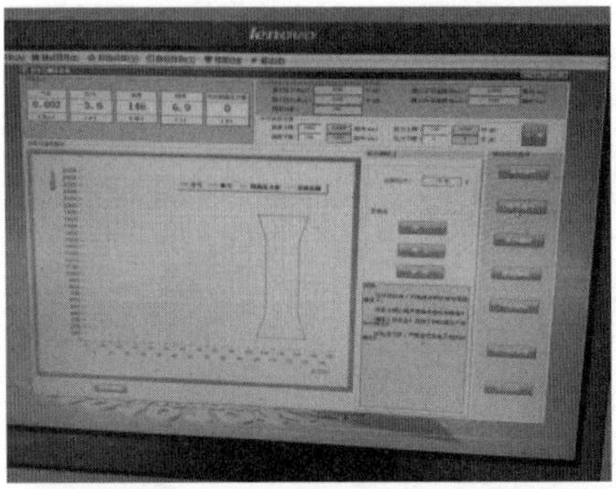	未挂驱动箱时，点击“升弓充气”按钮，观察受电弓升弓过程，升弓完成点击“降弓排气”按钮，受电弓开始降弓，此时观察受电弓阻尼性，应无砸弓现象。
5	检测绝缘子 	校核绝缘子安装螺栓M20的扭力，校核扭力值为 112 N·m。使用兆欧表对4个绝缘子进行绝缘测试，电压等级为DC 2500 V，绝缘阻值>200 MΩ。

（二）避雷器电气测试作业（见表 1-4）

表 1-4 避雷器电气测试

作业项目	避雷器电气测试作业	
作业人数	1人	
作业工具	兆欧表、扭力扳手	
序号	作业内容	作业标准
1	清洁检查避雷器 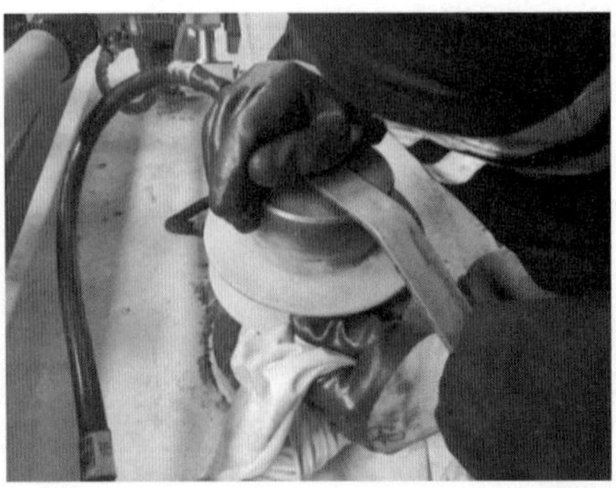	使用抹布蘸水清洁避雷器，检查避雷器外观，要求无变形、无裂纹、无损坏，灭弧孔无黑色斑点或烧损。

<table>
<tr><th>序号</th><th>作业内容</th><th>作业标准</th></tr>
<tr><td>2</td><td>检测避雷器
</td><td>使用扭力扳手校核避雷器安装螺栓 M10×50、M12×35 扭力，校核扭力值分别为：35N·m、32N·m。使用兆欧表对避雷器进行绝缘测试，电压等级 DC 2500 V，绝缘阻值>5 MΩ。</td></tr>
</table>

（三）高速断路器（HSCB）电气测试作业（见表 1-5）

表 1-5　高速断路器（HSCB）电气测试

<table>
<tr><td>作业项目</td><td colspan="2">HSCB 电气测试作业</td></tr>
<tr><td>作业人数</td><td colspan="2">2 人</td></tr>
<tr><td>作业工具</td><td colspan="2">高速断路器试验台</td></tr>
<tr><td>序号</td><td>作业内容</td><td>作业标准</td></tr>
<tr><td>1</td><td>高速断路器试验台测试
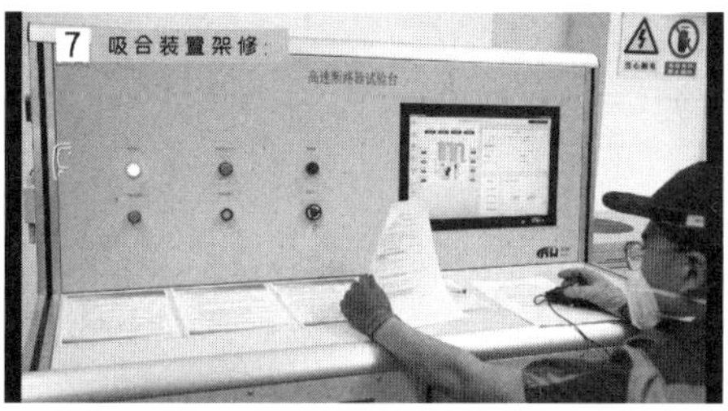
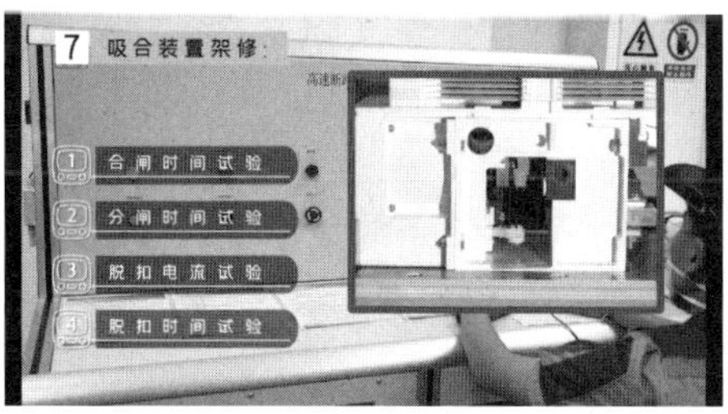</td><td>1. 线圈通电试验：在 DC 77 V ~ 132 V 电压范围内可以吸合，各触点接触良好。
2. 测量过载跳闸值：过载跳闸电流设定为 1800 A。
3. 测量触头分断时间：分断时间小于 40 ms。
4. 辅助触点反馈测量：功能正常。</td></tr>
</table>

（四）牵引电机电气测试作业（见表 1-6）

表 1-6　牵引电机电气测试

作业项目	牵引电机电气测试作业	
作业人数	2 人	
作业工具	便携式电机智能测试设备、测试钳、兆欧表	
序号	作业内容	作业标准
1	测量电机定子绕组的绝缘电阻	电机冷却时用 500 V 直流电依次施加在连接端子 U、V、W 与定子外壳间，绝缘电阻大于 22 MΩ。
2	高压测试、静载试验	电压 AC 1170 V，试验时长 1 min，电压频率 50 Hz。电机运行无异常响声和振动。
3	牵引自检 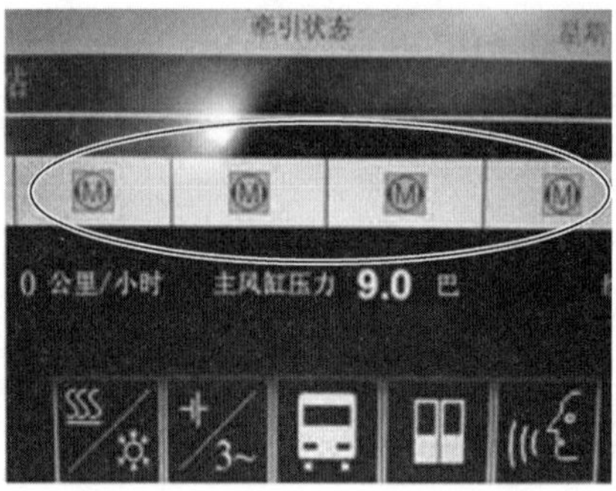 	升弓、施加停放制动、闭合高速断路器，方向手柄置于前位，观察 HMI 四个牵引电机图标是否显示为绿色，自检成功后分断高速断路器。

二、现场典型故障案例分析

下面以牵引 DCU3 变流器模块故障为例进行分析

（1）故障现象：HMI 显示 3C 车 DCU 红点，司机手动复位 3C 车牵引控制单元脱扣后，故障消除，重新合主断后故障未重现，推牵引手柄后故障再次出现。

（2）故障分析：车辆调整回库后，现场售后人员上车下载故障数据，分析 DCU 故障数据，正、负线直流电流正常电路接地；故障发生时，封锁了逆变脉冲器，故障列车运行至折返线，司机手动复位 3C 车牵引控制单元微断器后故障消除，重新合上高速断路器后故障未出现，重推牵引手柄后故障再次出现。故障初步判断：当列车在变流器待机时，牵引箱正常无故障；当列车推主控手柄，变流器模块开始投入工作，牵引红点故障出现，故判断为 3C 车牵引箱变流器模块故障。

（3）故障原因：确认为 DCU3 变流器模块故障。

（4）故障处理：更换 3C 车牵引变流器模块，故障消除。

技能考核

一、考核任务

每两位学生为一组，在规定的时间内完成受电弓电气测试作业。

二、考核要求及评分标准

（一）作业安全要点

（1）升降弓过程中，注意与受电弓保持一定距离，防止碰伤。
（2）注意连接气路管时，禁止踩踏管路。

（二）操作程序

按受电弓电气测试作业指导标准完成测试，并将测试结果填写到记录卡（见表 1-7）中。

表 1-7　受电弓电气测试作业记录卡

<table>
<tr><th>步骤</th><th colspan="2">测试项</th><th>测试结果</th><th>故障描述</th></tr>
<tr><td>1</td><td>准备作业</td><td>1. 连接气管。
2. 启动软件。</td><td></td><td></td></tr>
<tr><td rowspan="2">2</td><td rowspan="2">受电弓静升、降试验</td><td rowspan="2">1. 挂好驱动箱挂钩，点击“升弓充气—压力测试—静升”按钮。
2. 点击“静降”按钮，受电弓开始降弓。</td><td>（1）升弓拉力曲线：</td><td rowspan="2"></td></tr>
<tr><td>（2）降弓拉力曲线：</td></tr>
<tr><td rowspan="2">3</td><td rowspan="2">受电弓升、降弓试验</td><td rowspan="2">1. 摘下驱动箱挂钩。
2. 点击“升弓充气”按钮。
3. 升弓完成点击“降弓排气”按钮。</td><td>（1）受电弓升弓过程观察：</td><td rowspan="2"></td></tr>
<tr><td>（2）受电弓降弓过程观察：</td></tr>
<tr><td rowspan="3">4</td><td rowspan="3">检测绝缘子</td><td rowspan="3">1. 校核绝缘子安装螺栓 M20 的扭力，校核扭力值为 112 N·m。
2. 使用兆欧表对 4 个绝缘子进行绝缘测试，电压等级 DC 2500 V，绝缘阻值>200 MΩ。</td><td>（1）使用工具：</td><td rowspan="3"></td></tr>
<tr><td>（2）工艺要点：</td></tr>
<tr><td>（3）注意事项：</td></tr>
<tr><td colspan="5">故障原因补充说明：</td></tr>
</table>

（三）考核内容及评分标准（见表 1-8）

表 1-8　受电弓电气测试作业考核内容及评分标准

序号	考核内容	配分	评分标准
1	作业工具的使用	10	作业过程中错误使用工具或出现工具掉落现象，每次扣 2 分，扣完本项所配分值为止。
2	预设故障查找	20	1. 步骤不对，每次扣 5 分。 2. 方法不对，每次扣 5 分。 3. 损坏零部件，每个扣 10 分。 4. 没有清槽、整理，扣 5 分。 5. 扣完本项所配分值为止。
3	作业标准考察	60	1. 步骤不对，每次扣 5 分。 2. 方法不对，每次扣 5 分。 3. 对标作业指导标准发生漏项，每次扣 5 分。 4. 损坏零部件，每个扣 10 分。 5. 扣完本项所配分值为止。
4	安全文明生产	10	1. 遵守国家或企业有关安全规定，每违反一项规定扣 2 分。 2. 严重违规者停止操作。
5	时间		每超时 5min 扣 5 分（上限 40 分）

任务拓展

1. 参照上述技能考核模板，以小组为单位完成避雷器电气测试作业及考核。
2. 参照上述技能考核模板，以小组为单位完成高速断路器（HSCB）电气测试作业及考核。
3. 参照上述技能考核模板，以小组为单位完成牵引电机电气测试作业及考核。

任务训练

一、选择题

1. 受电弓升降过程中的动作特点是（　　）。
   A 先快后慢　　B 先慢后快　　C 匀速动作　　D 无固定模式
2. 受电弓紧固件扭力校核时使用的工具主要有（　　）和（　　）。
   A 扭力尺　　B 开口扳　　C 套筒　　D 一字批
3. 受电弓试验验收主要包括（　　）实验、（　　）实验和（　　）实验。
   A 受电弓静升　　B 受电弓静降　　C 受电弓升降弓　　D 受电弓运行
4. 以下所给出的避雷器中属于无间隙避雷器的是（　　）
   A 管式避雷器　　B 阀式避雷器　　C 氧化锌避雷器　　D 保护间隙避雷器

二、填空题

1. 避雷器一般安装在 B 车顶上，主要用于地铁车辆的__________________保护。

2. 在逆变器系统中采用的门极可关断晶闸管简称__________________。

3. 在逆变器系统中采用的绝缘栅大功率晶体管简称________________。

4. 在牵引逆变器启动时，电源通过____________为线路电容充电。

5. 牵引电机由____________和___________组成。

6. 牵引电机的冷却介质是_____________。

7. 轴端接地装置主要由_____________、______________和_____________组成。

8. 在使用过程中要定期打开接地装置检查____________的长度和______________的状态，以保证受流条件良好。

任务二 城轨车辆辅助供电系统工作原理分析及故障诊断

任务描述

城轨车辆上除了牵引电机所需的电能通过牵引逆变器提供外，其他设备所需用电均通过车辆辅助供电系统提供，因此辅助供电系统在车辆上是一个非常重要的部分。辅助逆变器是辅助供电系统的核心，它将接触网 DC 750 V 或 DC 1500 V 电压转化为 AC 380 V 和 DC 110 V 的电压。通过列车贯穿线传输给车辆的各个用电设备，保证列车上各设备的正常运作。辅助电源系统工作的安全性、可靠性对车辆正常运营具有重要影响。

本任务主要介绍城轨车辆辅助供电系统的工作原理及主要装置等基础知识，使学生具备分析城轨车辆辅助供电系统控制原理的能力，培养测试城轨车辆辅助供电系统的电气功能及分析处理电气故障的基本技能。

任务目标

1. 知识目标

（1）了解城轨车辆辅助供电系统的工作原理。

（2）熟悉城轨车辆辅助供电系统的主要装置。

（3）掌握城轨车辆辅助供电系统主要装置的电气测试标准。

2. 能力目标

（1）能对城轨车辆辅助供电系统的控制原理进行分析。

（2）能流畅完成城轨车辆辅助供电系统电气功能测试工作。

（3）能正确处理城轨车辆辅助供电系统的常见故障。

3. 职业素养目标

（1）培养“精益求精、严谨细致、操作规范”的工作作风。

（2）培养团队协作意识、环保意识、节约意识。

拓展知识

IGBT 知多少

IGBT（绝缘栅双极型晶体管），具有自关断的特征，简单来说就是一个非通即断的开关，导通时可以看作导线，断开时当作开路。IGBT 是能源转换与传输的核心器件，是电力电子装置的“CPU”。作为新型功率半导体器件的主流器件，IGBT 已广泛应用于工业、4C（通信、计算机、消费电子、汽车电子）、航空航天、国防军工等传统产业领域，以及轨道交通、新能源、智能电网、新能源汽车等战略性新兴产业领域。IGBT 器件已成为轨道交通车辆牵引变流器和各种辅助变流器的主流电力电子器件。交流传动技术是现代轨道交通的核心技术之一，在交流传动系统中牵引变流器是关键部件，而 IGBT 又是牵引变流器最核心的器件之一。

IGBT 是事关国家经济发展的基础性产品，长期以来，市场主要被英飞凌、三菱、富士电机为首的国际巨头垄断。自 2005 年开始，我国积极开展国产 IGBT 芯片和模块的研制，在以斯达半导体、中车时代半导体等为代表的一批国内企业十多年的不懈努力下，国内的 IGBT 在芯片设计、晶圆制造、模块封装等方面已形成产业链，正逐步具备国产替代能力。

——摘编自“百度百科”网（2023 年 3 月 13 日）

知识储备

一、城轨车辆辅助供电系统的工作原理及主要装置介绍

（一）城轨车辆辅助供电系统逆变的基本类型

城轨车辆辅助逆变器通过受电弓从接触网取电，电能经过变换，为列车的用电设备供给所需形式的电能。这种方式具有输入电压范围大、输入电压高、输出电压和频率稳定、输出电压谐波含量低等特点。辅助逆变器是否能够正常工作将直接影响到城轨车辆的安全运行，因此对辅助逆变器的输出性能、可靠性、使用寿命等指标有严格的要求，逆变器方案的选择至关重要。

1. 直接逆变方式

直接逆变方式通常使用于 DC 750 V 城轨供电系统，其基本电路结构如图 2-1 所示，开关器件可采用 GTO 或 IGBT，控制策略可选择恒电压，向负载输出脉宽调制电压。该方式的优点是：控制容易，结构简单，需要的功率开关器件少。该方式的缺点是：输出电压容易受网侧直流电压波动的影响，输出电压谐波含量大，输入、输出没有电气隔离，需要完全承受直流侧电压。

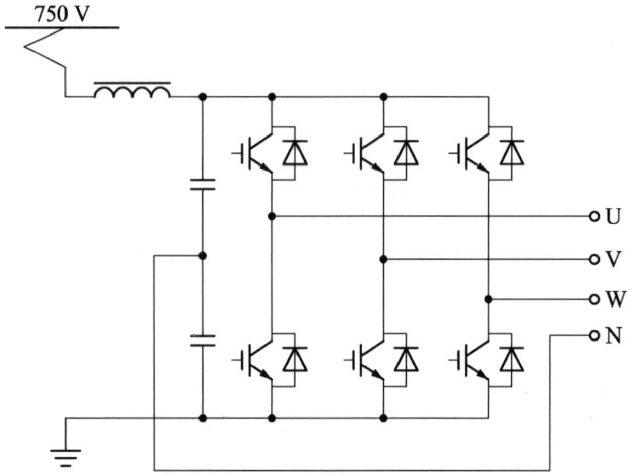

图 2-1 直接逆变电路

2. 斩波降压逆变方式

斩波降压逆变方式的基本电路结构如图 2-2 所示，电路由单管 DC/DC 斩波电路、三相桥式逆变电路、滤波电路和三相变压器组成。该方式的优点是：隔离变压器的引入实现了电网输入与负载输出之间的电气隔离，安全性能提高；另外 DC/DC 斩波可以保持逆变器输入电压的恒定，逆变器输出电压不受输入电网电压波动的影响，逆变器上的 IGBT 耐压应力减小。该方式的缺点是：DC/DC 斩波的一个 IGBT 需要完全承受直流侧电压，工频变压器体积和质量偏大。

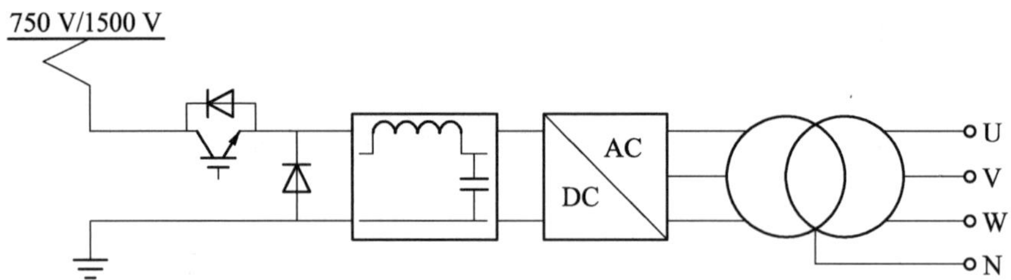

图 2-2 斩波降压逆变电路

3. 逆变工频降压方式

逆变工频降压方式的电路基本结构如图 2-3 所示，供电网经过一级滤波环节，直接与逆变器相连，输出三相交流电压，通过工频变压器隔离、降压，最后输出三相流电。该方式的优点是：逆变器的结构和控制较为简单，变压器没有偏磁问题，还可以设计不同的变压器匝数比来满足不同的电压值需要。该方式的不足之处在于：工频隔离变压器的质量和体积偏大，随着输入侧网压增加，开关管的耐压等级需要相应提高。

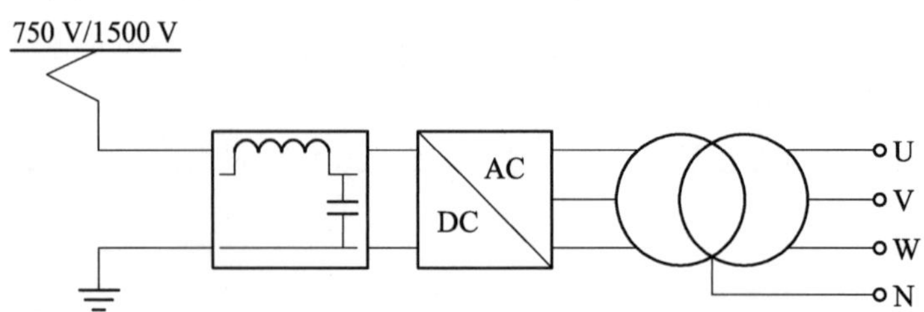

图 2-3 逆变工频降压电路

4. 高频隔离变压器方式

高频隔离变压器方式的基本电路结构如图 2-4 所示，经过滤波后的直流电压经过第一级逆变，输出高频交流电，通过调节高频变压器的一、二次侧匝数比，得到需要的二次侧高频交流电压，经过整流，逆变后输出期望的三相工频交流电。该方式的优点是：变压器质量轻、体积小，开关管耐压应力小。该方式存在的问题是：高频变压器容易产生饱和，需要对逆变器的脉冲严格控制，以满足变压器一次侧绕组正负电流的伏秒值相等，避免变压器磁饱和；增加了一个整流和一个逆变环节。

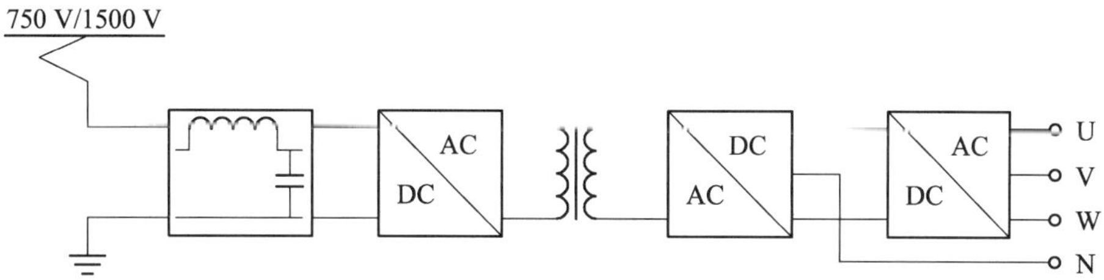

图 2-4　高频隔离变压器电路

目前城轨车辆辅助逆变系统主要采用斩波降压逆变方式。辅助逆变器将 DC 1500 V 转换成 AC 380 V 给整列车的交流负载供电，并将 AC 380 V 交流转换成 DC 110 V 或 DC 24 V 给整列车的直流负载供电。

（二）城轨车辆辅助供电系统设备配置介绍

城轨车辆辅助供电系统主要为除牵引系统以外的所有用电系统供电，其供电的主要负载有：空调、客室照明、设备通风冷却风机、电器电了装置、蓄电池等。整个辅助供电电路由辅助逆变器、蓄电池及相应部件组成。

城轨车辆辅助供电系统采用集中布置、集中供电方式，每个 Tc 车布置一个辅助逆变器箱，每个辅助逆变器箱中集成有两套辅助逆变器和两套 DC/DC，每个辅助逆变器的输入容量为 110 kV·A。为列车提供三相 AC 380 V 电源和 DC 110 V 电源。DC 1500 V 电源经防逆流二极管和两个熔断器分别为两个辅助逆变器供电，并通过车端连接器与另一单元相连，从而实现 4 台辅助逆变器并网运行，提高了系统可靠性。每节车上的一台 380 V/220 V 变压器为单相 AC 220 V 负载供电，容量 2.3 kV·A。此变压器安装在每节车的低压箱中。

蓄电池充电机和蓄电池通过解耦二极管为辅助供电系统直流负载提供 DC 110 V 电源，蓄电池充电机集成在辅助逆变器箱中，功率为 12 kW，并通过 DC 110 V 列车线实现并网运行。对于 DC 24 V 负载则通过在每个司机室内单独安装一个 2 kW 的 DC/DC 变流器实现供电。列车辅助供电系统的高压配电原理如图 2-5 所示。

1. 辅助逆变器

辅助逆变器单元包括下列主要部分：

（1）带 DC 进线端子的 DC 输入部分：输入熔断器、进线滤波器扼流圈、进线接触器、电压和电流传感器、EMC 和输入滤波器。

（2）预充电/过压保护。

（3）电池欠压保护启动单元。

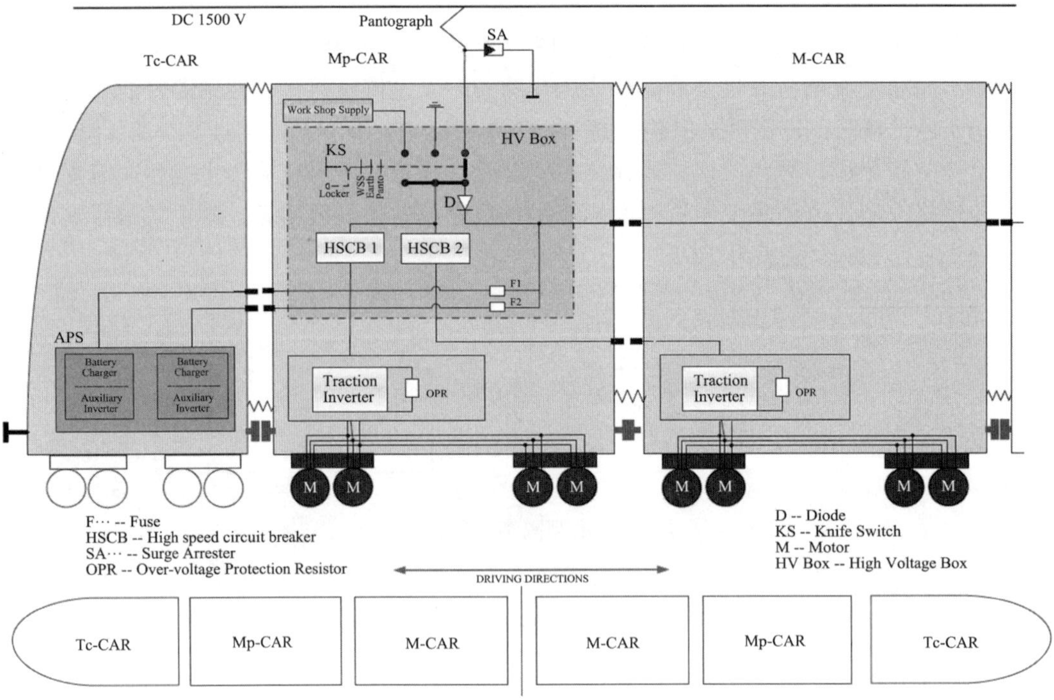

Pantograph—受电弓；SA—避雷器；KS—闸刀开关；F—熔断器；HSCB—高速断路器；OPR—过压保护电阻；D—电力二极管；KS—开关；Traction Inverter—牵引逆变器；M—牵引电机；HV Box—高压箱。

图 2-5　列车辅助供电系统的高压配电原理示意图

（4）带 DC/DC 转换器的 DC/DC 变压器系统：中频变压器、共振电容器、整流器。

（5）带直流环节电容的 DC 环节电路：电压传感器、接地故障检测。

（6）脉宽调制逆变器

（7）带输出接触器 3AC 输出部分：输出电容器、EMC 滤波器、正弦滤波器、电流传感器、3AC 输出端。

（8）蓄电池充电机。

（9）带接地故障检测的 DC 110 V 输出部分：EMC 电容器、DC 110 V 出入端。

（10）带 DC/DC 转换的 DC 24 V 输出部分。

（11）带风机接触器的冷却系统：保护开关、内部风机。

（12）微机控制器系统包含：Sibcos-M2500、Sibcos-M2000、Sibcos-M9000、MVB 或以太网接口。

（13）带预充电电阻器、预充电接触器、接触器、电压继电器的外部电源。

2. 冷却系统

辅助逆变器为强制风冷。各部分辅助逆变器有其自身的冷却系统。其进气与出气示意图如图 2-6 所示。冷却系统的设计使主风机尽量保持低速，从而保证了污物、噪声和操作次数最小化，并保证优化通风。

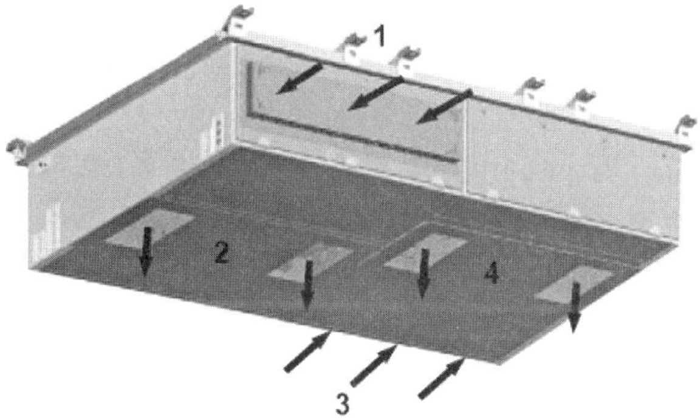

1—进气格栅 AI-H1；2—出气格栅 AI-H1；3—进气格栅 AI-H2；4—出气格栅 AI-H2。

图 2-6　进气与出气示意图

3. 蓄电池箱

如图 2-7、图 2-8 所示，辅助电池由 80 个蓄电池单体组成，采用烧结式镉镍碱性蓄电池。每节 TC 车底架安装有两个蓄电池箱，为蓄电池箱 1 及蓄电池箱 2，蓄电池箱 1 带有温度传感器及外挂熔断器箱，箱子采用悬挂安装模式。

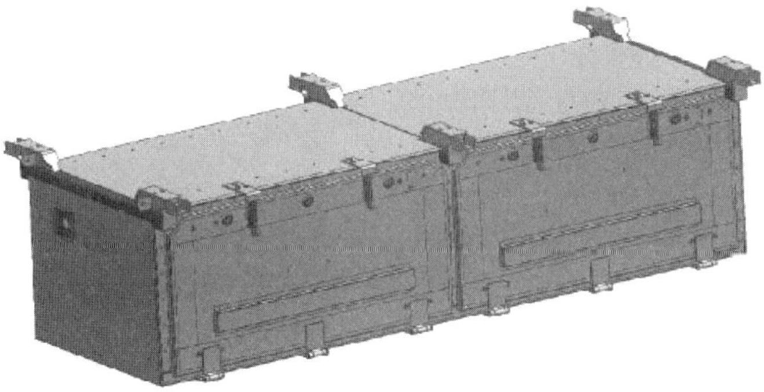

图 2-7　蓄电池箱外形图

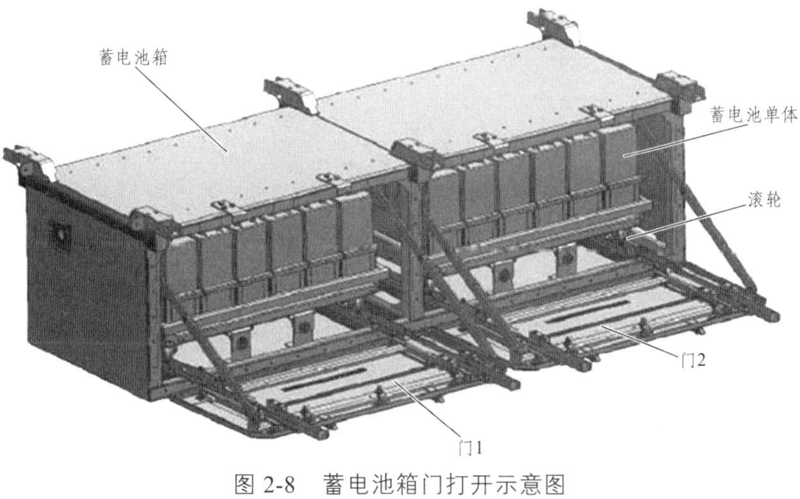

图 2-8　蓄电池箱门打开示意图

蓄电池箱 2 结构与蓄电池箱 1 结构类似，仅比蓄电池箱 1 少一个外挂熔断器箱。蓄电池箱 1 内共有 40 个电池单元，蓄电池箱 2 内共有 40 个电池单元，总标称电压为 110 V，作为列车 DC 110 V 供电系统的备用电源，充电模式为：

（1）升压充电。首先，使用 50 A 电流为电池充电，直到达到 U1；之后，充电持续保持在 U1 恒定；当温度>40 °C 时，充电电压将减至 U2。

（2）浮充电。如果充电电流减小到 6 A 以下，则电压从 U1 恒定转为 U2 恒定，充电电流进一步减小并保持持续充电。

（3）转为升压充电。当充电电流增加至 9.6 A 以上时，则转换为升压充电。

（4）当温度>60 °C 时，停止充电。

注：如果温度传感器失效或接线损坏，则充电机需连续工作，在这种情况下，必须将充电电压控制在 110 V。

U1=1.52 × 80=121.6 V（20 °C 时的升压充电默认值）

U2=1.42 × 80=113.6 V（20 °C 时的浮充电默认值）

为了最大限度提高蓄电池的寿命，减少维护周期，实行温度补偿充电，电池内电解液的温度由温度传感器提供。温度传感器采集的模拟信号被送入蓄电池充电机控制模块中，充电机根据此信号来决定补偿后的充电电压与电流，如图 2-9 所示。

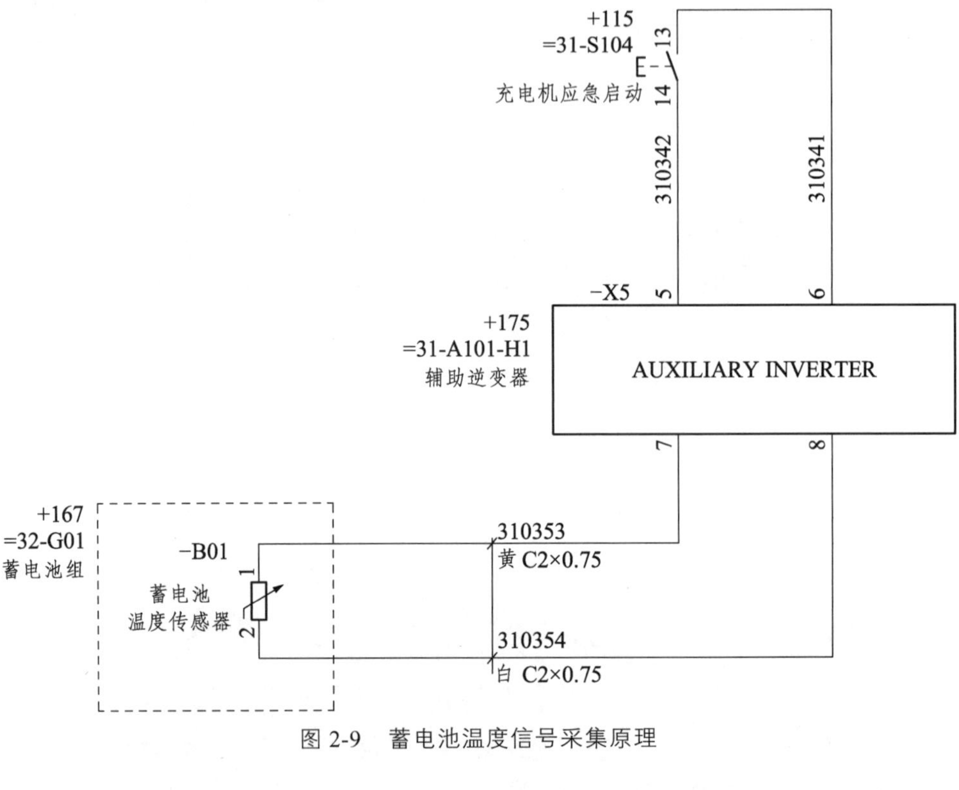

图 2-9　蓄电池温度信号采集原理

二、城轨车辆辅助供电系统的工作原理

辅助逆变器机箱装有 2 台相同的辅助逆变器。DC 1500 V 输入电压通过 DC/DC 转换器、中频变压器和桥式整流器转成可控中间电路电压。

脉宽调制逆变器（PWMI）将该中间电路电压转换为三相交流电输出。输出侧正弦 EMC 滤波器保证正弦波输出值，正弦波输出值通过输出接触器连接到 3AC 母线上，为空调系统、空气压缩机、辅助逆变器冷却和牵引逆变器冷却等设备供电。

辅助逆变器内安装有蓄电池充电机。该蓄电池充电机的输入电源连接 DC 中间电路，在其输出端产生 DC 110 V 的电压。蓄电池充电机为列车 DC 110 V 总线供电，逆变器箱内其中一台蓄电池充电机还为车辆蓄电池充电。蓄电池充电机运行时，需对蓄电池进行温度补偿。辅助逆变器的工作原理如图 2-10 所示。

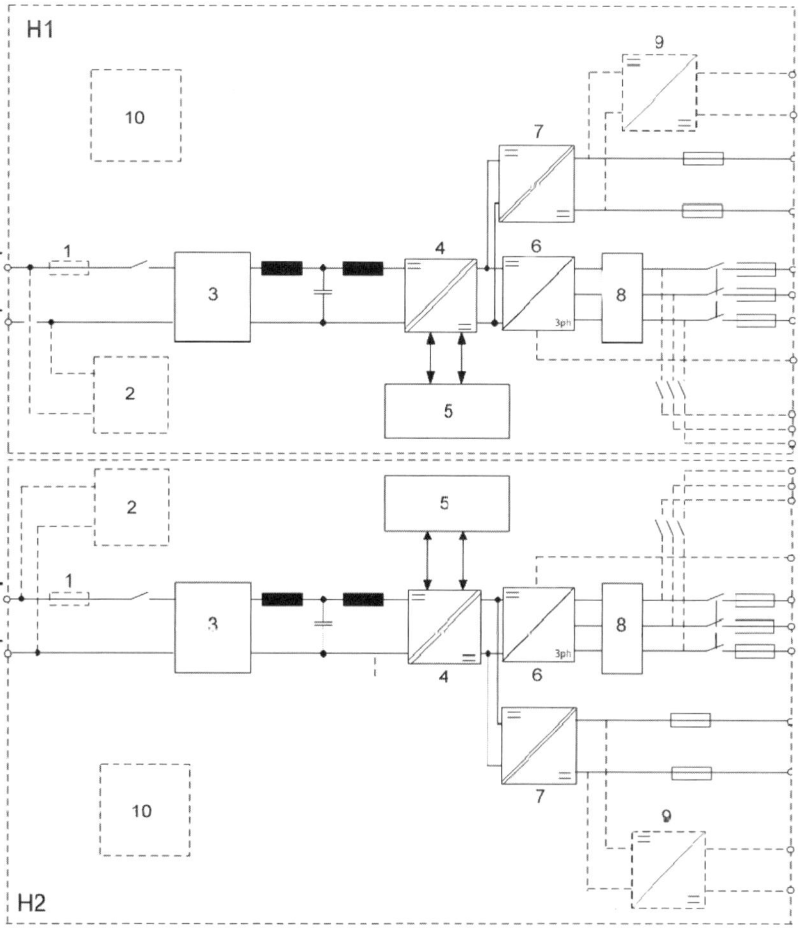

1—输入熔断器；2—应急启动；3—EMC 滤波器和瞬态脉冲保护；4—DC/DC 模块；5—Sibcos 控制；6—PWM 逆变器；7—蓄电池充电机；8—正弦滤波器；9—DC/DC 转换器；10—可选：火灾报警；11—DC 24 V 输出，1 kW；12—可选：车间供电；13—可选：中线线路。

图 2-10　辅助逆变器框的工作原理

三、城轨车辆辅助供电系统的控制原理

（一）蓄电池启动（110 V）电路分析

列车正常激活也叫蓄电池启动，正常情况下蓄电池为车辆“永久列车线”供电，当司机室的列车激活旋钮开关打到“合”位时，蓄电池就向全车供电。蓄电池启动电路如图 2-11 所示，对该电路分析的具体步骤如下：

1. 步骤一：寻找电路中的正、负极

（1）图 2-11 中的电路正极：蓄电池“-QAGB”；列车线 110A、110C。

（2）图 2-11 中的电路负极：列车线 100L7、列车线 100L5、列车线 100L8。

2. 步骤二：功能分析

（1）蓄电池的启动条件：蓄电池“-QAGB”向永久负载供电，激活列车。

（2）蓄电池启动后的电路表现：永久负载向正常负载供电。

3. 步骤三：电路分析

1）蓄电池启动供电

二维动画：蓄电池启动电路图分析

如图 2-11 所示（见书末折页图），列车激活操作后，若蓄电池电压高于 96 V，蓄电池为列车正常负载（DC 110 V）供电，并同时为列车延时负载（DC 110 V）供电。

通过观察电路图（见图 2-11）发现就是分析蓄电池-QAGB 向列车线 110A、110C 供电的具体过程解析。本次所用电路图（见图 2-11）为 6 编组列车，图中显示了 4 辆车的电路分布情况，Tc1 车与 Tc2 车电路设置完全一致，原理相同，故只分析 Tc1 车的电路分布情况。当蓄电池输出开关 Q01 与永久负载微断器（32-QFYJ）均闭合时，欠压继电器（-KAVGB）得电，当蓄电池（QAGB）电压高于 96V 时其对应的常开触点 3-11 闭合，继电器 KAGB 与延时继电器 KATGB 均得电，进而继电器 KAGB 对应常开触点 A1-B1、A2-B2 闭合，延时继电器 KATGB 对应常开触点 B1-C1 闭合，继电器 KMTGB、KMGB 均得电，这两个继电器所对应该常开触点闭合后蓄电池（QAGB）分别向正常负载列车线 110A、110C 与延时负载 111A 供电。继电器 KMTGB、KAVGB 所对应该常开触点闭合，DE 模块获取蓄电池启动相关信号。

2）蓄电池应急充电

充电机应急启动按钮“.31-SBBPS”在蓄电池电压欠压时，可以在受电弓通过特殊途径升弓后为蓄电池进行紧急充电。蓄电池温度传感器主要采集模拟信号并送入蓄电池充电机控制模块中，充电机根据此信号来决定补偿后的充电电压与电流。

（二）蓄电池充电机和辅助逆变器的启动

当列车已升弓并有 DC 1500 V 电压、蓄电池充电机自检完成后，检测到有 1500 V 电压就自动启动工作，提供 DC 110 V 电压。

列车已升弓并有 DC 1500 V 电压，VCU 与辅助逆变器的控制单元的通信正常和辅助逆变器无故障信息时，VCU 向辅助逆变器发出工作指令，辅助逆变器自动启动，提供三相交流电压。当 MVB 车辆总线故障时，只要有 DC 110 V 和 DC 1500 V 供电时，辅助逆变器自动启动。

任务实施

一、城轨车辆辅助供电系统操作

主司机台 HMI 人机交互显示器上所显示的“辅逆状态”界面如图 2-12 所示。辅助电源系统故障信息说明如表 2-1 所示。

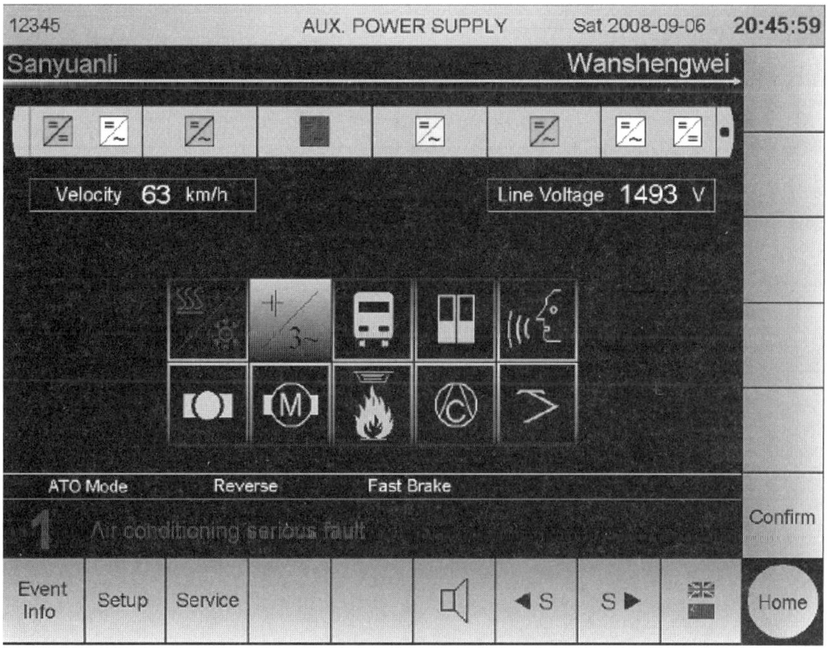

图 2-12 “辅逆状态”界面

表 2-1 辅助电源故障信息说明

Priority 优先级	Symbol 符号	Indicated state 指示的状态
1		AC/DC auxiliary power supply “cut-out” AC/DC 辅助电源“切除”
2	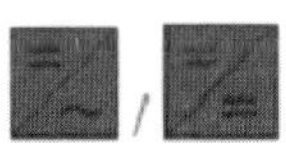	AC/DC auxiliary power supply faulty AC/DC 辅助电源故障
3	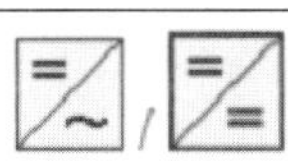	AC/DC auxiliary power supply with warning AC/DC 辅助电源警告
4	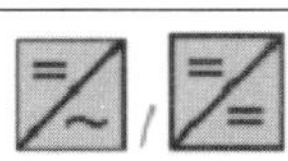	AC/DC auxiliary power supply on, no fault AC/DC 辅助电源运行，无故障
5	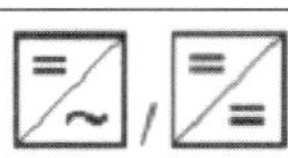	AC/DC auxiliary power supply off, on fault AC/DC 辅助电源关闭，无故障

二、任务作业指导标准

（一）辅助逆变器有电功能检查作业（见表 2-2）

表 2-2　辅助逆变器有电功能检查

作业项目	辅助逆变器有电功能检查作业
作业人数	2 人
作业工具	
作业内容	辅逆有电功能检查
作业标准	城轨车辆降弓、升弓情况下，HMI 显示辅逆图标正确

（二）蓄电池补偿充电作业（见表 2-3）

表 2-3　蓄电池补偿充电

<table>
<tr><td>作业项目</td><td colspan="2">蓄电池补偿充电作业</td></tr>
<tr><td>作业人数</td><td colspan="2">4 人</td></tr>
<tr><td>作业工具
作业耗材</td><td colspan="2">18#绝缘套筒、绝缘扳手、万用表、绝缘手套、电动扳手、手电筒、针管、蒸馏水</td></tr>
<tr><td>序号</td><td>作业内容</td><td>作业标准</td></tr>
<tr><td>1</td><td>蓄电池放电作业（第一放）
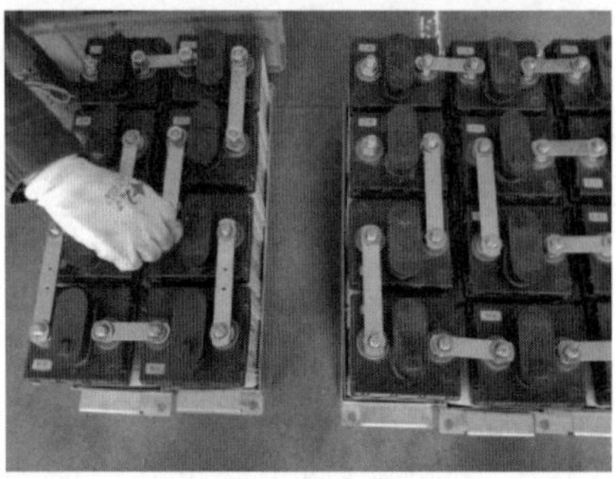
蓄电池接线图
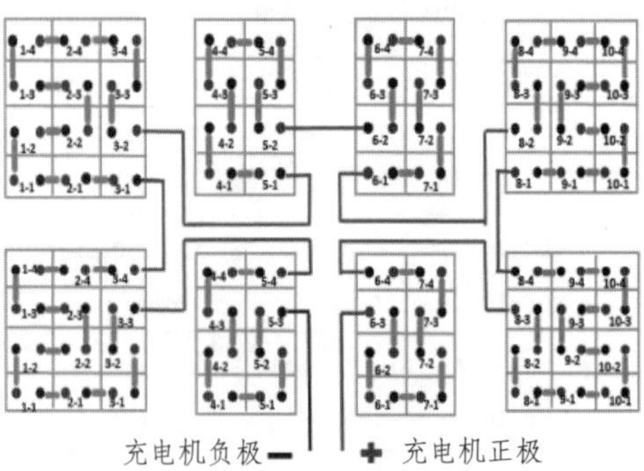
</td><td>（1）将每 80 个蓄电池单体按照串联方式连接，并留出总正和总负接线端。将蓄电池充电线的红色接线端接该串联单元的总正极，黑色接线端接该串联单元的总负极。连接时注意佩戴绝缘手套。
（2）将充电线的另一端插入到蓄电池充/放电机的充/放电端口。注意：红色接线端接充/放电机的正极，黑色接线端接充/放电机的负极。作业过程要佩戴绝缘手套。
（3）启动充/放电机，将充/放电机调至“放电”状态，并调整放电停止电压为 80 V，放电电流设置为 32 A，然后开始放电直到放电自动停止。</td></tr>
</table>

续表

序号	作业内容	作业标准
1	 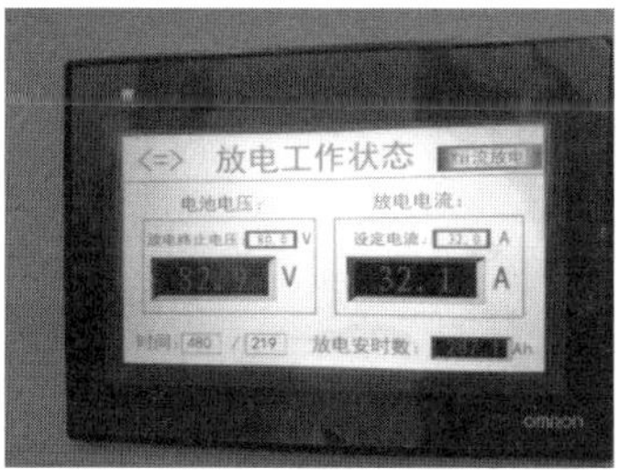 	
2	蓄电池充电作业（第一充）  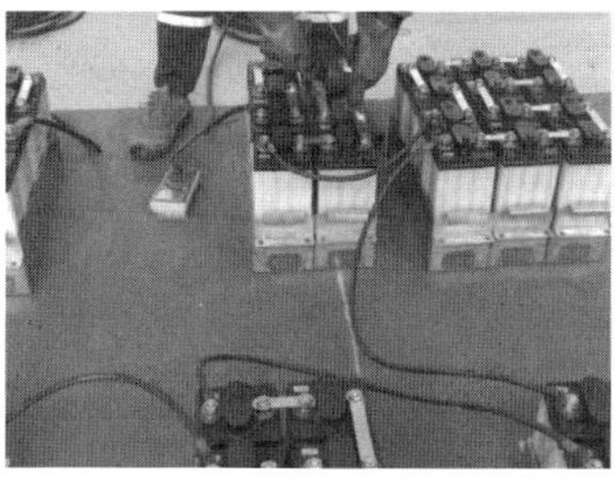	（1）启动充/放电机，将充/放电机调至“充电”状态，设置充电电流为 32 A，充电时间设置为 480 min。 （2）每隔 1 h，对每个蓄电池单体的电压进行测量，记录每个单体的电压值和当前室内温度。
3	蓄电池放电作业（第二放）	（1）启动充/放电机，将充/放电机调至“放电”状态，并调整放电停止电压为 80 V，然后开始放电直到放电自动停止（放电时间应至少大于 3.5 h，若不满足，进行记录并上报工程师）。 （2）放电前 3 h 内，每隔 1 h，对每个蓄电池单体的电压进行测量，记录每个单体的电压值和当前室内温度；放电 3 h 后，每隔 0.5 h，对每个蓄电池单体的电压进行测量，记录每个单体的电压值和当前室内温度。

续表

序号	作业内容	作业标准
4	蓄电池充电作业（第二充） 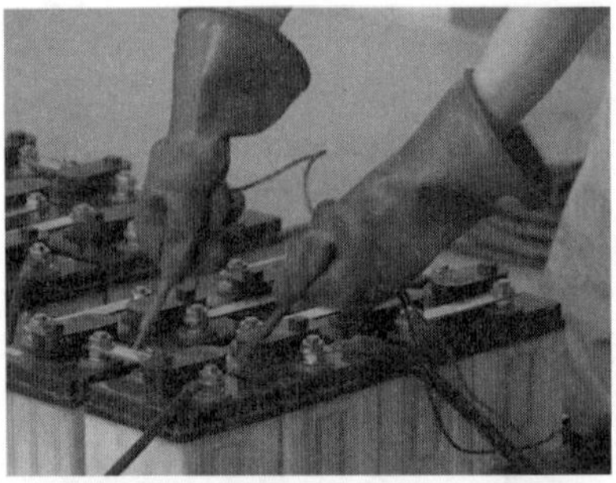 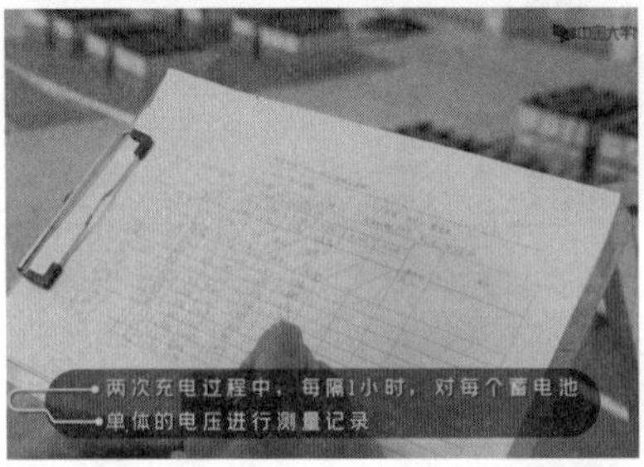 	（1）启动充/放电机，将充/放电机调至“充电”状态，设置充电电流为 32 A，充电时间设置为 480 min。 （2）每隔 1 h 对每个蓄电池单体的电压进行测量，记录每个单体的电压值和当前室内温度。
5	蓄电池单体加液 	逐个打开每个蓄电池单体盖，用针管吸取蒸馏水后缓慢加入蓄电池内，使蓄电池液面达到补水线。

三、现场典型故障案例分析

（一）故障一：HMI 显示网压不正常

1. 故障现象

一个辅助逆变器红点，DC/DC、DC/AC 严重故障，HMI 显示网压为 2200 V，无其他故障显示。

2. 故障分析

1）HMI 网压显示

网压存在且正常的情况下，HMI 所显示的网压值为 4 个辅逆采集网压的平均值，其逻辑关系如图 2-13 所示。

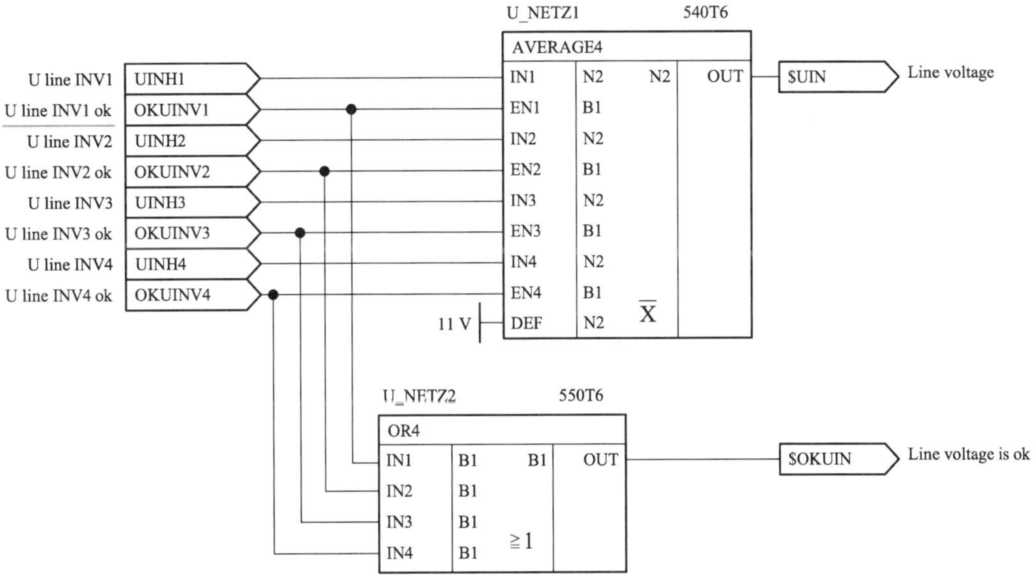

图 2-13　HMI 网压显示部分逻辑

2）查看主控制单元 M2500 故障日志

列车回库后，查看该辅助逆变器主控制单元 M2500 故障数据，如图 2-14 所示，记录“MAS: Power supply error; MAS: Locked”，且电压传感器 T11 显示网压为 3 949 V。

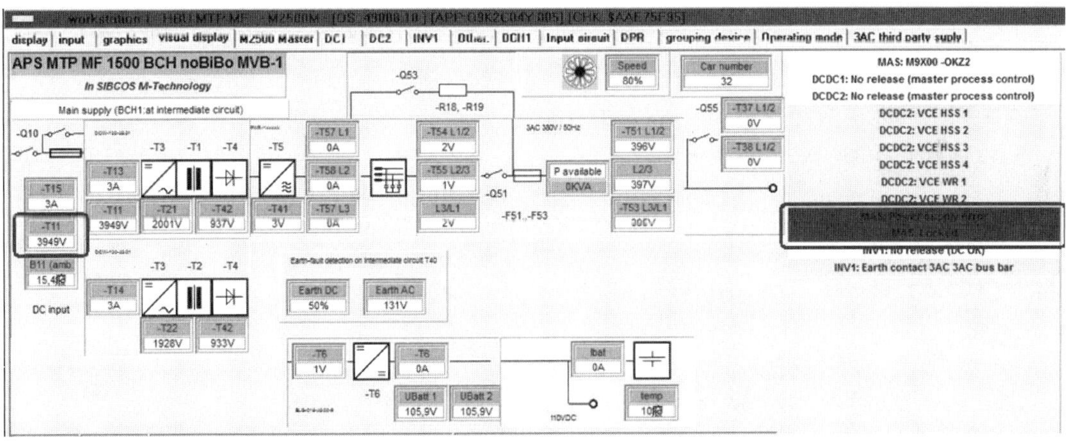

图 2-14　M2500 故障数据

根据以上数据可以确定 HMI 显示网压 2 200 V 是辅助逆变器故障导致。辅助逆变器采集网压与实际网压不符，其可能的原因有两个：

（1）电压传感器 T11 故障，直接导致采集网压错误。

（2）M2500 故障，导致 T11 无法正常工作或错误处理接收到的网压信号。

3）确定故障器件

（1）电压传感器 T11。更换 01096A 车辅助逆变器 2 的电压传感器 T11，高压测试故障依然存在。

（2）主控制单元 M2500。更换 01096A 车辅助逆变器 2 的主控制单元 M2500，激活列车后发现，在没有高压的情况下，HMI 显示网压为 4 000 V，查看 M2500 数据记录显示 T11 网压为 4 000 V。

（3）线路检查。检查 T11 接线紧固，M2500 各插头插接紧固。激活列车后测量 T11 供电回路无电压，测量 M2500 供电回路发现插头 X041 无电压输出，最终检查发现保险丝 F13、F14 熔断。

3. 故障原因

故障原因为主控制单元 M2500 故障，从故障现象（F13、F14 熔断）可以判断故障件内部电路板或元器件发生短路、虚接等现象。

4. 故障处理

更换主控制单元 M2500 和 F13、F14 保险丝，高压测试功能正常。

（二）故障二：蓄电池接触器故障

1. 故障现象

2018 年 1 月 9 日 05:52，司机报 0118 车 6 车 HMI 显示 1 车直流供电严重故障。06:05，驻站人员添乘确认故障为“蓄电池接触器故障”，HMI 显示列车状态无异常，运行状态无异常。06:35，“蓄电池接触器故障”消除。

2. 故障分析

（1）列车回库后故障已消失，查看 HMI 屏 CCF 记录，发现“蓄电池接触器故障”共报四次，均自动恢复正常，第一次发生在 05:44，12 min 后消失；第二次发生在 05:56，32 min 后消失；第三次发生在 06:29，25 s 后消失；第四次发生在 06:30，18 s 后消失，如图 2-15 所示。

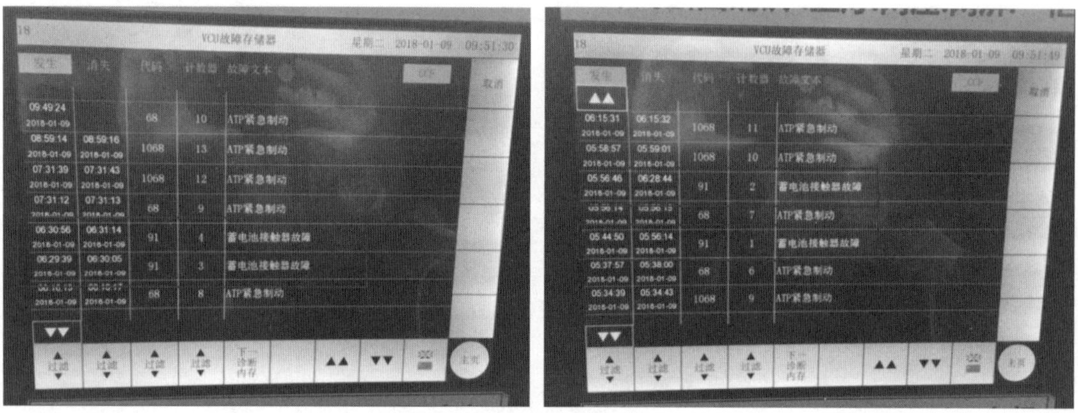

图 2-15　CCF 故障数据

（2）查看逻辑图，其中 DE 模块的“E112_04”和“E112_05”点位采集数据异常均可导致“蓄电池接触器故障”。查看故障时间点 CCF 数据，其中“E112_05”点位采集数据正常，

“E112_04”点位采集数据异常。

（3）能够造成“E112_04”点位采集数据异常的原因有两点：一是“=32-K02”接触器（13-14）触点卡滞；二是“=32-K03”接触器（1-2、3-4、5-6）触点卡滞，造成“=32-K02”接触器未得电，（13-14）触点未闭合。

（4）下载 VCU 故障记录，CCF 数据显示 1 车“Battery contactor defective”，故障代码为 91，查看 SIBAS G 逻辑图，造成代码为 91 的“蓄电池接触器故障”，其中当发生网络故障时，HMI 会显示多个系统故障，此次故障仅为“蓄电池接触器故障”，可排除网络故障原因。

（5）查看故障时间点 2018 年 1 月 9 日 5:56 的 CCF 数据，“E112_04”点位为 0，“E112_05”点位为 0，正常情况下“E112_04”点位为 1，“E112_05”点位为 0，如图 2-16 所示。

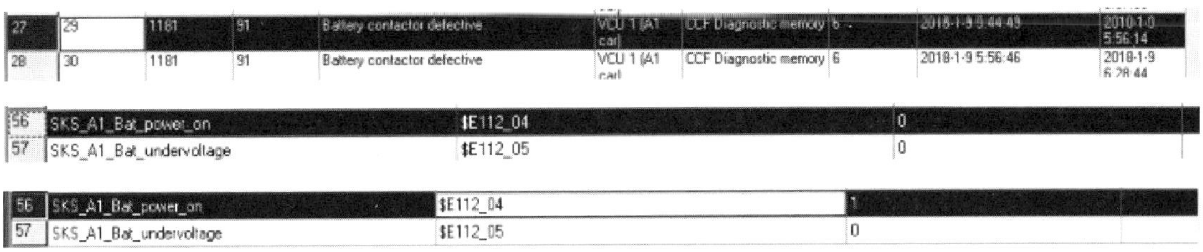

图 2-16 故障（上）和正常（下）时间点数据

因此，“E112_04”点位采集数据异常，引起采集数据异常的原因有两点：一是“=32-K02”接触器（13-14）触点卡滞；二是“=32-K03”接触器（1-2、3-4、5-6）触点卡滞造成“=32-K02”接触器未得电，（13-14）触点未闭合。因“E112_05”点位采集数据正常，说明“=32-K03”接触器正常得电，如图 2-17 所示。

3. 故障原因

故障原因为“=32-K03”接触器卡滞。

4. 故障处理：

更换“=32-K03”接触器，对换 1 车和 6 车的“=32-K02”接触器，跟踪两周后，故障未再次发生。

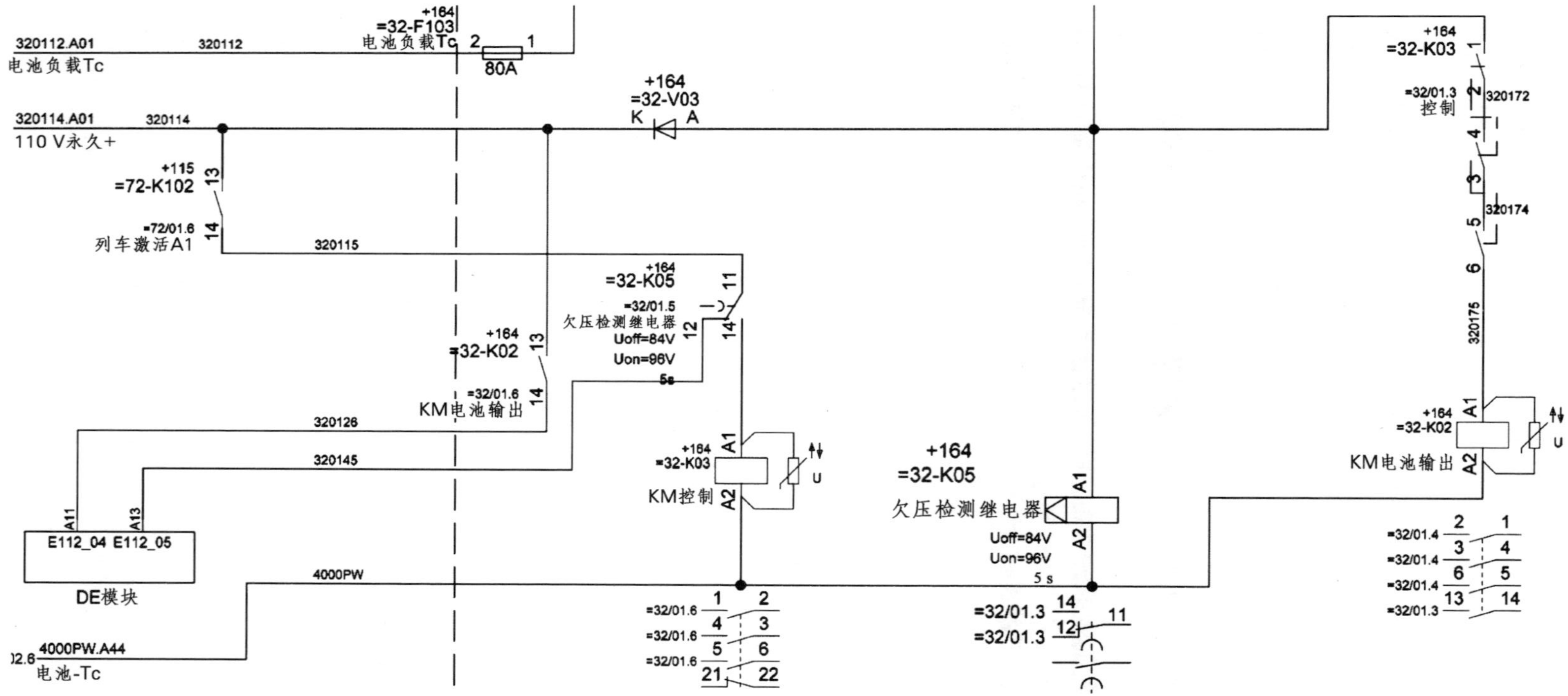

图 2-17　卡滞触点电路图

技能考核

一、考核任务

每两位学生为一组，在规定的时间内完成蓄电池补偿充电作业。

二、考核要求及评分标准

（　）作业安全要点

（1）蓄电池作业过程中注意佩戴绝缘手套。
（2）作业完成后及时填写相关记录表格。

（二）操作程序

按蓄电池补偿充电作业指导标准完成测试，并将测试结果填写到记录卡（见表 2-4）中。

表 2-4　蓄电池补偿充电作业记录卡

步骤	测试项		测试结果	故障描述
1	准备作业	（1）将每 80 个蓄电池单体按照串联方式连接。 （2）连接充/放电机的总正、负极。		
2	蓄电池第一次放电作业	启动充/放电机，将充/放电机调至“放电”状态，并调整放电停止电压为 80 V，放电电流设置为 32 A，然后开始放电直到放电自动停止。	蓄电池放电时间：	
3	蓄电池第一次充电作业	1. 启动充/放电机，将充/放电机调至“充电”状态，设置充电电流为 32 A，充电时间设置为 480 min。 2. 每隔 1 h，对每个蓄电池单体的电压进行测量，记录每个单体的电压值和此时的室内温度。	（1）蓄电池充电时间： （2）蓄电池电压记录表格：	
4	蓄电池第二次放电作业	启动充/放电机，将充/放电机调至“放电”状态，并调整放电停止电压为 80 V，放电电流设置为 32 A，然后开始放电直到放电自动停止。	蓄电池放电时间：	

续表

<table>
<tr><th>步骤</th><th colspan="2">测试项</th><th>测试结果</th><th>故障描述</th></tr>
<tr><td rowspan="2">5</td><td rowspan="2">蓄电池第二次充电作业</td><td rowspan="2">1. 启动充/放电机，将充/放电机调至“充电”状态，设置充电电流为 32 A，充电时间设置为 480 min。
2. 每隔 1 h，对每个蓄电池单体的电压进行测量，记录每个单体的电压值和此时的室内温度。</td><td>（1）蓄电池充电时间：</td><td rowspan="2"></td></tr>
<tr><td>（2）蓄电池电压记录表格：</td></tr>
<tr><td>6</td><td>蓄电池单体加液</td><td>打开蓄电池单体盖，用针管吸取蒸馏水后缓慢加入蓄电池内，使蓄电池液面达到补水线。</td><td></td><td></td></tr>
<tr><td colspan="5">故障原因补充说明：</td></tr>
</table>

（三）考核内容及评分标准（见表 2-5）

表 2-5 蓄电池补偿充电作业考核内容及评分标准

序号	考核内容	配分	评分标准
1	作业工具的使用	10	作业过程中错误使用工具或出现工具掉落现象，每次扣 2 分，扣完本项所配分值为止。
2	预设故障查找	20	1. 步骤不对，每次扣 5 分。 2. 方法不对，每次扣 5 分。 3. 损坏零部件，每个扣 10 分。 4. 没有清槽、整理，扣 5 分。 5. 扣完本项所配分值为止。
3	作业标准考察	60	1. 步骤不对，每次扣 5 分。 2. 方法不对，每次扣 5 分。 3. 对标作业指导标准发生漏项，每次扣 5 分。 4. 损坏零部件，每个扣 10 分。 5. 扣完本项所配分值为止。
4	安全文明生产	10	1. 遵守国家或企业有关安全规定，每违反一项规定扣 2 分。 2. 严重违规者停止操作。
5	时间		每超时 5 min 扣 5 分（上限 40 分）

任务拓展

参照上述技能考核模板，以小组为单位完成辅助逆变器有电功能检查作业及考核。

任务训练

1. 城轨车辆上 DC 1500 V 高压经过哪些环节到达 DC/DC 模块？
2. 阐述城轨车辆的辅逆各控制单元与模块之间的对应关系。

任务三 城轨车辆整备控制系统工作原理分析及故障诊断

任务描述

城轨车辆整备作业是城轨车辆运行前的各项技术准备工作，使司机能充分了解城轨车辆的技术状态，最大限度地保证城轨车辆投入运营后的服务质量。整备作业项目主要包括：作业前的准备、走行部检查、客室检查、非出厂端/出厂端驾驶室检查、电气试验。整备作业的试验项目包括两端驾驶室的所有功能试验，主要有列车激活、试灯、车载台试验、紧急停车按钮试验、升弓试验、高速断路器试验、开关门试验、列车广播系统试验、停放制动试验、常用制动试验、快速制动试验、牵引动态试验。

本任务主要介绍城轨车辆启动主要操作（列车激活、司机台占有、受电弓操作、高速断路器操作）的工作原理及电气控制原理，使学生具备分析城轨车辆这几个系统的控制原理的能力，培养测试上述作业电气功能及分析处理电气故障的基本技能。（上述提到的其他整备操作将在后续任务中介绍）

任务目标

1. 知识目标

（1）了解城轨车辆列车激活、司机台占有、受电弓操作、高速断路器操作等各项电气控制的工作原理。

（2）熟悉城轨车辆列车激活、司机台占有、受电弓操作、高速断路器操作等各项电气控制的具体操作流程。

（3）掌握城轨车辆列车激活、司机台占有、受电弓操作、高速断路器操作等各项电气控制的电气测试标准。

2. 能力目标

（1）掌握列车激活与关闭的操作方法与要求。

（2）能对列车激活电路进行检查与故障分析。

（3）掌握司机台占有、关闭及换端的作业方法。

（4）能对司机台占有电路进行检查与故障分析。

（5）掌握受电弓升降弓作业方法。

（6）能对受电弓升降弓电路进行检查与故障分析。
（7）掌握高速断路器分合闸作业方法。
（8）熟知高速断路器的保护功能。
（9）能对高速断路器分合闸电路进行检查与故障分析。

3. 职业素养目标

（1）培养“精益求精、严谨细致、操作规范”的工作作风。
（2）培养团队协作意识、环保意识、节约意识。

拓展知识

现场作业标准化　地铁运营保平安

所谓作业标准化，就是对在作业系统调查分析的基础上，将现行作业方法的每一项操作程序和每一个动作进行分解，以科学技术、规章制度和实践经验为依据，以安全、质量效益为目标，对作业过程进行改善，从而形成一种优化作业程序，逐步达到安全、准确、高效、省力的作业效果。创新改善与标准化是企业提升管理水平的两个方面。改善、创新是使企业管理水平不断提升的驱动力，而标准化则是防止企业管理水平下滑的制动力。

随着城市轨道交通不断发展壮大，其车辆检修工作、车辆调度管理工作、地铁车辆乘务工作等各项工种均应严格贯彻执行标准化作业，以提升员工的技术水平和能力，确保车辆安全运营。

——摘编自“郑州地铁车辆中心”微信公众号（2022 年 7 月 20 日）

知识储备

一、城轨车辆列车激活与关闭

（一）列车正常起动

司机在进行列车操纵前，首先要通过启动开关闭合，使蓄电池向全列车 DC 110 V 电路供电，这一过程称为列车激活。列车激活后，列车进入蓄电池预备模式，可以进行司机台占有、升弓、闭合高速断路器等操作。

1. 列车激活的条件

（1）蓄电池电压大于 85 V。

（2）蓄电池充电箱箱盖关闭好。

（3）列车总控开关置于“on”位上。

（4）全部车钩连接正常。

2. 列车激活操作

列车激活操作程序如图 3-1 所示。

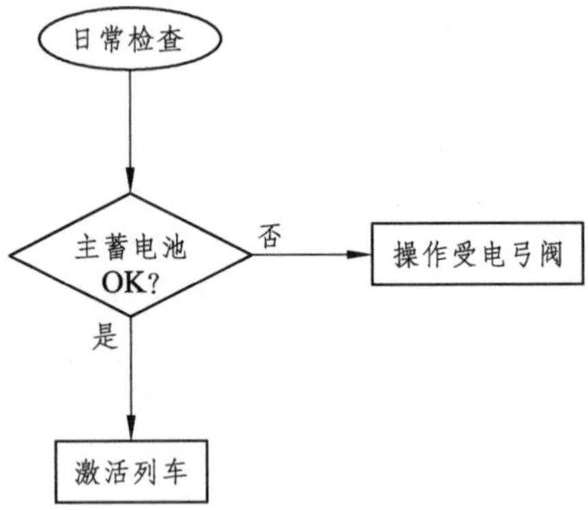

图 3-1　列车激活程序

（1）目标：接通蓄电池给整列车 DC 110 V 电路供电。

（2）操作设备：“列车激活”瞬时旋转开关（位于司机室设备柜内）。

（3）操作方法：打开司机室设备柜，旋转“列车激活”瞬时旋转开关到“合”位，当蓄电池电压表显示电压高于 85 V 后松手，开关回到中间位，若电压保持，表明列车激活成功。

“列车激活”瞬时旋转开关用于接通或关闭整列车的蓄电池电源。“合”位则列车激活，“分”位则列车锁闭。“合”“分”位不能持久，放手后自动回“0”位。

3. 列车激活后的功能

（1）列车激活后自动连接的设备：列车两端的红色运行灯、列车两端的红色头灯、无线电通信、PA 系统（列车广播系统）、空调系统。

（2）激活后在使用接触网或车间供电时连接的设备：辅助逆变器、蓄电池充电、空压机、220 V 交流电源。

（3）其他功能：蓄电池电源指示器、用乘务员钥匙开门、受电弓和 HSCB 的紧急断电、客室内照明、车间电源、空调单元关闭。

（二）列车关闭

关闭列车操作如下：

（1）操作目标：断开蓄电池，停止蓄电池向列车 DC 110 V 电路供电。

（2）操作设备：列车激活瞬动开关“.21-SAAT”。

（3）操作方法：在断开高速断路器、降下受电弓、关闭司机台后，旋转列车激活瞬动开关“.21-SAAT”到“分”位，直到蓄电池电压表显示为 0 V，列车关闭。

二维动画：列车激活电路图分析

（三）列车激活控制电路分析

列车激活控制电路如图 3-2（见书末折页图）所示，对该电路分析的具体步骤如下：

1. 步骤一：寻找电路中的正、负极

（1）图 3-2 中的电路正极：列车线 105D、列车线 105E、列车线 105F。

（2）图 3-2 中的电路负极：列车线 100T1A、列车线 100T1B、列车线 100T1C、列车线 100T1D、列车线 100T1E、列车线 100T4、列车线 100T6。

2. 步骤二：功能分析

（1）列车激活具体操作：列车激活开关“.21-SAAT”置于“合”位。

（2）列车激活后电路中的表现。数字量输入模块“.42-DxMe1-X3”接收到列车激活信号，列车完整性继电器“.21-KATIN”、列车激活继电器“.21-KATW5”得电，Tc 车上列车激活继电器“.21-KATW1”“.21-KATW2”“.21-KATW3”“.21-KATW4”、Mp 车上列车激活继电器“.21-KATW1”得电，DC110V 电压表“.21-PVGB”显示当前蓄电池电压。

（3）列车关闭具体操作：列车激活开关“.21-SAAT”置于“分”位。

（4）列车激活后电路中的表现：列车完整性继电器“.21-KATIN”、列车激活继电器“.21-KATW5”失电，Tc 车上列车激活继电器“.21-KATW1”“.21-KATW2”“.21-KATW3”“.21-KATW4”、Mp 车上列车激活继电器“.21-KATW1”失电。

3. 步骤三：电路分析

1）列车正常激活

列车正常激活即将列车总控开关置于“合”位，永久负载列车线给整列车供电，通过观察电路图（见图 3-2）发现就是分析列车激活开关“21-SAAT”置于“合”位，列车线 2004、2006 全列贯通的整个过程。本次所用电路图（见图 3-2）为 6 编组列车，图中显示了 4 辆车的电路分布情况，Tc1 车与 Tc2 车电路设置完全一致，由于两个单元的激活电路完全相同，故分析过程中按照操作端将两个单元分别命名为激活端与非激活端。在激活端单元将列车激活开关“21-SAAT”打到合位，其常开触点“3-4”、“7-8”闭合，永久负载列车线 105F 由列车激活开关“21-SAAT”常开触点“3-4”→“21-KATW5”的常闭触点“B2-B3”→TC1 车的列车激活 1、列车激活 2、列车激活 3、列车激活 4 及 Mp1 车的列车激活这 5 个继电器线圈，同时 DE 模块收到“列车激活”数字信号。由于“21-KATW1”得电，其对应常开触点“C1-C2”闭合，电流经“21-KATW1”的常开触点“C1-C2”→列车激活开关“21-SAAT”的常开触点“7-8”→车钩监视旁路开关“21-SKCN”的“41-42”常闭触点沿 2006 列车线向 Mp1 车、M1 车传递；电流在 M2 车处进行一次交叉，电流流入非激活端单元 M2 车、Mp2 车、Tc2 车的 2004 列车线，电流在接线端子“99-XT32”处一分为二，一条支路经车钩监视旁路开关“21-SKCN”的“21-22”常闭触点使非激活端单元的列车完整性继电器“21-KATIN”得电，另一条支路一方面使非激活端单元的列车激活 5“21-KATW5”继电器得电，另一方面电流经非激活端单元的列车激活 1“21-KATW1”的常闭触点“B2-B3”→列车激活开关“21-SAAT”的常闭触点“5-6”→车钩监视旁路开关“21-SKCN”的“41-42”常闭触点沿 2006 列车线向 Mp2 车、M2 车传递，在 M2 车处进行一次交叉，电流流入激活端单元 M1 车、Mp1 车、Tc1 车的 2004 列车线，电流在接线端子“99-XT32”处一分为二，一条支路经车钩监视旁路开关“21-SKCN”的“21-22”常闭触点使激活端单元的列车完整性继电器“21-KATIN”得电，另一条支路使激

活端单元的列车激活 5“21-KATW5”继电器得电，最终列车线 2004、2006 全列贯通。

由于激活端单元的列车激活 5“21-KATW5”继电器的常开触点“A1-A2”所构成的支路，与列车激活开关的常开触点“3-4”构成的支路为并联关系，故激活端单元的列车激活 5 继电器得电后，其支路可替代列车激活开关的常开触点“3-4”构成的支路，解决列车激活开关瞬动不能锁定挡位的问题，此时电压表“21-PVGB”显示蓄电池电压值。

同时非激活端单元的列车激活 5“21-KATW5”继电器在列车激活后得电，其常闭触点“B2-B3”能确保当列车一端完成列车激活后，另一端的列车激活信号被阻断。

2）使用车钩监视旁路后激活列车

当车钩监视旁路开关“21-SKCN”置于“合”位时，常开触点“13-14”和“33-34”闭合，永久负载列车线 105E 经车钩监视旁路开关“21-SKCN”的常开触点“13-14”向 DE 模块输入“车钩监视旁路”信号，电流经车钩监视旁路开关“21-SKCN”的常开触点“33-34”使本单元列车激活 5“21-KATW5”继电器得电，从而通过列车激活 5“21-KATW5”继电器的常开触点“A1-A2”、列车激活 1“21-KATW1”继电器的常开触点“A1-A2”完成激活电路的自持得电，不再需要 M2 车车钩处两条列车线的交叉连接，即车钩监视电路被取代；同时由于车钩监视旁路开关“21-SKCN”的常闭触点“21-22”断开，使得本单元列车完整性继电器“21-KATIN”不得电，这表示在使用车钩监视旁路开关的前提下，即使列车激活但无法保证列车联挂的完整性。

车钩监视旁路“.21-SKCN”为紧急情况下实现列车激活使用或实现一个单元动车。

3）列车关闭

当列车激活开关“.21-SAAT”置于“分”位时，常闭触点“5-6”断开，列车激活端与非激活端单元列车激活继电器“.21-KATW5”失电，列车激活回路断开，列车断电关闭。

（四）列车激活故障原因及处理建议

当列车无法正常激活时，可根据故障现象进行检查处理（见表 3-1）。

表 3-1 列车激活故障处理建议

序号	故障现象	处理建议
1	蓄电池电压显示为 0 V	1. 检查蓄电池充电器箱的右盖是否关闭。 2. 检查蓄电池熔丝是否熔断。 3. 检查 DC 110 V 永久列车总线微断路器是否跳闸。 4. 检查车钩连接继电器、解钩继电器状态是否正确。
2	蓄电池电压显示小于 85 V	1. 检查 DC 110 V 永久列车总线微断路器是否跳闸。 2. 检查车钩连接继电器、解钩继电器状态是否正确。
3	蓄电池电压显示大于 85 V（电源不持久）	1. 用脚踏泵或自动方式升弓。 2. 按下“紧急充电”按钮，对蓄电池进行紧急充电。

二、城轨车辆司机台占有与关闭

（一）司机台占有

1. 司机台占有的条件

（1）列车激活。只有列车激活，方可以进行司机台占有操作。

（2）另一个司机台未被占有。

2. 司机台占有操作

（1）操作目标：解锁司机台，操纵列车。

（2）操作设备：主钥匙（司机台）。

（3）操作方法：用主钥匙将主控器的钥匙开关转到位置“1”，司机台开始启动操作，当VCU 完成启动后，MMI 彩色显示器点亮，表示司机台占有成功。

3. 司机台占有后具备的功能

（1）司机台占有后自动连接的设备：DCU，VCU，列车无线电通信，乘客信息系统，门控制，火灾和烟雾探测系统，司机台显示。

（2）司机台占有后可操作的设备：升弓或降弓，HSCB 合闸和分闸，缓解和施加停放制动，自动车钩解钩，集中控制门的开关和再开闭，风笛操作，司机台阅读灯，空调单元的打开和关闭。

（二）司机台换端操作

1. 司机台关闭

在第一个驾驶室里，按下司机台上的停放制动施加按钮，主钥匙开关旋转到“off”位。蓄电池保持接通，受电弓保持升起，HSCB 保持接通。

2. 司机台换端

换到另一个驾驶室，主钥匙开关旋转到“on”位，按下司机台上的停放制动缓解按钮。

注意：在关闭和占有司机台之间的时间最少要 10 s，否则 DCU 的电源模块会发生故障。

（三）司机台占有电路分析

司机台占有电路如图 3-3（见书末折页图）所示，对该电路分析的具体步骤如下：

二维动画：司机台占有电路图分析

1. 步骤一：寻找电路中的正、负极

（1）图 3-3 中的电路正极：列车线 402M、列车线 402N、列车线 402P。

（2）图 3-3 中的电路负极：列车线 100T7、列车线 100T9、列车线 100T5。

2. 步骤二：功能分析

（1）司机台占有具体操作：司机主钥匙打“on”位。

（2）司机台占有后电路中的表现：

① 占有端单元：主控继电器 1“.21-KALA1”、主控继电器 2“.21-KALA2”、主控继电器 3“.21-KALA3”、主控继电器 4“.21-KALA4”、主控继电器 5“.21-KALA5”、主控继电器 6“.21-KALA6”、主控继电器 7“.21-KALA7”、主控继电器 8“.21-KALA8”、主控继电器 9“.21-KALA9”、主控继电器 10“.21-KALA10”、主控继电器 11“.21-KALA11”、主控继电器 12“.21-KALA12”、主控继电器 13“.21-KALA13”得电，数字量输入模块获得“本端激活信号”。

② 非占有端单元：从控继电器 1“.21-KAOA1”、从控继电器 2“.21-KAOA2”、从控继电器 3“.21-KAOA3”、从控继电器 4“.21-KAOA4”得电。

③ 两个单元的列车占有继电器“.21-KAKS”均得电。

3. 步骤三：电路分析

列车激活后，蓄电池向正常负载列车线 110A/110C 供给 DC110V 电源。将司机室主钥匙置于“ON”位，司机台得电，通过观察电路图（见图 3-3）发现就是分析司机控制器主钥匙“23-MC”置于“合”位、主控继电器 1 ~ 13 得电的整个过程。本次所用电路图（见图 3-3）为 6 编组列车，图中显示了 4 辆车的电路分布情况，由于 Tc1 车与 Tc2 车电路设置完全一致，原理相同，故分析过程中按照操作端将两个单元分别命名为占有端与非占有端。

1）司控器钥匙是占有司机台

司机控制器主钥匙置于“ON”位，即“23-MC”的 S03、S04、S05“3-4”触点闭合，电流由列车线 402P 经“23-MC-S03/S04”→从控继电器“21-KAOA1”的常闭触点“4-5”，使主控继电器 1 ~ 13 线圈得电，同时向 DE 模块发送“本端激活”信号；由于主控继电器 2“21-KALA2”得电，其常开触点“6-7”得电，电流由占有端列车线 402N 经主控继电器 2“21-KALA2”的常开触点“6-7”→非占有端主控继电器 1“21-KALA1”的常闭触点“4-5”，使从控继电器 1 ~ 4 得电；电流由列车线 402P 经“23-MC-S05”向 DE 模块发送“钥匙激活”指令，同时使占有端与非占有端的两个列车占有继电器“21-KAKS”得电。

2）自动折返模式下司机台占有

在列车选择 ATO 自动驾驶模式，没有进行司机台占有操作的前提下，电流由列车线 402M 经 ATO 驾驶室激活继电器“41-KACSR”的常开触点“2-3”→列车占有继电器“21-KAKS”的常闭触点“7-10”→从控继电器 1“21-KAOA1”的常闭触点“4-5”，使主控继电器 1 ~ 13 线圈得电，同时向 DE 模块发送“本端激活”信号，无须操作司控器钥匙也能实现司机台占有。

其中，从控继电器 1“21-KAOA1”的常闭触点“4-5”在电路中可以确保一列车同一时间只能由一端触发司机台占有信号。

（四）司机台占有故障处理建议

若接通驾驶室主控开关，但显示屏保持黑屏，说明司机台占有不成功。处理建议如下：

（1）确认另一端司机台未激活。

（2）检查本单元 A 车列车运行控制系统（TCC）的电源微断器、DCU 接触器、列车总控微断器的状态，如有跳闸则复位，如未跳闸则重新起动列车。

三、城轨车辆受电弓升降

（一）升弓

1. 升弓条件

（1）升弓风缸里压缩空气的气压达到最小工作气压。

（2）控制电压应达到最小工作电压。

（3）司机台占有。

（4）没有使用车间电源供电。

（5）紧急制动缓解。

2. 升弓操作

（1）操作目标：升弓电磁阀“-YVPU”获高电平脉冲信号。

（2）操作设备：升弓按钮“.25-SBPU”。

（3）操作方法：按下司机台上的升弓按钮，在 20 s 内完成升弓。

（二）降弓操作

（1）操作目标：降弓电磁阀“-YVPD”获得高电平脉冲信号。

（2）操作设备：降弓按钮“.25-SBPD”。

（3）操作方法：按下司机台上的降弓按钮，同时降落 6 车编组列车的两个受电弓。

（三）受电弓控制电路分析

受电弓控制电路如图 3-4（见书折页图）所示，对该电路分析的具体步骤如下：

二维动画：受电弓控制电路图分析

1. 步骤一：寻找电路中的正、负极

（1）图 3-4 中的电路正极：列车线 408B、列车线 408E、列车线 401B、列车线 401C、列车线 401D、列车线 401F。

（2）图 3-4 中的电路负极：列车线 100H4B、列车线 100H4A、列车线 100H5A、列车线 100H5B。

2. 步骤二：功能分析

（1）升弓具体操作：按下升弓按钮“.25-SBPU”。

（2）升弓后电路中的表现：升弓电磁阀“-YVPU”获得高电平脉冲信号。

（3）降弓具体操作：按下降弓按钮“.25-SBPD”。

（4）降弓后电路中的表现：降弓电磁阀“-YVPD”获得高电平脉冲信号。

3. 步骤三：电路分析

受电弓控制，即通过驾驶台上的受电弓升弓按钮或降弓按钮，使升弓电磁阀或降弓电磁阀得电，电磁阀控制受电弓气路通断从而实现受电弓升、降弓控制。通过观察电路图（见图3-4）发现就是分析通过操作按钮“25-SBPU”或“25-SBPD”，电磁阀“-YVPU”或“-YVPD”得电的整个过程。本次所用电路图（见图3-4）为6编组列车，图中显示了4辆车的电路分布情况，由于Tc1车与Tc2车电路设置完全一致，原理相同，故分析过程中按照操作端将两个单元分别命名为占有端与非占有端。

1）升弓控制电路分析

（1）升2车受电弓：受电弓选择开关选择“2号”挡位，触点“1-2”闭合，按下升弓按钮“.25-SBPU”，电流经列车线401F→主控继电器4“21-KALA4”的常开触点“2-3”→升弓按钮“.25-SBPU”→受电弓选择开关“25-SASP”的“1-2”触点→Mp1车升弓继电器“25-KAPU”得电；由于2车升弓继电器“.25-KAPU”得电，电流经列车线401B→允许升弓继电器“25-KAPAN”的常开触点“4-5”→升弓继电器“.25-KAPU”的常开触点“4-5”→升弓电磁阀“-YVPU”得电，DE模块获得“升弓电磁阀得电”信号，最终2号升起。由于受电弓升起，Mp1车的降弓状态继电器不得电，电流经列车线408F→降弓状态继电器1“25-KAPANS”的常闭触点“B2-B3”→DE模块接收到“本弓升”信号。

（2）升5车受电弓：受电弓选择开关选择“5号”挡位，触点“5-6”闭合，按下升弓按钮“.25-SBPU”，电流经列车线401F→主控继电器4“21-KALA4”的常开触点“2-3”→升弓按钮“.25-SBPU”→受电弓选择开关“25-SASP”的“5-6”触点→Mp2车升弓继电器“25-KAPU”得电；由于5车升弓继电器“.25-KAPU”得电，电流经列车线401B→允许升弓继电器“25-KAPAN”的常开触点“4-5”→升弓继电器“.25-KAPU”的常开触点“4-5”→升弓电磁阀“-YVPU”得电，DE模块获得“升弓电磁阀得电”信号，最终5号升起。由于受电弓升起，Mp2车的降弓状态继电器不得电，电流经列车线408F→降弓状态继电器1“25-KAPANS”的常闭触点“B2-B3”→DE模块接收到“本弓升”信号。

（3）升双受电弓：受电弓选择开关选择“全弓”挡位，触点“3-4、9-10”闭合，按下升弓按钮“.25-SBPU”，电流经列车线401F→主控继电器4“21-KALA4”的常开触点“2-3”→升弓按钮“.25-SBPU”→受电弓选择开关“25-SASP”的“3-4”触点与“9-10”触点→Mp1车与Mp2车升弓继电器“25-KAPU”均得电；在Mp1车与Mp2车电路图中，均是电流经列车线401B→允许升弓继电器“25-KAPAN”的常开触点“4-5”→升弓继电器“.25-KAPU”的常开触点“4-5”→升弓电磁阀“-YVPU”得电，DE模块获得“升弓电磁阀得电”信号，最终双弓升起。由于受电弓升起，Mp1车与Mp2车的降弓状态继电器均不得电，电流经列车线408F→降弓状态继电器1“25-KAPANS”的常闭触点“B2-B3”→两辆车的DE模块均会接收到“本弓升”信号。

（4）关于受电弓选择开关“.25-SASP”的一点说明：受电弓选择开关“.25-SASP”置于“2号”位，常开触点“1-2”闭合；受电弓选择开关“.25-SASP”置于“5号”位，常开触点

"5-6"闭合；受电弓选择开关".25-SASP"置于"全弓"位，常开触点"3-4""9-10"闭合。

2）降弓控制电路分析

（1）按下降弓按钮".25-SBPD"，电流经列车线 401F→主控继电器 4"21-KALA4"的常开触点"2-3"→降弓按钮".25-SBPD"→辅助逆变器获得"受电弓降弓"信号，同时 Mp1 车与 Mp2 车的降弓继电器"25-KAPD"均得电；在 Mp1 车与 Mp2 车电路图中，均是电流经列车线 401C→降弓继电器".25-KAPD"的常开触点"4-5"→降弓电磁阀"-YVPU"得电，DE 模块获得"降弓电磁阀得电"信号，最终双弓降下。

（2）受电弓降弓到位后，位于受电弓上的降弓位置传感器获得信号，可控制图中受电弓到位连接器"21-XSP97"闭合，故电流经列车线 401E→受电弓到位连接器"21-XSP97"→降弓状态继电器 1、2 均得电，为受电弓状态监视电路提供电气控制功能。

（3）此外，紧急停车继电器".22-KAEB"的常闭触点"C2-C3"支路与降弓继电器的常开触点支路为并联关系，可以相互替代，能实现当列车触发紧急制动时，控制受电弓下降的功能。

（四）受电弓状态监视

1. 状态监视条件

（1）监视目标：升弓按钮指示灯亮；降弓按钮指示灯亮。

（2）监视设备：受电弓到位连接器（受降弓位置传感器控制）。

（3）操作方法：按下司机台上的升弓按钮，等待几秒后升弓按钮指示灯点亮；按下司机台上的降弓按钮，等待几秒后降弓按钮指示灯点亮。

2. 受电弓状态监视电路分析

受电弓状态监视电路如图 3-5（见书末折页图）所示，对该电路分析的具体步骤如下：

二维动画：受电弓状态监视电路图分析

1）步骤一：寻找电路中的正、负极

（1）图 3-5 中的电路正极：列车线 401A、列车线 401E、列车线 408F。

（2）图 3-5 中的电路负极：列车线 100H2D、列车线 100H2C、列车线 100H5D、列车线 100H5E。

2）步骤二：功能分析

（1）受电弓状态监视设备：受电弓到位连接器".21-XSP97"（受降弓位置传感器控制）。

（2）受电弓状态监视电路中的表现：两端司机台上的升弓按钮".25-SBPU"指示灯均点亮，降弓按钮".25-SBPD"指示灯均点亮。

3）步骤三：电路分析

受电弓状态监视，即通过观察驾驶台上带指示灯的受电弓升弓按钮或降弓按钮的点亮情况，获得列车上两台受电弓的升降弓状态信息。通过观察电路图（见图 3-5）发现就是分析如何能点亮带灯按钮“25-SBPU”或“25-SBPD”的整个过程。本次所用电路图（见图 3-5）为 6 编组列车，图中显示了 4 辆车的电路分布情况，其中 Tc1 车与 Tc2 车电路设置完全一致，原理相同。

（1）受电弓升弓状态监视：若两台受电弓均为升弓状态，假定列车在 Tc1 车完成列车激活操作，电流经激活端 Tc1 车的列车线 401E→Tc1 车列车激活继电器“21-KATW3”的常开触点“C1-C2”→Mp1 车降弓状态继电器 1“25-KAPANS”的常闭触点“D2-D3”→Mp2 车降弓状态继电器 1“25-KAPANS”的常闭触点“D2-D3”→Tc2 车列车激活继电器“21-KATW3”的常闭触点“D2-D3”→点亮 Tc1 车司机台上的升弓按钮“25-SBPU”绿色指示灯、Tc2 车司机台上的升弓按钮“25-SBPU”绿色指示灯。

（2）受电弓降弓状态监视：若两台受电弓均为降弓状态，假定列车在 Tc1 车完成列车激活操作，电流经激活端 Tc1 车的列车线 401A→Tc1 车列车激活继电器“21-KATW3”的常开触点“A1-A2”→Mp1 车降弓状态继电器 1“25-KAPANS”的常开触点“C1-C2”→Mp2 车降弓状态继电器 1“25-KAPANS”的常开触点“C1-C2”→Tc2 车列车激活继电器“21-KATW3”的常闭触点“B2-B3”→点亮 Tc1 车司机台上的降弓按钮“25-SBPD”红色指示灯、点亮 Tc2 车司机台上的降弓按钮“25-SBPD”红色指示灯。

（五）受电弓故障检查

1. 司机台激活后，受电弓不能升起的原因

（1）主风缸压力小于 0.3 MPa。

（2）紧急制动按钮按下。

（3）操纵端 2F01（列车总控 MCB）、2F30（受电弓高速断路器）跳下。

（4）两端 2F33（受电弓主控）、2F31（受电弓升弓）、2F04（紧急停车 MCB）均跳下。

（5）两端 A 车 U01 关闭（风源关断）。

（6）C 车 9F01（车钩监控）跳下、半自动车钩监控提杆提起、半自动车钩解钩盒打开。

2. 故障检查流程

受电弓无法正常升起时，可按照图 3-6 所示流程进行排查。

3. 三类典型故障升弓操作

受电弓升弓装置如图 3-7 所示，受电弓升弓控制气路原理图如图 3-8 所示。

检查MRE压力：$P_{MRE} \geq 0.35$ MPa

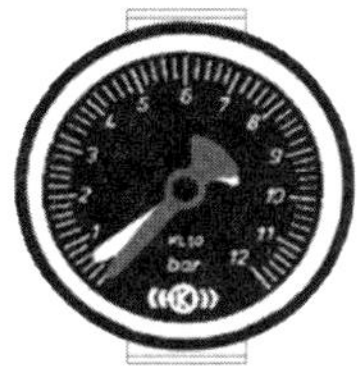

↓

检查蓄电池电压，检查欠电压继电器3K05，列车总控开关3S01

↓

按下2S01（升弓按钮）

↓

检查是否所有受电弓都已升起

↓

MMI显示无网压，2S02“降弓”指示灯点亮

↓

如果风压低但蓄电池电压良好 → 使用车间辅助供风或B车上的脚踏泵机械升弓（有电无气升弓）

↓

蓄电池欠电压继电器激活，但空气压力高 → 有气无电升弓

↓

蓄电池欠电压继电器激活，且风压低 → 无气无电升弓

↓

检查B车车下高压箱的隔离和接地开关是否在正常位置（电网供电）

↓

检查B车二位中间端的受电弓阀（U03，02Y01）是否处于工作位

↓

检查牵引逆变器高压设备箱是否关闭

↓

检查位于B车PH箱内高压元件右侧的车间电源插座X11是否与外部电源相连接或车间电源插座盖没关好

↓

检查位于A车司机座椅后的设备柜的MCB、02F01（A）“启动驾驶室”、02F02（A）“受电弓指令”

↓

检查TCC是否受到干扰，驾驶台上的左监控器必须激活，监控器应无错误信息显示

↓

检查受电弓钩锁是否仍起作用，释放钩锁

图 3-6　受电弓故障排查流程

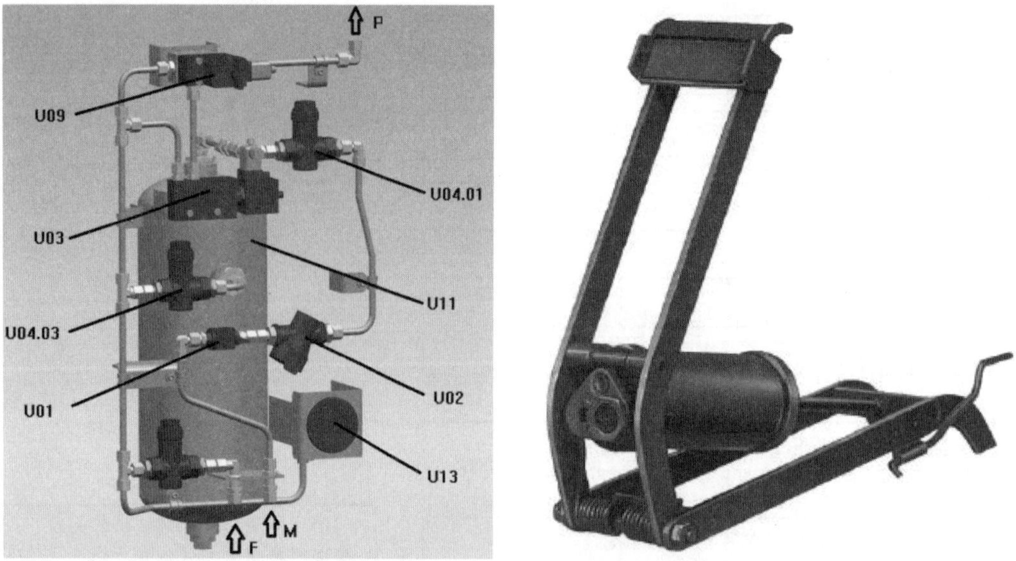

U01—截断塞门；U02—过滤器；U04—止回阀；U09—二位三通阀；U03—电磁阀；U05—脚踏泵；U11—升弓风缸；U13—气压表；P—通往受电弓；F—连接脚踏泵；M—连接主风管。

图 3-7　受电弓升弓装置示意图

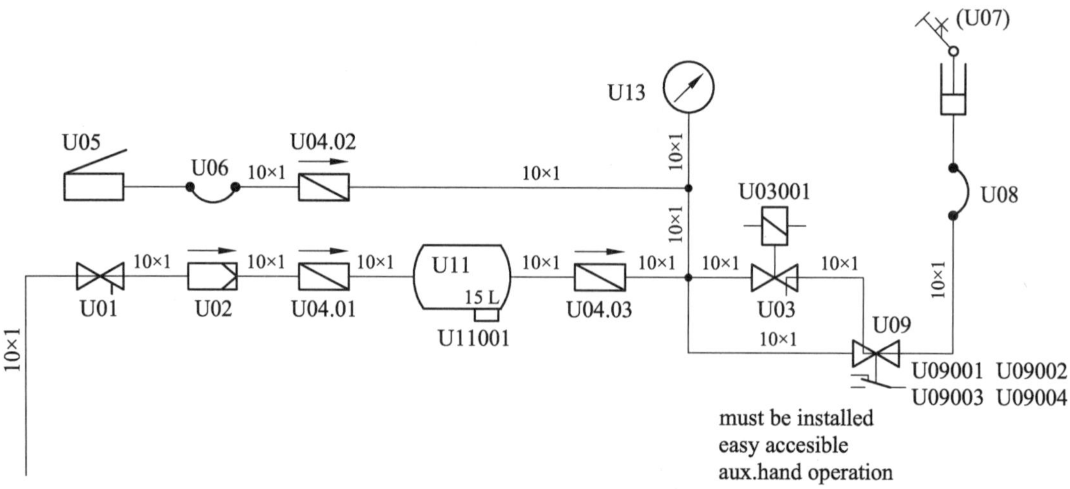

图 3-8　受电弓升弓控制气路原理图

1）有电无气升弓

有电无气升弓又叫脚踏泵升弓，按下升弓按钮，使升弓电磁阀得电，再踩脚踏泵升弓。使用脚踏泵风源进行有电升弓，脚踏泵产生的压缩空气经软管 U06、止回阀 U04.02、开放的电磁阀 U03 到达转换阀 U09 的下阀口，后续路径和正常升弓时完全一致。止回阀 U04.03 的设置使此时的压缩空气无法进入升弓风缸 U11，从而提高了使用脚踏泵升弓的效率。

2）有气无电升弓

手动操作升弓电磁阀，升弓之后按下司机台旁设备柜上的“蓄电池紧急充电器紧急启动”按钮启动蓄电池充电器，同时按下“升弓”按钮直到指示灯亮，电磁阀释放。当电磁阀 U03

无法得电时，不管是哪一种风源都将在 U03 的进气口截止，此时需将转换阀 U09 置于无电升弓位。处于无电升弓位的转换阀 U09 将右阀口与左阀口沟通，压缩空气从转换阀 U09 的右阀口到达左阀口，进而通过软管 U08 进入受电弓风缸将受电弓升起。

3）无气无电升弓

使用车间辅助供风或脚踏泵机械升弓，手动操作 B 车升弓电磁阀，升弓之后按下司机台旁设备柜上的“蓄电池紧急充电器紧急启动”按钮启动蓄电池充电器，同时按下“升弓”按钮直到指示灯亮，电磁阀释放。

四、高速断路器（HSCB）分合闸

（一）高速断路器操作

1. 合闸条件

（1）列车激活。

（2）司机台占有。

（3）紧急制动缓解。

（4）高速断路器分闸。

2. 合闸操作

（1）操作目标：HSCB 线圈。

（2）操作设备：合闸按钮。

（3）操作方法：按下司机台上的合闸按钮，闭合 HSCB。

3. 分闸操作

（1）操作目标：HSCB 线圈。

（2）操作设备：分闸按钮。

（3）操作方法：按下司机台上的分闸按钮，分断 HSCB。

（二）高速断路器控制电路分析

高速断路器控制电路如图 3-9 所示，对该电路分析的具体步骤如下：

二维动画：高速断路器控制电路图分析

1. 步骤一：寻找电路中的正、负极

图 3-9 中的电路正极：列车线 402A1。

2. 步骤二：功能分析

（1）高速断路器分、合闸操作：按下 HSCB 合“.25-SBHBC”按钮（合闸）、按下 HSCB 分“.25-SBHBO”按钮（分闸）。

（2）高速断路器分、合闸后电路中的表现：Mp1、M1、Mp2、M2 各个车上的牵引逆变器“.14-VVVF”获取分、合闸命令，控制各个车上的 HSCB 完成动作。

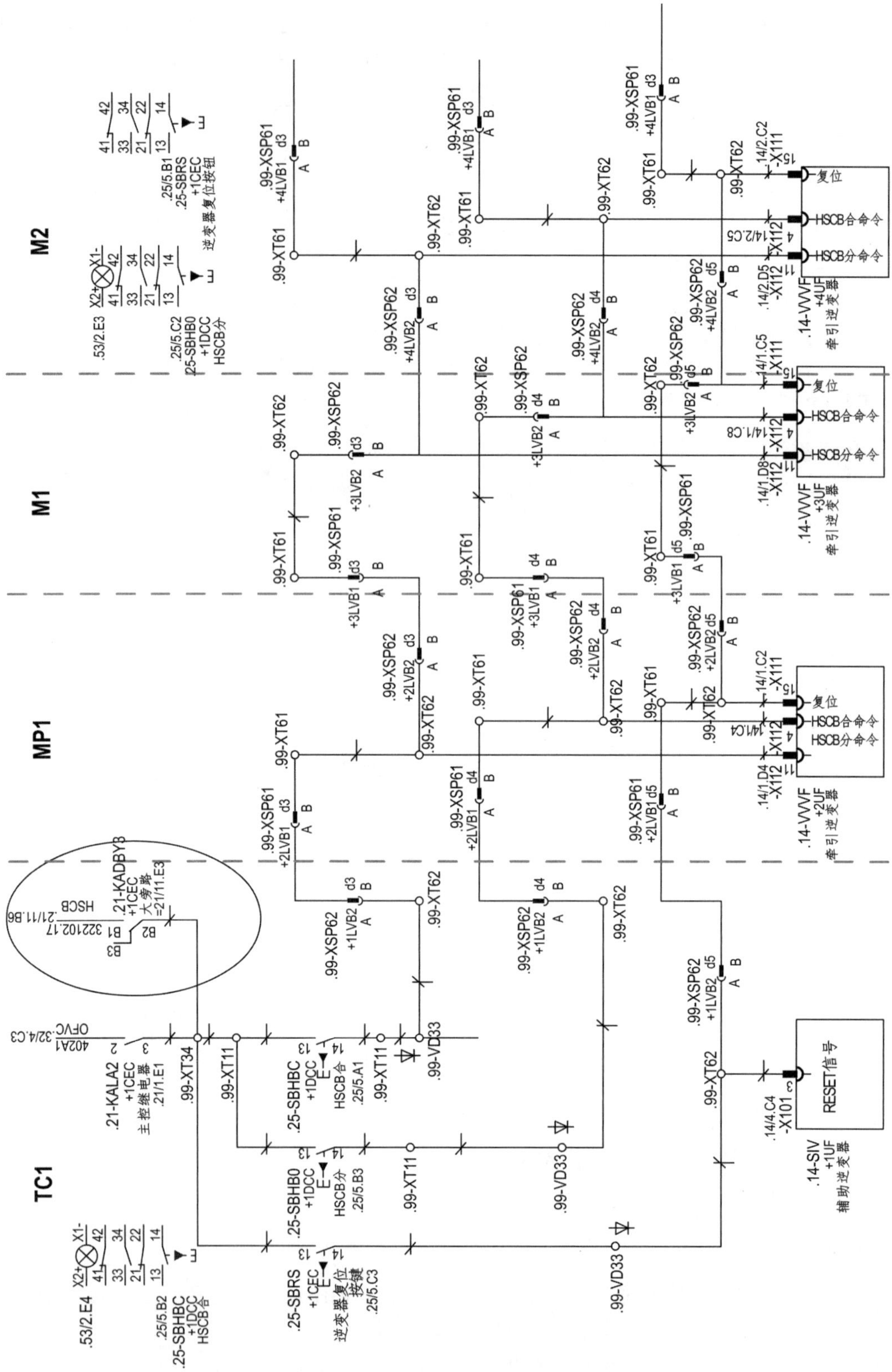

图 3-9 HSCB 控制电路

3. 步骤三：电路分析

高速断路器控制，即通过司机台上的高速断路器合闸按钮或分闸按钮，使各个动车上的牵引逆变器获取合闸命令或者分闸命令，进而导通高速断路器合闸线圈的供电电路或者切断高速断路器合闸线圈的供电电路，使得合闸线圈得电或者失电，最终实现高速断路器的主触头闭合或者分断，即合闸或者分闸功能。通过观察电路图（见图 3-9）发现就是分析通过操作按钮“25-SBHBC”或“25-SBHBO”，向牵引逆变器的 4 或 11 接口发送合闸命令信号或分闸命令信号的全过程。本次所用电路图（见图 3-9）为 6 编组列车，图中显示了 4 辆车的电路分布情况，由于 Tc1 车与 Tc2 车电路设置完全一致，原理相同，故分析过程中按照操作端将两个单元分别命名为占有端与非占有端。

1）HSCB 合闸控制

按下 HSCB 合按钮“.25-SBHBC”，电流列车线 402A1→主控继电器“.21-KALA2”的常开触点“2-3”（司机台占有时闭合）→HSCB 合按钮“.25-SBHBC”的常开触点“13-14”（按钮按下时闭合）→Mp1、M1、M2、Mp2 各个车上的牵引逆变器“.14-VVVF”的 4 接口获取高速断路器合闸命令。

2）HSCB 分闸控制

按下 HSCB 分“.25-SBHBO”按钮，电流由列车线 402A1→主控继电器“.21-KALA2”的常开触点“2-3”（司机台占有时闭合）→HSCB 分按钮“.25-SBHBO”的常开触点“13-14”（按钮按下时闭合）→Mp1、M1、M2、Mp2 各个车上的牵引逆变器“.14-VVVF”的 11 接口获取高速断路器分闸命令。

3）HSCB 复位控制

按下逆变器复位按钮“.25-SBRS”，电流由列车线 402A1→主控继电器“.21-KALA2”的常开触点“2-3”（司机台占有时闭合）→逆变器复位按钮“.25-SBRS”的常开触点“13-14”（按钮按下时闭合）→Tc1 与 Tc2 车上的辅助逆变器“.14-SIV”获取“RESET”信号，Mp1、M1、M2、Mp2 各个车上的牵引逆变器“.14-VVVF”的 15 接口获取“复位”信号。

4）大旁路开关的作用

由于电路图中大旁路开关“.21-KADBY3”的常开触点“B1-B2”支路与主控继电器“.21-KALA2”的常开触点“2-3”支路为并联关系，当启用大旁路开关时，其常开触点闭合，可替代主控继电器常开触点支路导通电路，故当启用大旁路开关时，即使司机台未实现占有功能，也可以操作高速断路器合闸按钮、高速断路器分闸按钮及逆变器复位按钮实现相关控制功能。

（三）高速断路器状态监视电路分析

高速断路器状态监视电路如图 3-10 所示，对该电路分析的具体步骤如下：

二维动画：高速断路器状态监视电路图分析

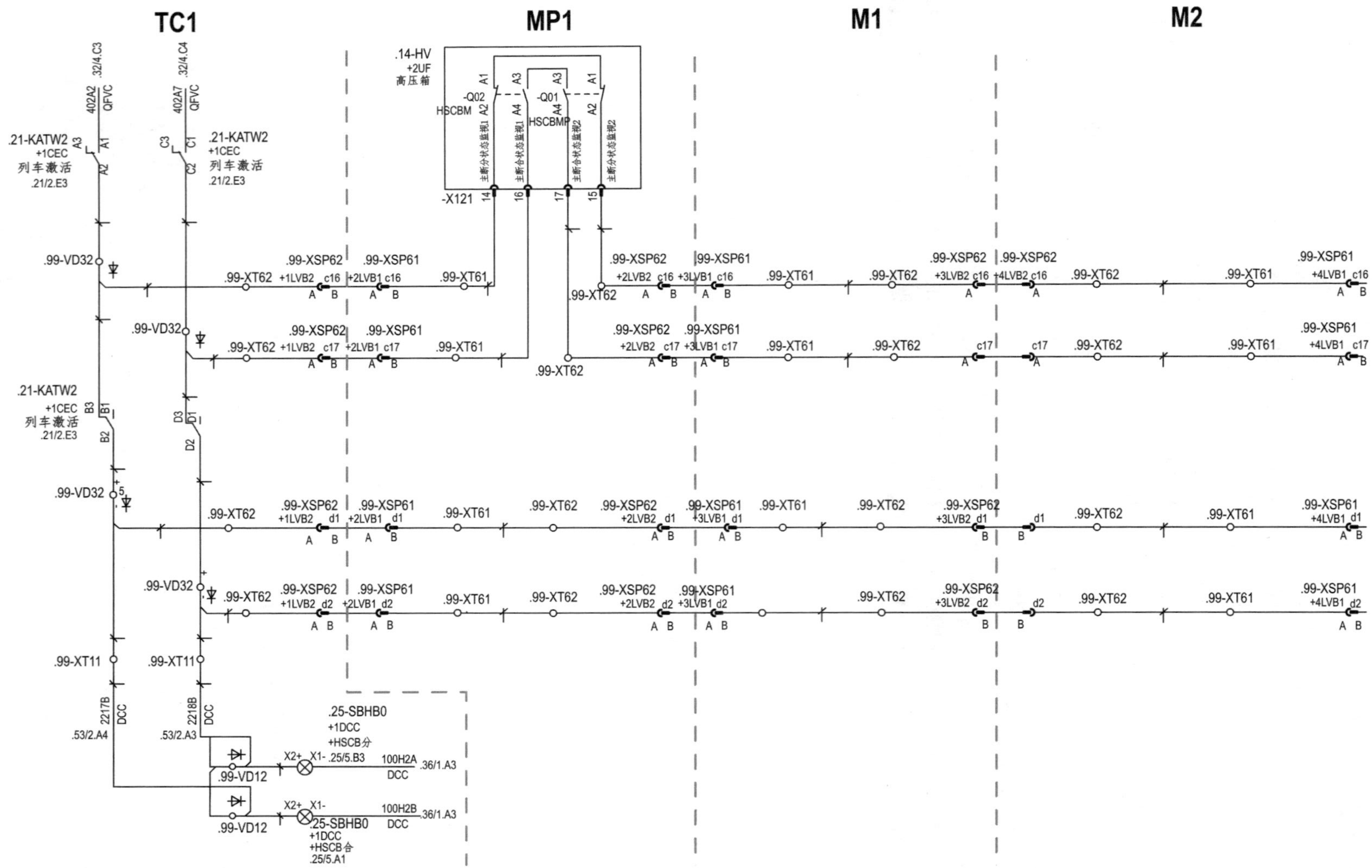

图 3-10　高速断路器状态监视电路

1. 步骤一：寻找电路中的正、负极

（1）图 3-10 中的电路正极：列车线 402A2、402A7。

（2）图 3-10 中的电路负极：列车线 100H2A、列车线 100H2B。

2. 步骤二：功能分析

（1）高速断路器分、合闸状态监视：高速断路器辅助触点配合高速断路器分合闸进行动作。

（2）高速断路器分、合闸后电路中的表现：HSCB 合按钮“.25-SBHBC”指示灯亮（合闸）、HSCB 分按钮“.25-SBHBO”指示灯亮（分闸）。

3. 步骤三：电路分析

高速断路器状态监视，即通过观察司机台上带指示灯的高速断路器合闸按钮或分闸按钮的点亮情况，获得列车上 4 台高速断路器的分/合闸状态信息。通过观察电路图（见图 3-10）发现就是分析如何能点亮带灯按钮“25-SBHBC”或“25-SBHBO”的整个过程。本次所用电路图（见图 3-10）为 6 编组列车，图中显示了 4 辆车的电路分布情况，其中 Tc1 车与 Tc2 车电路设置完全一致，原理相同。

1）HSCB 合闸状态监视

列车实现激活且列车上 4 台高速断路器均为合闸状态，假定列车在 Tc1 车完成列车激活操作，电流经列车线 402A7→Tc1 车列车激活继电器“.21-KATW2”的常开触点“C1-C2”（操作列车激活后得电闭合）→Mp1 车高压箱“.14-HV”内的 HSCBM“-Q02”常开触点（合闸后得电闭合）→HSCBMp“-Q01”常开触点（合闸后得电闭合）→Mp2 车高压箱“.14-HV”内的 HSCBMp“-Q01”常开触点（合闸后得电闭合）→HSCBM“-Q02”常开触点（合闸后得电闭合）→Tc2 车列车激活继电器“.21-KATW2”的常闭触点“D2-D3”（未操作列车激活不得电保持闭合状态）→点亮 Tc1 车司机台上的合闸按钮绿色指示灯、Tc2 车司机台上的合闸按钮绿色指示灯。

2）HSCB 分闸状态监视

列车实现激活且列车上 4 台高速断路器均为分闸状态，假定列车在 Tc1 车完成列车激活操作，电流经列车线 402A2→Tc1 车列车激活继电器“.21-KATW2”的常开触点“A1-A2”（操作列车激活后得电闭合）→Mp1 车高压箱“.14-HV”内的 HSCBM“-Q02”常闭触点（分闸维持闭合状态）→HSCBMp“-Q01”常闭触点（分闸维持闭合状态）→Mp2 车高压箱“.14-HV”内的 HSCBMp“-Q01”常闭触点（分闸维持闭合状态）→HSCBM“-Q02”常闭触点（分闸维持闭合状态）→Tc2 车列车激活继电器“.21-KATW2”的常闭触点“B2-B3”（未操作列车激活不得电保持闭合状态）→点亮 Tc1 车司机台上的分闸按钮红色指示灯、Tc2 车司机台上的分闸按钮红色指示灯。

（四）高速断路器故障检查

1. HSCB 状态判断

（1）当主断合按钮绿灯亮起时，所有 HSCB 闭合。

（2）当主断分按钮红灯亮起时，所有 HSCB 断开。

（3）当红灯和绿灯均不亮时，所有 HSCB 处于不同状态。

2. 故障检查

按下司机台上的“高速断路器合”按钮，若 MMI 显示故障，或“高速断路器分”按钮仍为红色，则：检查升弓功能是否起作用；检查紧急制动按钮是否按下；检查 B 车电气设备柜里的“B 车 HSCB 主控”微断器及“C 车 HSCB 主控”微断器是否跳下。

任务实施

微课视频：列车激活电气测试作业

一、任务作业指导标准

（一）列车激活电气测试作业（见表 3-2）

表 3-2　列车激活电气测试

<table>
<tr><td>作业项目</td><td colspan="2">列车激活电气测试作业</td></tr>
<tr><td>作业人数</td><td colspan="2">2 人</td></tr>
<tr><td>作业工具</td><td colspan="2">万用表</td></tr>
<tr><td>序号</td><td>作业内容</td><td>作业标准</td></tr>
<tr><td>1</td><td>试验前的准备工作
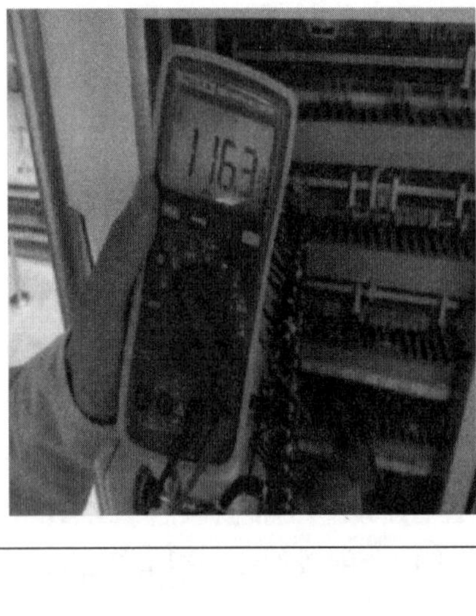</td><td>（1）检查一位端司机室电气柜、一位端客室电气柜、二位端司机室电气柜、二位端客室电气柜端子排外观无损坏、线缆无明显线路裸露。
（2）确认永久负载断路器有 DC 110 V。</td></tr>
<tr><td>2</td><td>列车激活试验</td><td>（1）将永久负载断路器闭合。
（2）将列车激活旋钮置于“合”位后松开。
（3）确认一位端司机室电气柜中电压表数值为 DC（110±10）V。</td></tr>
</table>

（二）司机台占有电气测试作业（见表 3-3）

微课视频：司机台占有电气测试作业

表 3-3　司机台占有电气测试

作业项目	司机台占有电气测试作业	
作业人数	2 人	
作业工具	万用表	
序号	作业内容	作业标准
1	试验前的准备工作	（1）检查一位端司机室电气柜、一位端客室电气柜、二位端司机室电气柜、二位端客室电气柜端子排外观无损坏、线缆无明显线路裸露。 （2）确认一位端司机室电气柜永久负载，一位端司机室电气柜列车控制断路器有 DC 110 V。
2	司机台占有试验	（1）将一位端司机室电气柜永久负载微断器、一位端司机室电气柜列车控制断路器闭合。 （2）将一位端司机室电气柜列车激活旋钮置于“合”位后松开。 （3）将一位端司机台上钥匙，置于“开”位。 （4）确定一位端司机台 TCMS 显示一位端占有。

（三）受电弓升、降弓电气测试作业（见表 3-4）

微课视频：受电弓升、降弓电气测试作业

表 3-4　受电弓升、降弓电气测试

作业项目	受电弓升、降弓电气测试作业	
作业人数	2 人	
作业工具	万用表	
序号	作业内容	作业标准
1	试验前的准备工作	（1）检查一位端司机室电气柜、一位端客室电气柜、二位端司机室电气柜、二位端客室电气柜端子排外观无损坏、线缆无明显线路裸露。

续表

序号	作业内容	作业标准
1	试验前的准备工作	（2）确认一位端司机室电气柜永久负载断路器、列车控制断路器、受电弓控制断路器，二位端司机室电气柜受电弓控制断路器有DC 110 V。
2	受电弓气路机械部件检查 	（1）确认二位端客室空调柜截断塞门U01安装位置处于水平位。 （2）确认二位端客室空调柜升弓电磁阀U05安装位置正确，无破损、无裂纹。
3	升本弓试验	（1）分别闭合一位端司机室电气柜永久负载断路器、列车控制断路器、受电弓控制断路器，二位端司机室电气柜受电弓控制断路器。 （2）将一位端客室电气柜本弓隔离开关置于“分”位，二位端客室电气柜本弓隔离开关置于“合”位。 （3）在一位端司机室激活列车、司机室占有。 （4）按下一位端司机台上升弓按钮。 （5）确认一位端司机台TCMS屏上显示本弓处于正常升弓状态。 （6）确认一位端司机台升弓按钮灯灭、降弓按钮灯灭。
4	降本弓试验	（1）在一位端司机台TCMS屏上确认本弓处于正常升弓状态。 （2）在一位端司机台按下降弓按钮。 （3）确认一位端司机台TCMS屏上显示本弓处于降弓状态。 （4）确认一位端司机台升弓按钮灯灭、受电弓降弓按钮灯亮。
5	升远弓试验	（1）分别闭合一位端司机室电气柜永久负载、列车控制断路器、受电弓控制断路器，二位端司机室电气柜受电弓控制断路器。 （2）将一位端客室电气柜本弓隔离开关置于“合”位，二位端客室电气柜本弓隔离开关置于“分”位。 （3）在一位端司机室激活列车、司机室占有。 （4）按下一位端司机台上升弓按钮。 （5）确认一位端司机台TCMS屏上显示远弓处于正常升弓状态。 （6）确认一位端司机台受电弓升弓按钮灯灭、降弓按钮灯灭。

续表

序号	作业内容	作业标准
6	降远弓试验	（1）在一位端司机台 TCMS 屏上确认远弓受电弓处于正常升弓状态。 （2）在一位端司机台按下降弓按钮。 （3）确认一位端司机台 TCMS 屏上显示远弓处于降弓状态。 （4）确认一位端司机台升弓按钮灯灭、降弓按钮灯亮。
7	升全弓试验	（1）分别闭合一位端司机室电气柜永久负载断路器、列车控制断路器、受电弓控制断路器，二位端司机室电气柜受电弓控制断路器。 （2）将一位端客室电气柜本弓隔离开关置于“分”位，二位端客室电气柜本弓隔离开关置于“分”位。在一位端司机室激活列车、司机室占有。 （3）按下一位端司机台上升弓按钮。 （4）确认一位端司机台 TCMS 屏上显示两个受电弓处于正常升弓状态。 （5）确认一位端司机台升弓按钮灯亮、受电弓降弓按钮灯灭。
8	降全弓试验	（1）在一位端司机台 TCMS 屏上确认两个受电弓处于正常升弓状态。 （2）按下一位端司机台上降弓按钮。 （3）确认一位端司机台 TCMS 屏上显示两个受电弓处于降弓状态。 （4）确认一位端司机台升弓按钮灯灭、受电弓降弓按钮灯亮。
9	紧急模式降弓试验	（1）按下一位端司机台上紧急停车蘑菇按钮（任意一个）。 （2）确认一位端司机台 TCMS 屏上显示两个受电弓降下。 （3）确认一位端司机台升弓按钮灯灭、受电弓降弓按钮灯亮。 （4）将司机台上被按下的紧急停车蘑菇按钮恢复。

（四）高速断路器（HSCB）合、分闸电气测试作业（见表 3-5）

表 3-5 高速断路器（HSCB）合、分闸电气测试

作业项目	高速断路器（HSCB）合、分闸电气测试作业
作业人数	2 人
作业工具	万用表

续表

序号	作业内容	作业标准
1	试验前的准备工作	（1）检查一位端司机室电气柜、一位端客室电气柜、二位端司机室电气柜、二位端客室电气柜端子排外观无损坏、线缆无明显线路裸露。 （2）确认一位端司机室电气柜永久负载断路器、列车控制断路器、受电弓控制断路器有 DC 110 V。
2	HSCB 分合试验	（1）分别闭合一位端司机室电气柜永久负载断路器、列车控制断路器、受电弓控制断路器。 （2）在一位端司机室激活列车、司机室占有、升弓。 （3）按下一位端司机台“HSCB 合”按钮。 （4）确认一位端司机台 TCMS 屏上显示“HSCB 合”。 （5）确认一位端司机台“HSCB 合”按钮灯亮。 （6）按下一位端司机台上“HSCB 分”按钮。 （7）确认一位端司机台 TCMS 屏上显示“HSCB 分”。 （8）确认一位端司机台“HSCB 分”按钮灯亮。
3	紧急模式分主断试验	（1）按下一位端司机台“HSCB 合”按钮。 （2）按下一位端司机台上紧急停车蘑菇按钮（任意一个）。 （3）确认一位端司机台 TCMS 屏上显示“HSCB 分”。 （4）确认一位端司机台“HSCB 分”按钮灯亮。 （5）将司机台上被按下的紧急停车蘑菇按钮恢复。

二、现场典型故障案例分析

（一）故障一：受电弓位置传感器故障

1. 故障现象

车辆屏图标显示受电弓自动降下，并且显红，高速断路器自动断开。正线车辆屏显示车间电源盖打开，ATO、ATP 模式无法动车。

2. 故障分析

工程师对故障车进行现场检查，发现受电弓能正常升起，但是 HMI 仍显示受电弓降下，HMI 显示红色。而后技术人员分别进行升弓和降弓操作，不管是升弓还是降弓 HMI 显示该车受电弓都为红色。因此判断是 VCU 读取的受电弓状态数据错误，受电弓的监视回路存在故障。

随后在升弓和降弓操作时，专业人员分别测量了 21-K208 的 22 触点（见图 3-11）的电压，发现不管是升弓还是降弓，22 点位的电压都是 0 V，证明 21-K208 始终处于工作状态。然后将继电器的 A1 端线拔出，继电器断电，测量 22 触点是 110 V，因此可以该判定继电器是完好的。

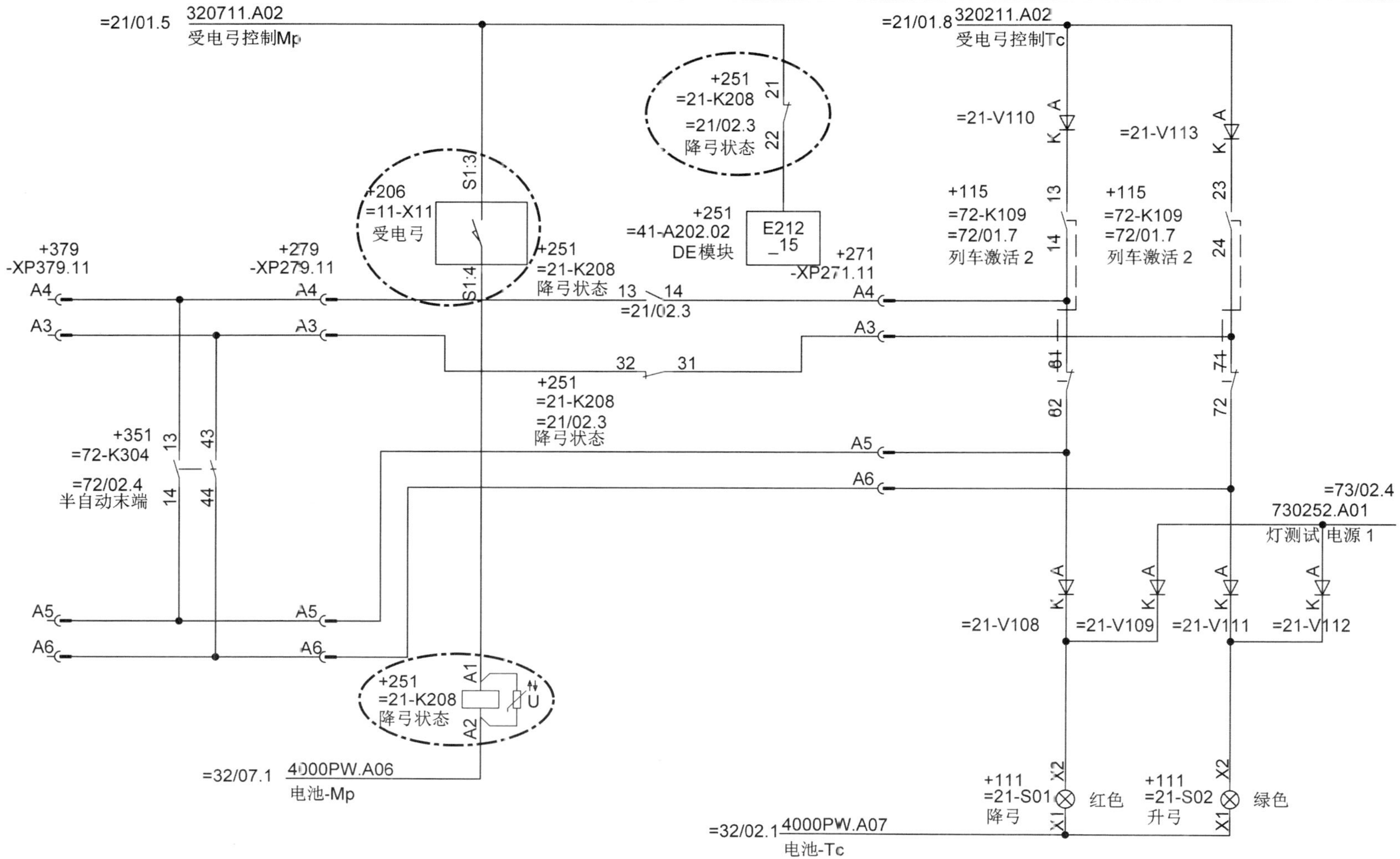

图 3-11　受电弓监视回路

在继电器完好的情况下，21-K208 始终处于工作状态，只能是 11-X11 有故障，其始终是导通的。11-X11 的通断是由受电弓的位置传感器来控制的，因此判断是位置传感器有故障。

3. 故障原因

受电弓位置传感器故障，导致降弓继电器一直得电。

4. 故障处理

更换该位置传感器，车辆恢复正常。

（二）故障二：列车升降弓指示灯不亮

1. 故障现象

列车升降弓指示灯不亮（驾驶端 1 车），HMI 显示 5 车受电弓未升起，司机按压升弓按钮后故障仍存在，行调组织列车就近站清客退出服务。

2. 故障分析

从受电弓状态监视原理图可看出升降弓控制逻辑：当受电弓双弓升起后，降弓状态继电器 21-K208 失电，升弓指示灯亮起（深蓝色），HMI 显示升弓图标。当受电弓双弓降落后，降弓状态继电器 21-K208 得电（红色线），相应触点闭合，降弓指示灯亮起，HMI 显示降弓图标。当单个弓降弓后，相应降弓状态继电器 21-K208 得电，受电弓升降弓监视回路断开，导致升降弓指示灯均不亮，并且 HMI 显示相应弓为降弓状态。

根据事件记录仪数据，故障发生前后相应单元的牵引 DCU 网压正常，确认受电弓均为升起状态。故障为硬线监控异常导致，可能的原因为以下 2 种情况：

（1）车顶降弓位置传感器故障。降弓位置传感器触点异常闭合，导致降弓状态继电器 21-K208 得电。

（2）端子排串电。导致降弓状态继电器 21-K208 得电，导致故障发生。

3. 故障原因

对端子排进行检查，XT251.01 端子排 17 点位端子接线牢固，绝缘片无异常，无串电现象。车顶检查位置传感器接线及固定均无异常，怀疑为降弓位置传感器触点偶发故障导致。

4. 故障处理

预防性更换 5 车位置传感器，故障件发回厂家进行检测。优化受电弓升降弓逻辑，增加实际网压判定，防止降弓位置传感器故障导致列车限速，降低故障影响。

技能考核

一、考核任务

每两位学生为一组，在规定的时间内完成列车激活、司机台占有电气测试作业。

二、考核要求及评分标准

（一）作业安全要点

（1）电压波动范围：DC 77 V-DC 137.5 V。
（2）注意用电安全，严禁徒手触摸电源及与电源连接的线路。

（二）操作程序

按列车激活、司机台占有电气测试作业指导标准完成测试，并将测试结果填写到记录卡（见表 3-6）中。

表 3-6 列车激活、司机台占有电气测试作业记录卡

<table>
<tr><th>步骤</th><th colspan="2">测试项</th><th>测试结果</th><th>故障描述</th></tr>
<tr><td rowspan="3">1</td><td rowspan="3">试验前的准备作业</td><td>检查一位端司机室电器柜、一位端客室电器柜、二位端司机室电器柜、二位端客室电器柜端子排外观无损坏、线缆无明显线路裸露</td><td>正常☐　异常☐</td><td></td></tr>
<tr><td>检查一位端和二位端司机台两个紧急停车蘑菇按钮处于释放位</td><td>是☐　否☐</td><td></td></tr>
<tr><td>检查下列断路器是否闭合。
（1）一位端司机室电器柜中：永久负载断路器，列车控制断路器。
（2）二位端司机室电器柜中：列车控制断路器。</td><td>全部闭合☐
未全部闭合☐</td><td></td></tr>
<tr><td rowspan="2">2</td><td rowspan="2">激活列车试验</td><td rowspan="2">在一位端司机室激活列车</td><td>（1）司机室电器柜电压表：
正常☐　异常☐</td><td rowspan="2"></td></tr>
<tr><td>（2）相关继电器状态：
正常☐　异常☐</td></tr>
<tr><td rowspan="2">3</td><td rowspan="2">司机台占有试验</td><td rowspan="2">在一位端司机室司机台占有</td><td>（1）TCMS 屏显示：
司机台占有☐
司机台未占有☐</td><td rowspan="2"></td></tr>
<tr><td>（2）相关继电器状态：
正常☐　异常☐</td></tr>
<tr><td colspan="5">故障原因补充说明：</td></tr>
</table>

（三）考核内容及评分标准（见表 3-7）

表 3-7 列车激活、司机台占有电气测试作业考核内容及评分标准

序号	考核内容	配分	评分标准
1	作业工具的使用	10	作业过程中错误使用工具或出现工具掉落现象，每次扣 2 分，扣完本项所配分值为止。
2	预设故障查找	20	1. 步骤不对，每次扣 5 分。 2. 方法不对，每次扣 5 分。 3. 损坏零部件，每个扣 10 分。 4. 没有清槽、整理，扣 5 分。 5. 扣完本项所配分值为止。
3	作业标准考察	60	1. 步骤不对，每次扣 5 分。 2. 方法不对，每次扣 5 分。 3. 对标作业指导标准发生漏项，每次扣 5 分。 4. 损坏零部件，每个扣 10 分。 5. 扣完本项所配分值为止。
4	安全文明生产	10	1. 遵守国家或企业有关安全规定，每违反一项规定扣 2 分。 2. 严重违规者停止操作。
5	时间		每超时 5 min 扣 5 分（上限 40 分）

任务拓展

1. 参照上述技能考核模板，以小组为单位完成受电弓升、降弓电气测试作业及考核。
2. 参照上述技能考核模板，以小组为单位完成高速断路器（HSCB）合、分闸电气测试作业及考核。

任务训练

1. 列车激活的实质是什么，怎样激活列车？
2. 蓄电池电压不足时如何激活列车？
3. 如何占有司机台？
4. 如何进行换端操作？
5. 城轨车辆通过什么设备检测受电弓是否正常升起？
6. 城轨车辆受电弓升弓的条件有哪些？
7. 运行中引起高速断路器分断的原因有哪些？
8. 高速断路器闭合的条件是什么？

任务四 城轨车辆牵引控制系统工作原理分析及故障诊断

任务描述

城轨车辆牵引控制系统是完成列车从起动加速到制动停车一系列操作功能的系统，该系统通过电能和机械能的相互转换，实现对传动装置的控制和调速。近年来城轨车辆牵引控制系统中主要设备的性能都有不同程度的提高，同时微机、网络和智能控制等先进技术也逐步应用于城轨车辆牵引控制系统，进一步完善和提高了系统的性能，也提高了系统工作的安全性。

本任务主要介绍城轨车辆牵引控制系统的工作原理及电气控制原理，使学生具备分析城轨车辆牵引控制系统控制原理的能力，培养测试城轨车辆牵引控制系统电气功能及分析处理电气故障的基本技能。

任务目标

1. 知识目标

（1）了解城轨车辆牵引方向控制、警惕回路及牵引指令等电气控制系统的工作原理。

（2）熟悉城轨车辆牵引电气控制系统的具体操作流程。

（3）掌握城轨车辆牵引电气控制系统的电气测试标准。

2. 能力目标

（1）掌握车辆牵引方向控制电路的控制原理。

（2）掌握警惕回路的激活条件、保护作用及恢复条件。

（3）掌握车辆牵引指令发出的条件。

（4）掌握牵引指令旁路的操作方法。

（5）对牵引方向控制、警惕回路及牵引指令电路进行检查及故障分析。

3. 职业素养目标

（1）培养“精益求精、严谨细致、操作规范”的工作作风。

（2）培养协作意识、环保意识、节约意识。

人物故事

一丝不苟的“金牌司机”　平凡运输线上的逐梦人

随着一声汽笛震响长空，一辆满载货物的运输火车从远处缓缓驶来，稳稳停靠在了站台边。不一会儿，走下来一位身着铁路制服的男子，他微笑着送走了车上所有的工作人员后，一边长舒一口气，一边转身走向了车站办公室。又是一夜没睡，因为要时刻提高警惕瞭望前方路况，他的脸上明显带着倦容。

他就是熊继东，中国铁路成都局集团有限公司西昌机务段，西昌运用车间北线车队的一名电力机车司机。这是熊继东第 6515 次安全值乘，安全值乘 6500 趟，行车 130 万公里，作为该段的“第一安全司机”，熊继东能取得这样的成绩，是他多年不懈努力的结果。

熊继东一贯对自己高标准、严要求，和他搭班的副司机大多比他年纪大，可却对熊继东的工作态度和业务素质非常佩服。“每趟车都是一个新的开始，要确保每一个开始都能圆满结束，这才是一名合格司机。”熊继东说道。

在别人眼中，火车司机每天的工作内容都差不多，可熊继东就能看出不一样。“每趟车的编组、轻重、长短、车体都不一样。”熊继东介绍道。善于分析思考的熊继东，结合成昆铁路起伏大、坡道陡、曲线长的特点，针对全重车、全空车、空重混编车的不同编组，总结出一套自己的“熊式操纵法”。凭借着执着刻苦的钻研，熊继东成为成昆铁路人人知晓的“金牌司机”。37 年的工龄，熊继东有效避免事故 12 个，成功处理机车故障 28 件，先后教出徒弟 20 余名。

熊继东说：“火车司机要讲责任，讲担当，再苦再累也要担着，这辈子能当好一名火车司机，值了！”火车起动，熊继东安全值乘的记录还在不断刷新着。

——摘编自中工网（2021 年 4 月 2 日）

知识储备

一、城轨车辆牵引方向控制系统

（一）牵引方向控制原理

三维动画：城轨车辆牵引控制电路

由于采用交流传动控制系统，要设定运行方向，只需向 DCU（牵引控制单元）发出“向前”或“向后”指令信号，DCU 控制 MCM（牵引变流器模块）输出相序改变即可实现牵引方向的改变。车辆采用两根贯通全列车的“向前”“向后”列车线进行方向指令的传递。方向指令信号通过 MVB（车辆网络总线）传递输入到 VTCU（车辆牵引控制单元），再由 VTCU 经 MVB 传送给每个 MCM 的控制计算机，从而实现牵引方向的设定。

（二）指定方向操作

1. 设定方向操作

（1）条件：司机台占有，在停车状态下。

（2）目标：实现向前牵引运行，列车前照灯点亮；实现向后牵引运行，列车前、后照灯点亮。

（3）操作设备：方向手柄（位于司机室司机台）。

（4）操作方法：方向手柄置于“前”位；方向手柄置于“后”位。

2. 电路分析

二维动画：方向控制电路图分析

城轨车辆牵引方向控制电路如图 4-1 所示，对该电路分析的具体步骤如下：

1）步骤一：寻找电路中的正、负极

（1）图 4-1 中的电路正极：列车线 402E。

（2）图 4-1 中的电路负极：列车线 100C1B、100C1A、100C1C、100C1D。

2）步骤二：功能分析

（1）设定方向具体操作。司机控制器方向手柄“.23-MC”：S13——“向前”挡位；S12——“向后”挡位。

（2）列车设定方向后电路中的表现：牵引逆变器获取相应信号、数字量输入模块获取相应信号。

3）步骤三：电路分析

列车方向控制操作，即通过司控器方向手柄或 ATC 系统向各个动车上的牵引逆变器传递“向前”或“向后”的指令，同时通过继电器控制列车外部照明。通过观察电路图发现就是分析通过操作司控器方向手柄，向牵引逆变器“14-VVVF-X111”的 6 或 7 接口发送“前进”命令信号或“后退”命令信号，同时使对应继电器得电的全过程。本次所用电路图（见图 4-1）为 6 编组列车，图中显示了 4 辆车的电路分布情况，由于 Tc1 车与 Tc2 车电路设置完全一致，原理相同，故分析过程中按照操作端将两个单元分别命名为“占有端”与“非占有端”。

（1）方向手柄手动触发方向指令：

① 司机台占有，司机控制器方向手柄置于“向前”挡位，电流经占有端 Tc1 车的列车线 402E→主控继电器“.21-KALA3”的常开触点“2-3”（司机台占有时闭合）→司控器方向手柄 S13（方向手柄置于“向前”挡位时闭合）→Tc1 车的前向指令 1 继电器“.21-KAF1”与前向指令 2 继电器“.21-KAF2”得电（控制列车外部照明），Tc1 车的数字量输入模块获得“向前列车线”“前向输出”信号，Mp1 车及 M1 车上的牵引逆变器“.14-VVVF”获得“前进”信号，Mp2 车及 M2 车上的牵引逆变器“.14-VVVF”获得“后退”信号，Tc2 车的数字量输入模块获得“向后列车线”信号，Tc2 车的后向指令 1 继电器“.21-KAR1”与后向指令 2 继电器“.21-KAR2”得电。

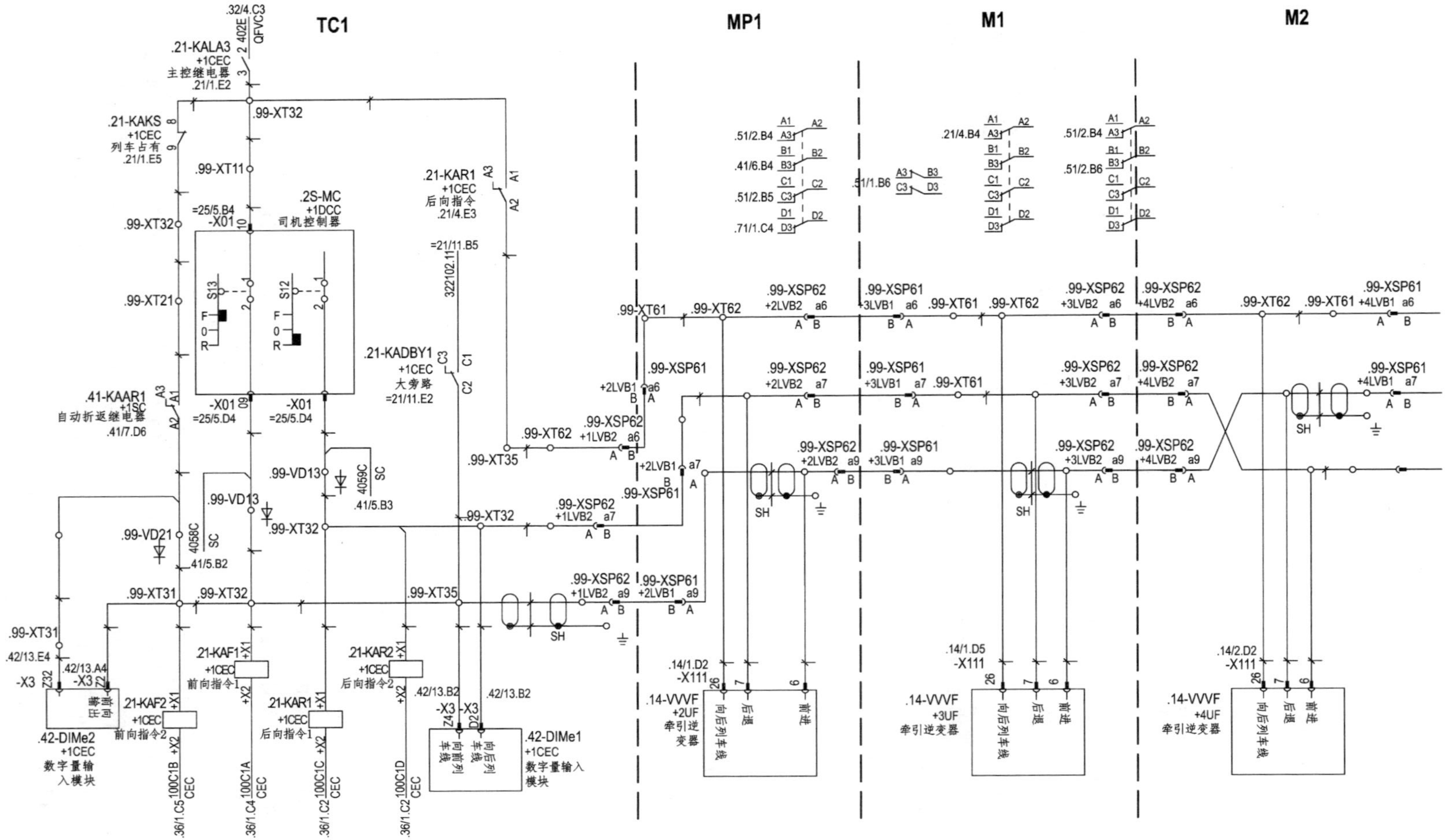

图 4-1　城轨车辆牵引方向控制电路

② 司机台占有，司机控制器方向手柄置于“向后”挡位，电流经占有端 Tc1 车的列车线 402E→主控继电器“.21-KALA3”的常开触点“2-3”（司机台占有时闭合）→司控器方向手柄 S12（方向手柄置于“向后”挡位时闭合）→Tc1 车的后向指令 1 继电器“.21-KAR1”与后向指令 2 继电器“.21-KAR2”得电（控制列车外部照明），Tc1 车的数字量输入模块获得“向后列车线”信号，Mp1 车及 M1 车上的牵引逆变器“.14-VVVF”获得“后退”信号，Mp2 车及 M2 车上的牵引逆变器“.14-VVVF”获得“前进”信号，Tc2 车的数字量输入模块获得“向前列车线”“向前输出”信号，Tc2 车的前向指令 1 继电器“.21-KAF1”与前向指令 2 继电器“.21-KAF2”得电。

（2）自动折返触发方向指令：

司机台占有，未操作主钥匙占有司机台，列车启用自动折返，电流经 Tc1 车的列车线 402E→主控继电器“.21-KALA3”的常开触点“2-3”（司机台占有时闭合）→列车占有继电器“.21-KAKS”的常闭触点“8-9”（未操作主钥匙占有司机台时不得电不动作）→自动折返继电器“.41-KAAR1”的常开触点“A1-A2”（列车启用自动折返模式时闭合），实现触发前进方向指令。

（3）大旁路触发前进方向指令：

电流经列车线 322102→大旁路开关“.21-KADBY1”的常开触点“C1-C2”（手动闭合大旁路开关时闭合），实现触发前进方向指令。

二、城轨车辆警惕回路控制电路

（一）警惕按钮的保护作用

人工驾驶时，在选择好运行方向后，司机按下主控手柄上方的“警惕”按钮，把主控手柄向前推到“牵引”区（D 区），列车起动运行。行车过程中，若松开按钮超过 3 s（可设置），将触发紧急制动。

（二）警惕回路建立

1. 具体操作

（1）条件：司机台占有，确定运行方向，在停车状态下。

（2）目标：警惕延时继电器得电。

（3）操作设备：“警惕”按钮（位于主控手柄上）。

（4）操作方法：握住主控手柄后按下“警惕”按钮。

二维动画：警惕回路控制电路图分析

2. 电路分析

城轨车辆警惕回路控制电路如图 4-2 所示，对该电路分析的具体步骤如下：

1）步骤一：寻找电路中的正、负极

（1）图 4-2 中的电路正极：列车线 402A4。

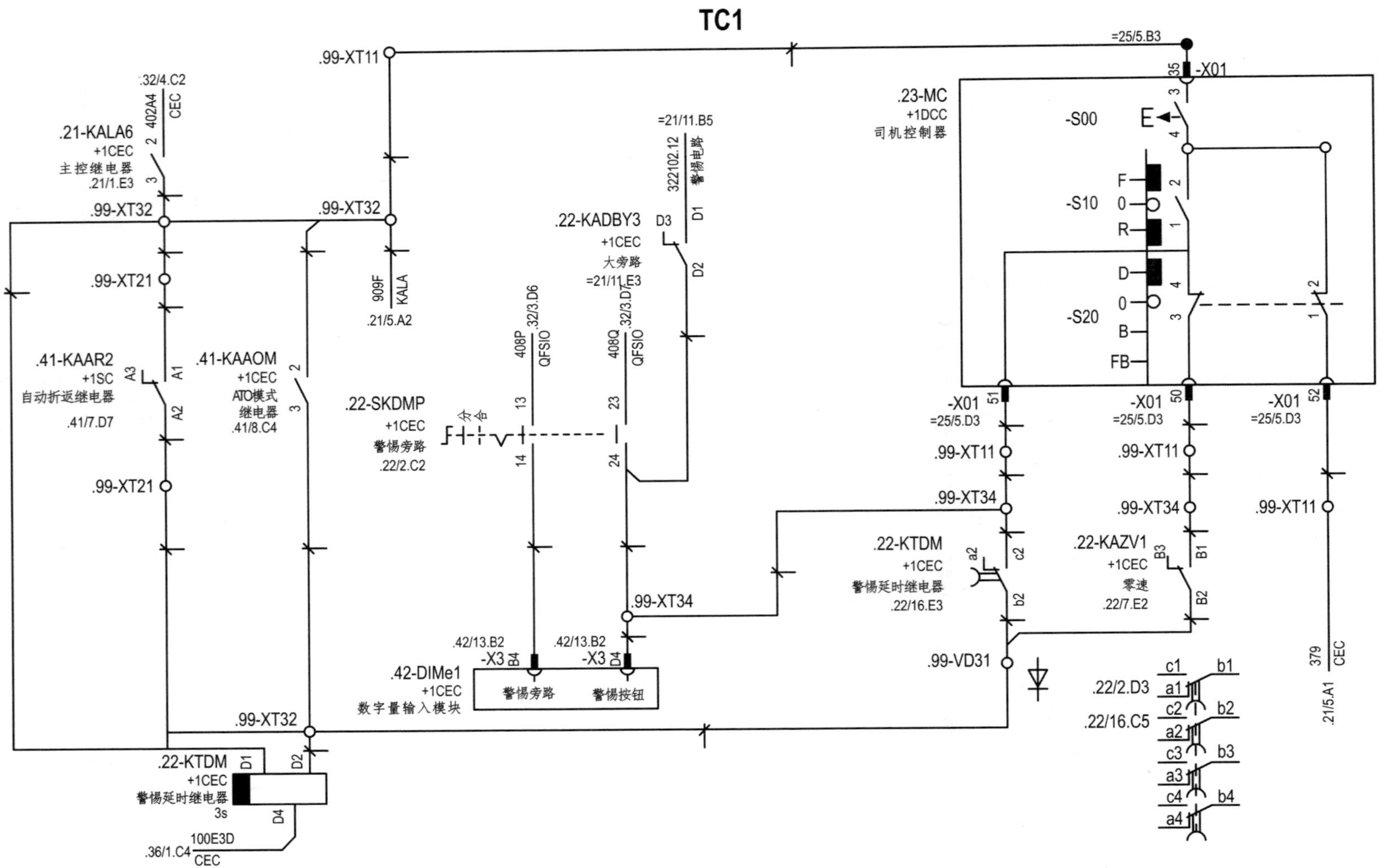

图 4-2　警惕回路控制电路

（2）图 4-2 中的电路负极：列车线 100E3D。

2）步骤二：功能分析

（1）建立警惕回路具体操作：司机控制器“警惕”按钮“.23-MC-S00”。

（2）建立警惕回路后电路中的表现：警惕延时继电器“.22-KTDM”得电。

3）步骤三：电路分析

（1）自动折返模式下：

司机台占有，采用自动折返驾驶模式，电流经列车线 402A4→主控继电器“.21-KALA6”的常开触点“2-3”（司机台占有时闭合）→自动折返继电器“.41-KAAR2”的常开触点“A1-A2”（自动折返模式下闭合）→警惕延时继电器“.22-KTDM”的 D2 线圈得电；电流经列车线 402A4→主控继电器“.21-KALA6”的常开触点“2-3”（司机台占有时闭合）→警惕延时继电器“.22-KTDM”的 D1 线圈得电；警惕延时继电器得电。

（2）ATO 自动驾驶模式下：

司机台占有，采用自动驾驶模式，电流经列车线 402A4→主控继电器“.21-KALA6”的常开触点“2-3”（司机台占有时闭合）→ATO 模式继电器“.41-KAAOM”的常开触点“2-3”（自动驾驶模式下闭合）→警惕延时继电器 D2 线圈得电；电流经列车线 402A4→主控继电器“.21-KALA6”的常开触点“2-3”（司机台占有时闭合）→警惕延时继电器“.22-KTDM”的 D1 线圈得电；警惕延时继电器得电。

（3）人工驾驶模式下：

司机台占有，采用人工驾驶模式，方向手柄选定运行方向，在停车状态下，按下“警惕”按钮，电流经列车线 402A4→主控继电器“.21-KALA6”的常开触点“2-3”（司机台占有时闭合）→司控器 S00 按钮（“警惕”按钮按下时闭合）→方向手柄 S10（选定向前/向后时闭合）→主控手柄 S20（未推向牵引位时闭合）→零速继电器“.22-KAZV1”的常开触点“B1-B2”（列车速度为零时继电器得电闭合）→警惕延时继电器“.22-KTDM”的 D2 线圈得电；电流经列车线 402A4→主控继电器“.21-KALA6”的常开触点“2-3”（司机台占有时闭合）→警惕延时继电器“.22-KTDM”的 D1 线圈得电；警惕延时继电器得电。

这条控制电路说明手动驾驶时警惕回路需在列车零速条件下建立，由于列车起动后零速继电器失电，其常开触点会断开，导致警惕延时继电器无法稳定得电，所以采用并联一个警惕延时继电器“.22-KTDM”的常开触点“b2-c2”的方法使警惕延时继电器实现自持得电。

二、城轨车辆牵引指令控制

城轨车辆牵引时，必须同时向 VCU 发送牵引指令（数字信号）和牵引指令值（模拟量信号），才能起动列车运行。VCU 收到牵引指令后，根据牵引指令值调整 MCM 的输出电压、电流与频率，从而实现列车运行速度的控制。

（一）城轨车辆牵引运行的条件

为了保证城轨车辆安全运行，只有在同时满足下列条件时，牵引指令才会发送到 VCU，允许城轨车辆起动运行：① 未触发紧急制动指令；② 城轨车辆所有客室车门关好锁闭；③ 城轨车辆停放制动缓解；④ 城轨车辆空气制动缓解；⑤ 无库用电源供电。

（二）启动联锁电路配置及功能

在城轨车辆控制电路中，设置了一条有触点保护电路，用于实现上述条件，通常将该电路称为启动联锁电路。为了方便分析，表 4-1 列出了启动联锁电路的有关设备及旁路开关。

表 4-1　启动联锁及旁路开关

<table>
<tr><th>序号</th><th>启动联锁</th><th>启动联锁触点</th><th colspan="2">旁路开关</th></tr>
<tr><td>1</td><td>紧急制动</td><td>紧急停车继电器</td><td>\</td><td rowspan="5">大旁路</td></tr>
<tr><td>2</td><td>车门</td><td>列车左门关好继电器
列车右门关好继电器
强制左门允许开关
强制右门允许开关</td><td>门关好旁路</td></tr>
<tr><td>3</td><td>停放制动</td><td>所有停放缓解继电器</td><td rowspan="3">牵引安全旁路</td></tr>
<tr><td>4</td><td>空气制动</td><td>列车制动不缓解继电器</td></tr>
<tr><td>5</td><td>库用电源</td><td>无库用电源供电继电器</td></tr>
</table>

（三）启动联锁控制电路

1. 发出牵引指令

（1）条件：列车激活，司机台占有，升弓，HSCB 合。

（2）目标：牵引列车线将牵引指令由数字量输入模块通过 MVB 发送给 VCU，通知 VCU 启动牵引控制，同时发送牵引信号给制动系统网关阀及牵引逆变器。

（3）操作设备：“警惕”按钮及主控手柄（人工驾驶）或 ATC 系统（自动驾驶）。

（4）操作方法：按下“警惕”按钮并推动主控手柄到牵引区；ATO 驾驶模式下由 ATC 系统自动触发。

2. 电路分析

二维动画：启动联锁控制电路图分析

启动联锁控制电路如图 4-3（见书末折页图）所示，对该电路分析的具体步骤如下：

1）步骤一：寻找电路中的正、负极

（1）图 4-3 中的电路正极：列车线 379（.22/16.D6）（来自司控器主控手柄）；列车线 909F（.22/16.C3）（ATO 自动驾驶模式）。

（2）图 4-3 中的电路负极：列车线 100T6。

2）步骤二：功能分析

（1）建立牵引启动联锁电路条件：使列车线 379/列车线 909F 高电平。

（2）建立牵引启动联锁电路后电路中的表现：牵引使能继电器“.21-KAZVRD”得电，数字量输入模块、网关阀、牵引逆变器获得电信号。

3）步骤三：电路分析

通过“启动联锁电路”可实现城轨车辆的启动联锁功能。本次所用电路图（见图 4-3）为 6 编组列车，图中显示了 4 辆车的电路分布情况，由于 Tc1 车与 Tc2 车电路设置完全一致，原理相同，故分析过程中按照操作端将两个单元分别命名为占有端与非占有端。

（1）人工驾驶模式下：

操作司控器使列车线 379 高电平，电流经列车线 379→信号车载控制单元“.41-CC”（ATC 满足条件时触发信号）/ATC 切除继电器“.41-KANRM2”的常开触点“A1-A2”（切除 ATC 时得电闭合）→列车制动不缓解继电器“.22-KABNR”的常闭触点“4-5”（列车空气制动缓解时不得电维持闭合）→所有停放缓解继电器“.22-KAAPBR”的常开触点“B1-B2”（空气制动与停放制动均缓解时得电闭合）→无库用电源供电继电器“.23-KANSP”的常开触点“2-3”（无库用电源供电时得电闭合）→列车左门关好继电器“.81-KALD1”的常开触点“C1-B1”（全列车左门关好时得电闭合）→列车右门关好继电器“.81-KARD1”的常开触点“C1-B1”（全列车右门关好时得电闭合）→零速旁路开关“.81-SKZVB”（未使用零速旁路时维持闭合）→强制右门允许按钮“.81-SKZR”（未使用强制右门允许开关时维持闭合）→强制左门允许按钮“.81-SKZL”（未使用强制左门允许开关时维持闭合）→紧急停车 1 继电器“.22-KAEB1”的常开触点“A1-A2”、紧急停车 2 继电器“.22-KAEB2”的常开触点“B1 B2”（未触发紧急制动指令时得电闭合）→牵引使能继电器“.21-KAZVRD”得电，数字量输入模块获取“牵引指令”、4 个网关阀“.24-GV”获取“牵引指令”、4 个动车上的牵引逆变器“.14-VVVF”获得“牵引”电信号。

（2）ATO 自动驾驶模式下：

启用 ATO 自动驾驶模式，电流经列车线 909F→ATO 牵引状态继电器“.41-KAAOP”的常开触点“2-3”（ATO 控制驾驶时得电闭合）→信号车载控制单元“.41-CC”（ATC 满足条件时触发信号）→实现牵引指令的触发。

（3）启动联锁电路旁路操作：

由于上述启动联锁电路一旦断开，列车将失去牵引信号无法动车，此时为了维持列车运行到前方车站，可操作相应的旁路开关，短接电路暂时获取牵引信号。

① 牵引安全旁路开关“.22-SKZVD”电路支路与列车制动不缓解继电器“.22-KABNR”的常闭触点“4-5”→所有停放缓解继电器“.22-KAAPBR”的常开触点“B1-B2”→无库用电源供电继电器“.23-KANSP”的常开触点“2-3”的电路支路为并联关系，闭合该旁路开关时可替代这条支路导通电流。

② 门关好旁路“.22-SKTDB”电路支路与列车左门关好继电器“.81-KALD1”的常开触点“C1-B1”→列车右门关好继电器“.81-KARD1”的常开触点“C1-B1”的电路支路为并联关系，闭合该旁路开关时可替代这条支路导通电流。

③ 大旁路开关“.22-SKDPL”闭合后可直接将电流由列车线 390A 直接向牵引使能继电器、数字量输入模块、网关阀、牵引逆变器供电，闭合大旁路开关可替代所有允许列车起动运行的条件。

注意：使用上述旁路开关时，必须在确认其所替代的系统工作状态正常的前提下，才能操作对应旁路开关，否则容易引起行车安全事故。

任务实施

一、任务作业指导标准

城轨车辆牵引控制系统电气测试作业流程见表 4-2。

微课视频：牵引控制系统电气测试作业

表 4-2　牵引控制系统电气测试

作业项目	牵引控制系统电气测试作业	
作业人数	2 人	
作业工具	万用表	
序号	作业内容	作业标准
1	试验前的准备工作	（1）检查一位端司机室电器柜、一位端客室电器柜、二位端司机室电器柜、二位端客室电器柜端子排外观无损坏、线缆无明显线路裸露。 （2）确认一位端司机室电器柜永久负载微断器、列车控制断路器、停放制动微断器、车门控制微断器，门控单元 1、2 微断器，门控单元 3、4 微断器，门控单元 5、6 微断器，门控单元 7、8 微断器，左门状态监控微断器、右门状态监控微断器、一位端客室电器柜压缩机控制微断器、二位端司机室电器柜列车控制断路器均有 DC110V 电压。 （3）闭合上述断路器。 （4）检查一位端和二位端司机台的两个紧急停车蘑菇头按钮没有被按下。
2	方向信号测试	（1）在一位端司机室激活列车、司机室占有。 （2）将一位端司机台司控器方向手柄置于“向前”位。 （3）确认一位端司机台 TCMS 屏上显示向前。 （4）将一位端司机台司控器方向手柄置于“向后”位。 （5）确认一位端司机台 TCMS 屏显示向后。
3	司机警惕测试	（1）按下一位端司机台司控器的“警惕”按钮。 （2）确认一位端司机台 TCMS 屏 I/O 界面的“警惕”指令有效（进入 I/O 界面）。 （3）松开一位端司机台司控器的“警惕”按钮。

续表

序号	作业内容	作业标准
3	司机警惕测试	（4）确认一位端司机台 TCMS 屏 I/O 界面的“警惕”指令无效。 （5）松开一位端司机台司控器的“警惕”按钮，将一位端司机室电器柜的警惕旁路开关置于“合”位。 （6）确认一位端司机台 TCMS 屏 I/O 界面的“警惕”指令有效。 （7）将一位端司机室电器柜的警惕旁路开关置于“分”位。
4	牵引指令	（1）按下一位端司机台上的“停放制动缓解”按钮。 （2）将列车左右侧门关好。 （3）按下一位端司机台司控器的“警惕”按钮后，将司机控制器牵引手柄置于“牵引位”。 （4）确认一位端司机台 TCMS 屏上 I/O 界面的牵引指令列车线命令有效。

二、现场典型故障案例分析

（一）故障一：车间电源盖子打开

1. 故障现象

正线车辆屏显示车间电源盖打开，ATO、ATP 模式无法动车。

2. 故障分析

车辆回库后检查库用电源盖子，发现库用电源盖子均锁闭良好；但 HMI 的事件信息显示“车间电源盖子打开”。

正常情况下，司机台占有后，电流从非激活端的“=22-K101”流下，流经非激活单元的车间电源插座的触点，再流经激活单元的库用电源插座，通过“=22-K101”的“43-44”触点，为“=31-K103”供电，同时 DE 模块的“E112_10”点得电反馈至 VCU（见图 4-4），此时，VCU 认为列车的库用电源盖子没有被打开。

下载该车的事件记录仪，查看故障记录数据后，如图 4-5 所示，发现检测回路显示车间电源的盖子打开，并且 SKS 检测“E112_10”的值为“1”，即此时“无库用电源供电”继电器“=31-K103”失电。

使用万用表测量“=22-K101”的 43 点位，显示电压为 0 V。测量“=72-K305”的 24 点位，显示电压为 125 V。

最后打开车间电源的盖子，发现车间电源盖子的检测回路的一个触点表面氧化严重，如图 4-6 所示。

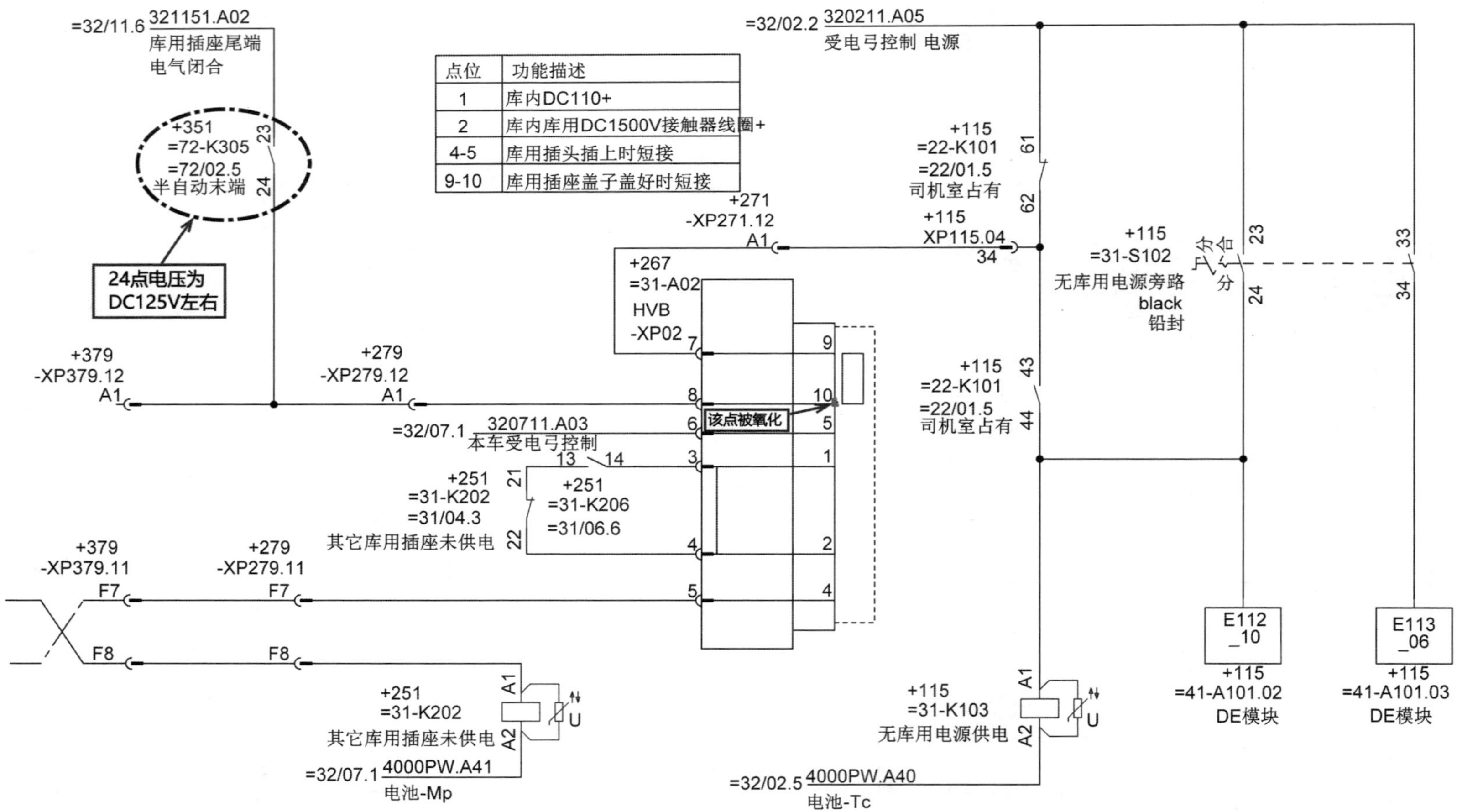

图 4-4 库用电源盖子监控电路

60	SKS_A1_Train_coupled	$E112_08	0
61	SKS_A1_door_man_op_man_cl	$E112_09	0
62	SKS_A1_Shop_supply	$E112_10	1
63	SKS_A1_door_aut_op_man_cl	$E112_11	1

图 4-5　事件记录仪

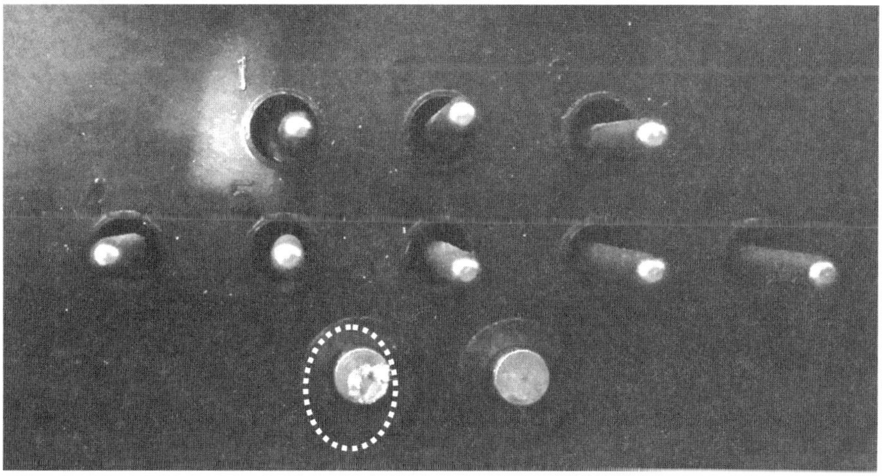

图 4-6　库用电源触头被严重氧化

将该触点的氧化层清除后，列车恢复正常，HMI 显示的“车间电源盖子打开”事件信息消失，同时使用万用表测量“=22-K101”继电器的 43 点位，该点位电压值恢复至 125 V。

因为库用电源触头被严重氧化，导致触头接触不良，从而使该电路无法导通。因此，库用电源盖子检测回路“E112_10”的值为“0”，通过软件逻辑取反后，输入至 VCU 的值为“1”，如图 4-7 所示，此时 VCU 逻辑判断为库用电源盖子被打开，在 HMI 上显示“车间电源盖子打开”。

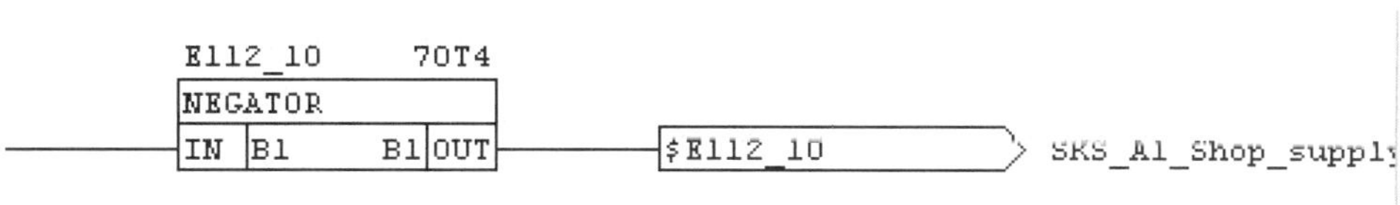

图 4-7　E112_10 逻辑判断

3. 故障原因

库用电源插座内的监控回路的触点氧化，导致监控回路接触不良，使无库用电源供电继电器“=31-K103”无法得电所致。

4. 故障处理

对库用电源插座的触点均进行清理。

(二) 故障二：列车“警惕”按钮未按下故障

1. 故障现象

行调报 XX 次列车在车辆段出段线 ATO 模式无法动车，转 ATP 模式后正常动车，动车后恢复 ATO 模式运行，ATO 模式运行时列车无法提速，转 ATP 模式时 HMI 显示“警惕按钮警告”，司机按压“警惕”按钮后信息消失，后续列车以 ATP 模式正常运行。

2. 故障分析

警惕回路电路如图 4-8 所示，检查发现警惕继电器不得电。如图 4-9 所示，测量端子排“.41-KAAOM”的常开触点“2”点无电，判断 ATO 模式继电器的常开触点“2-3”未正常吸合；测量“.42-DIMe2”模块“X3”针无电，判断 ATO 模式继电器的常开触点“6-7”未正常吸合，由此判断 ATO 模式继电器故障。

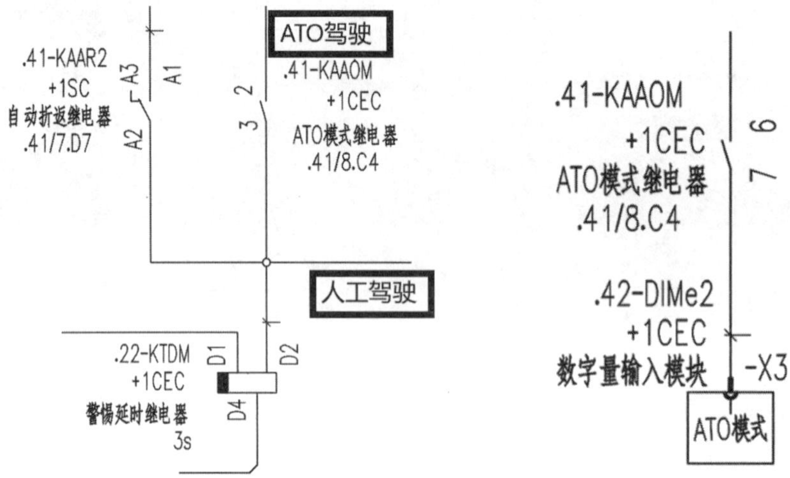

图 4-8 警惕回路电路图

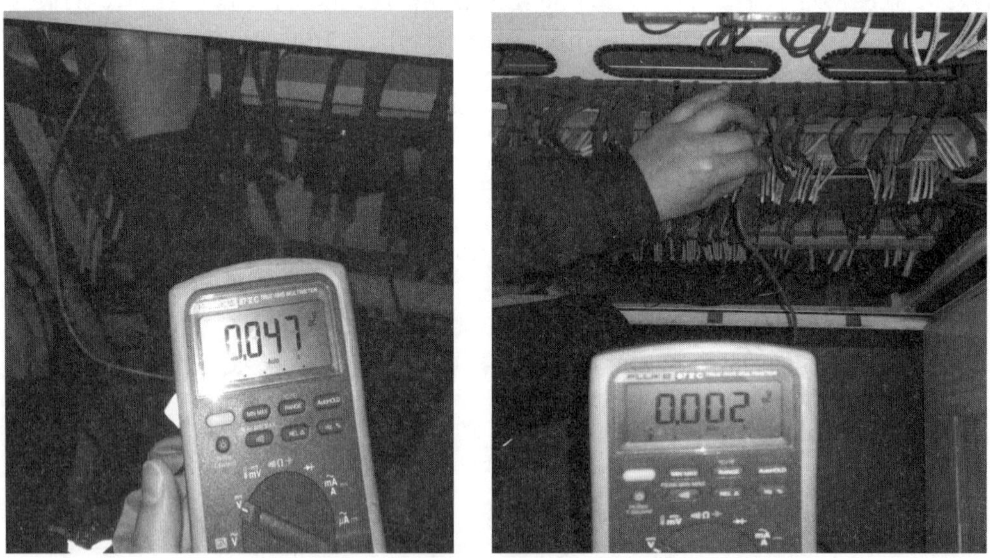

图 4-9 ATO 模式继电器常开触点未导通

ATO 模式下，车辆采集两路 ATO 模式信号：一路 ATO 信号由 CC 经 RS-485 发送至车辆 VCU，VCU 不对该信息进行记录；另一路 ATO 信号经硬线驾驶模式旋钮、ATO 继电器输出，SKS 采集 ATO 继电器的常开触点作为硬线 ATO 信号判断的条件。当两路信号同时有效时，

VCU 认为 ATO 模式信号有效。

故障时 ATO 模式继电器的常开触点“6-7”未吸合，导致硬线 ATO 信号无效，因此故障时段 ATO 模式信号丢失。ATO 继电器的常开触点“2-3”未吸合导致警惕继电器不得电，3 s 后 HMI 提示警惕松开警告，列车产生紧急制动，无法动车。

ATP 驾驶模式下，警惕由司控器“警惕”按钮控制，此时警惕继电器得电，列车可正常驾驶。

3. 故障原因

ATO 模式继电器故障。

4. 故障处理

更换 1 车 ATO 模式继电器。当 ATO 模式继电器故障时，可转 ATP 驾驶，车辆无限速。

技能考核

一、考核任务

每两位学生为一组，在规定的时间内完成城轨车辆牵引控制系统电气测试作业。

二、考核要求及评分标准

（一）作业安全要点

（1）严格遵守安全作业规范。
（2）作业过程需按照记录卡的要求进行准确记录。
（3）排查过程中发现故障时，需在记录卡中记录缺陷情况。

（二）操作程序

按城轨车辆牵引控制系统电气测试作业指导标准完成测试，并将测试结果填写到记录卡（见表 4-3）中。

表 4-3 牵引控制系统电气测试作业记录卡

步骤	测试项		测试结果	故障描述
1	试验前的准备作业	检查一位端司机室电器柜、一位端客室电器柜、二位端司机室电器柜、二位端客室电器柜端子排外观无损坏、线缆无明显线路裸露	正常□ 异常□	
		检查一位端和二位端操纵台的两个紧急停车蘑菇按钮处于释放位	是□ 否□	

续表

步骤	测试项		测试结果	故障描述
1	试验前的准备作业	检查一位端司机室电器柜永久负载微断器、一位端司机室电器柜列车控制断路器、二位端司机室电器柜列车控制断路器、一位端司机室电器柜停放制动微断器、一位端客室电器柜压缩机控制微断器、一位端司机室电器柜车门控制微断器，一位端司机室电器柜门控单元 1、2 微断器，一位端司机室电器柜门控单元 3、4 微断器，一位端司机室电器柜门控单元 5、6 微断器，一位端司机室电器柜门控单元 7、8 微断器，一位端司机室电器柜左门状态监控断路器、一位端司机室电器柜右门状态监控断路器是否闭合	全部闭合□ 未全部闭合□	
2	激活列车、司机台占有试验	在一位端司机室激活列车、司机台占有	（1）司机室电器柜电压表： 大于 110 V□ 小于 110 V□ （2）TCMS 屏显示： 司机台占有□ 司机台未占有□	
3	方向试验	将一位端操纵台司控器的方向手柄置于“向前”位	TCMS 屏显示： 方向向前□ 方向向后□	
4	牵引指令	按下一位端操纵台上的停放制动缓解按钮。 按下一位端操纵台司控器的“警惕”按钮后，将司控器牵引手柄推至牵引区	（1）TCMS 屏显示： 停放缓解□ 停放施加□ （2）TCMS 屏 I/O 界面显示： 牵引列车线有效□ 牵引列车线无效□	
故障原因补充说明：				

（三）考核内容及评分标准（见表 4-4）

表 4-4　牵引控制系统电气测试作业考核内容及评分标准

序号	考核内容	配分	评分标准
1	作业工具的使用	10	作业过程中错误使用工具或出现工具掉落现象，每次扣 2 分，扣完本项所配分值为止。
2	预设故障查找	20	1. 步骤不对，每次扣 5 分。 2. 方法不对，每次扣 5 分。 3. 损坏零部件，每个扣 10 分。 4. 没有清槽、整理，扣 5 分。 5. 扣完本项所配分值为止。
3	作业标准考察	60	1. 步骤不对，每次扣 5 分。 2. 方法不对，每次扣 5 分。 3. 对标作业指导标准发生漏项，每次扣 5 分。 4. 损坏零部件，每个扣 10 分。 5. 扣完本项所配分值为止。
4	安全文明生产	10	1. 遵守国家或企业有关安全规定，每违反一项规定扣 2 分。 2. 严重违规者停止操作。
5	时间		每超时 5 min 扣 5 分（上限 40 分）

任务拓展

参照上述技能考核模板，以小组为单位完成相关旁路开关电气测试作业及考核。

任务训练

1. 列车怎样实现牵引方向的转换？
2. ATO 驾驶时，要按下“警惕”按钮吗？
3. 人工驾驶时，松开“警惕”按钮会发生什么现象？
4. 必须满足哪些条件列车才能够起动运行？
5. 操作车门旁路启动牵引联锁电路需要注意什么？

任务五 城轨车辆制动控制系统工作原理分析及故障诊断

任务描述

城市轨道交通制动系统是确保城轨车辆安全运营的关键系统，在城轨车辆需要制动停车时，必须保证有足够的制动力确保其安全停车；为防止车辆在坡道上因重力作用引起速度增加，也需要施加制动；即使车辆在停车状态，为避免重力或外部因素引起溜车也需要施加制动。对于已施加制动的城轨车辆，当需要牵引时还必须缓解已施加的制动。显然，制动系统直接影响着车辆的安全运行。当前，电空制动系统以其集成度高、制动平稳、故障率低、准确率高等优点，在城轨交通系统中被广泛采用。

本任务主要介绍城轨车辆制动系统的工作原理及电气控制原理，使学生具备分析城轨车辆制动系统控制原理的能力，培养测试制动电气功能及分析处理电气故障的基本技能。

任务目标

1. 知识目标

（1）了解城轨车辆的常用制动模式。

（2）熟悉城轨车辆制动系统的工作原理及电气控制的具体操作流程。

（3）掌握城轨车辆制动系统电气控制的电气测试标准。

2. 能力目标

（1）掌握常用制动、快速制动、紧急制动、停放制动的施加与缓解方法。

（2）掌握常用制动与停放制动的监控要求及电路设计。

（3）能对制动控制电路进行检查与故障分析。

3. 职业素养目标

（1）培养“精益求精、严谨细致、操作规范”的工作作风。

（2）培养协作意识、环保意识、节约意识。

拓展知识

城轨车辆制动系统发展史

19 世纪初，以蒸汽为动力的火车出现了。在 1829 年举行的一次“火车竞赛”中，斯蒂芬森驾驶着满载的“火箭”号机车，以 56 km/h 的速度创造了陆地第一个车辆奔跑速度。此后不久，呼啸的火车开始奔驰在美国和欧洲大陆，开启了铁路交通运输业蓬勃发展的新时代。但这时的火车还不够完善，致命的缺点是刹车不灵，经常导致运行事故。当时的人们认为，火车是一种不安全的交通工具，有人甚至称它为“踏着轮子的混世魔王”。当时的火车刹车装置十分原始，最初仅仅装在车头上，完全凭司机的体力扳动闸把来刹车，很难使沉重的列车迅速停下来。后来改进为每节车厢上都安一个单独的机械制动闸，配备一个专门的制动员，遇到情况，由司机发出信号，各个制动员再听命按下闸把。这样虽然效果好一些，但仍然不能迅速地刹住列车。因此，发明一种灵敏有效的火车刹车装置，成了当时铁路系统亟待解决的大问题。当时很多人都致力于改进火车刹车装置的研究，但谁也没想到，最终获得成功的却是一位贫困的美国年轻人威斯汀豪斯，他发明了一种灵敏可靠的空气制动闸，给火车这匹巨大不羁的“铁马”系上了“缰绳”，这是铁路安全运输史上的里程碑事件。威斯汀豪斯发明新型火车空气闸的念头，是由一次偶然的事件激发的。他在一次旅行中，恰好赶上了因火车刹车不灵造成的严重撞车事故，目睹了一场车毁人亡的惨剧，他当时就下定决心，要发明一种有效的制动闸来避免交通事故的发生，保障铁路运输的安全。他首先想到了蒸汽。既然列车是蒸汽推动的，为什么不能用蒸汽来制动呢？他设计了一套装置，用管路把锅炉和各个车厢连接起来，试图用蒸汽来推动汽缸活塞，从而压紧闸瓦，达到刹车的目的。但由于高压蒸汽在长长的管路里迅速冷凝，丧失了压力，实验未能取得预想的效果。威斯汀豪斯正在一筹莫展时，有一天他偶然从《生活时代》报上看到一条报道，介绍法国开凿塞尼山隧道，采用压缩空气驱动大型凿岩机的消息，这使他联想到火车的制动闸：既然压缩空气可以驱动凿岩机，开掘坚硬的岩石，或许也能够驱动火车制动闸。基于这个想法，威斯汀豪斯终于制成了新型的空气闸。其原理并不复杂，只要增加一台由机车带动的空气压缩机，通过管道将压缩空气送往各个车厢的汽缸就行了。刹车时，只要一打开阀门，压缩空气就会推动各车厢的汽缸活塞将闸瓦压紧，使列车迅速停下来。1868 年，年仅 23 岁的威斯汀豪斯取得了空气制动闸的专利权，成立了威斯汀豪斯制动闸公司。直到今天，空气制动闸仍然是火车和汽车运行的安全保障。

人类科技进步的脚步始终不会停止，在传统空气制动闸的基础上，各个国家的科研人员不断研发和改进，新技术、新装备不断涌现，目前，KBGM 制动控制系统、EP2002 制动控制系统、EP09 制动控制系统、SD 制动系统、HRDA 制动控制系统等已应用于城市轨道交通车辆制动控制系统。

——摘编自黄河新闻网《名人故事：给铁马发明缰绳的人》（2023 年 8 月 11 日）

知识储备

一、城轨车辆的制动模式

（一）常用制动

常用制动在列车正常运行状态时使用，由司机将司控器手柄置于“制动位”或“ATC 施加”。如手动施加常用制动，则需将司控器手柄移至制动位，制动设置点直接与手柄位置成比例。常用制动时，电制动优先，空气制动根据减速要求提供不足的减速力。最大常用制动平均减速度一般设定为 1.0 m/s^2。常用制动时电制动力受踏面黏着限制。常用制动具有防滑保护并受冲动限制（0.75 m/s^2）。常用制动是可恢复的制动。

（二）快速制动

当司控器位于快速制动位时，列车施加快速制动。快速制动通常以 1.2 m/s^2 的紧急制动减速度实施制动，制动的同时并不断开安全回路。快速制动是紧急情况下的一种制动方式。快速制动具有防滑保护，并受冲动限制。快速制动由电制动和电空制动产生。快速制动命令是可恢复的。

（三）紧急制动

紧急制动的平均减速度通常设计为 1.2 m/s^2，仅由空气制动施加完成，可由多个系统施加。不同操作模式（自动和手动模式）下都可施加紧急制动。紧急制动命令不可恢复，必须在车辆达到零速以后方可缓解。此外，当通过紧急制动按钮施加紧急制动时，受电弓降弓，断路器断开。在出现下列情况之一时，将导致紧急制动施加：

（1）司控器的警惕装置触发。

（2）按下司机室中的紧急停车按钮（蘑菇形按钮）。

（3）断开司机室钥匙。

（4）车辆与车辆之间在运行中脱钩。

（5）安全回路中断或失电。

（6）主风缸压力低于特定的安全值 5.5 bar（550 kPa）。

（7）超速限制（88 km/h）。

（8）ATO 系统发出紧急制动指令。

（9）ATP 系统发出列车超速紧急制动指令。

（10）当列车运行时，方向手柄拉至“0”位。

（四）停放制动

停放制动由弹簧施加，采用充气缓解，是被动制动。停放制动仅在静止时采用，防止列车溜滑，可保证 AW3 载荷的列车停在不超过 35‰的坡道上。

停放制动由车辆控制电路控制并由硬线和网络系统监控。正常情况下，停放制动未缓解时，列车牵引封锁。运行中检测到停放制动施加时，列车将封锁牵引。

（五）停车制动

在低速范围内（< 6 km/h），停车制动被激活。停车制动是常用制动的一部分，在低速情况下实施停车制动的过程中，空气制动自动逐步取代电制动，以下两种情况可能实施停车制动：

（1）电制动能够使制动列车接近停止，列车停车时，空气制动施加保持制动。

（2）电制动不能使列车制动接近停止，空气制动力将提前替代电制动力制停列车。

二、城轨车辆制动系统的工作原理及控制系统分析

（一）制动系统的工作原理及系统主要装置

城轨车辆的主制动控制单元接收司控器或 ATO 及 ATP 的制动指令，然后通过总线网络向全列车的制动电子控制装置发出制动指令。紧急情况下，司控器或 ATO、ATP 通过硬线向全列车的制动电子控制装置发出制动指令。各车辆制动单元根据制动指令对制动缸压力进行控制，并由基础制动装置实施机械摩擦制动。主制动控制单元同时还向牵引系统发出电制动指令，以实现空-电混合制动。

城轨车辆制动系统主要由三大模块组成：空气供给及传输、制动控制及执行装置、辅助用风装置。按各个模块的组成和功能又可以分成 8 个部分：

（1）A 组——压缩空气供给装置（Air Supply Equipment）；

（2）B 组——制动控制装置（Brake Contral Equipment）；

（3）C 组——基础制动装置（Boige Mounted Brake Equipment）；

（4）W 组——车钩操作装置（Coupler Actuating Equipment）；

（5）U 组——升弓装置（Pantograph Actuating Equipment）；

（6）L 组——空气悬挂装置（Air Suspension Equipment）；

（7）G 组——防滑装置（Wheel-slide Protection Equipment）；

（8）V 组——轮缘润滑装置（wheel flange lubrication device）。

空气制动系统的主要设备的安装位置如图 5-1 所示。空气制动系统的管路原理图见本教材末尾的附图“M 车空气管路原理图”。

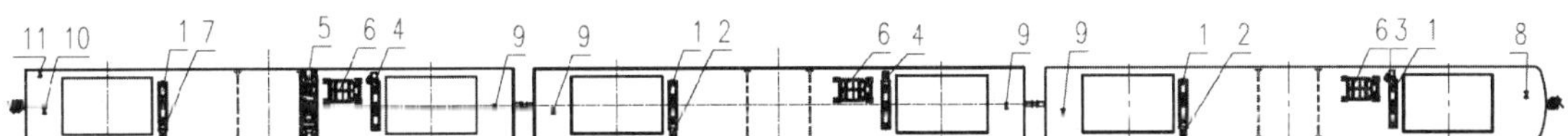

1—空气弹簧附加风缸模块；2—智能阀；3—网关阀+CUBE；4—智能阀+CUBE；5—风源模块；6—风缸模块；7—网关阀；8—塞门（W01）；9—塞门（W03）；10—塞门（W11）；11—手动解钩阀（W08）。

图 5-1 单元车主要设备平面布置图（俯视图）

（二）制动系统主要装置的控制原理

1. 压缩空气供给装置（A 组）

压缩空气供给装置（见图 5-2）的作用是为空气制动系统和其他子系统提供清洁而干燥的

压缩空气。6 节车辆编组的列车有两套空气供给装置，如果一套空气供给装置不能工作，另一套空气供给装置也能提供足够的压缩空气来保证列车正常运行。

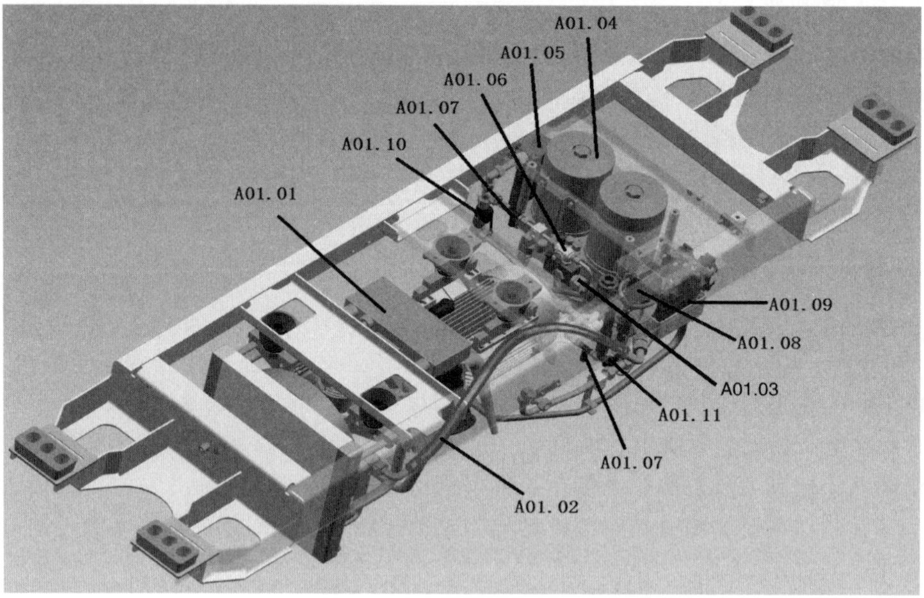

A01.01—压缩机；A01.02—软管；A01.03—安全阀；A01.04—干燥器；A01.05—精细过滤器；A01.06—塞门；A01.07—测试接头；A01.08—压力开关；A01.09—压力开关；A01.10—塞门；A01.11—安全阀。

图 5-2　压缩空气供给装置实物图

整个压缩空气供给装置集成为一个供风模块[A01]，并安装在每个 M 车上。该装置主要由一台通过 AC 380 V/50 Hz 三相交流电机驱动的 VV120 型压缩机[A01.01]、软管[A01.02]、安全阀[A01.03] (12 bar，即 1.2 MPa) / [A01.11] (10.5 bar，即 1.05 MPa)、LTZ015.0H 双塔空气干燥器[A01.04]、精细过滤器[A01.05]、压力开关[A01.08] (7 ~ 9 bar，即 700 ~ 900 kPa) 和 [A01.09] (5.5 ~ 7 bar，即 550 ~ 700 kPa) 等组成，工作方式如图 5-3 所示。

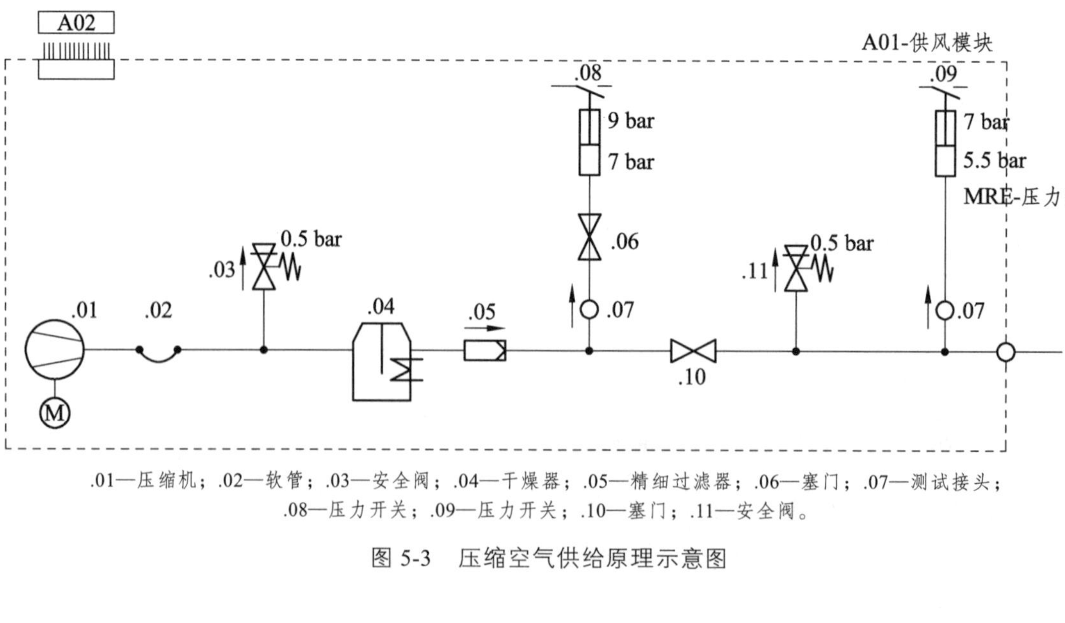

.01—压缩机；.02—软管；.03—安全阀；.04—干燥器；.05—精细过滤器；.06—塞门；.07—测试接头；.08—压力开关；.09—压力开关；.10—塞门；.11—安全阀。

图 5-3　压缩空气供给原理示意图

空气压缩机组 A01.01 分为两级压缩，两个低压级气缸和一个高压级气缸。干式空气过滤器清洁后的压缩空气首先经过低压级气缸压缩，然后流过冷却器，冷却后进入高压级气缸压缩，再次经过冷却器形成最终压力。压缩空气紧接着进入空气干燥设备 A01.04，抽走压缩空气中的水分。在压缩机组运行过程中，内置于空气干燥器中的控制器以一定的时间间隔在空气干燥设备的两个干燥剂罐之间转换。因此，在一个干燥剂罐进行再生的同时，另一个干燥剂罐将对输入的压缩空气进行干燥。内置的控制器只有在压缩机组运行时才工作。干燥后的压缩空气经精细过滤器 A01.05 净化压缩空气中的油渍，净化后进入总风管，进而通过车钩气路装置（W 组部件）向相邻车辆传输；列车中的每节车均从总风管获取本车所需要的压缩空气。安全阀 A01.03 和 A01.11 用于保证下游组件不会出现不允许的过压。

空压机启动分为网络控制和硬线控制两种方式，其中网络控制优先，硬线控制后备，如图 5-4 所示。

1）压力传感器压力信号（网络控制）

VCU 根据制动系统压力传感器提供的总风管压力信号对空气压缩机进行控制。当检测到总风压力低于 7.5 bar（750 kPa）（可根据实际情况设定）时，只有一端的 DA（Digital Abroad，数字量输出）模块（=41-303.04）输出高电平，空气压缩机控制继电器（=34-K301）得电，单空压机启动，同时其 13/14 引脚闭合，DE（Digital Enter，数字量输入）模块（=41-303.02）的 E312_13 引脚得电，向 VCU 反馈空压机启动；当主风压力低于 7 bar（700 kPa）时，两端的 DA 模块（=41-303.04）输出高电平，双空压机启动。

2）压力开关状态（硬线控制）

由列车硬线根据压力开关的状态对空气压缩机进行控制。压力控制的内容包括压缩机管理、压力限制、压力调整等内容。压力开关[A01.08]（设定值为 7 ~ 9 bar，即 700 ~ 900 kPa）为硬线后备控制压缩机启动，当主风管压力低于 7 bar（700 kPa）时，压力开关动作，两单元的空气压缩机继电器（=34-K301）得电，使两台空压机同时启动，为全列车供风，两单元的 DE 模块（=41-303.02）的 E312_13 引脚得电，向 VCU 反馈空压机启动；压力开关[A01.09]（设定值为 5.5 ~ 7 bar，即 550 ~ 700 kPa）为硬线触发紧急制动，当列车总风压力低于 5.5 bar（550 kPa），压力开关动作，紧急制动列车线失电，列车实施紧急制动，当总风压力高于 7 bar（700 kPa）时紧急制动恢复。

2. 制动控制装置（B 组）

目前国内城轨车辆主要有两种制动控制方式：一种是以每辆车为单位设置单个制动控制单元，每个制动控制单元直接连接 MVB 车辆总线，各车直接接收列车的制动指令，通常称为车控，如图 5-5 所示；另一种是以每个转向架为单位设置制动控制单元，通常称为架控，如图 5-6 所示。

国内新型城轨车辆更多采用半分散式制动控制，即集中供风、分散式制动的架控方式。EP2002 制动系统将制动控制盒电子设备以及常用制动气动阀、紧急制动阀和车轮防滑装置等多个模块集成到智能阀和网关阀，并通过 CAN 总线连接在一起构成 EP2002 制动控制系统。

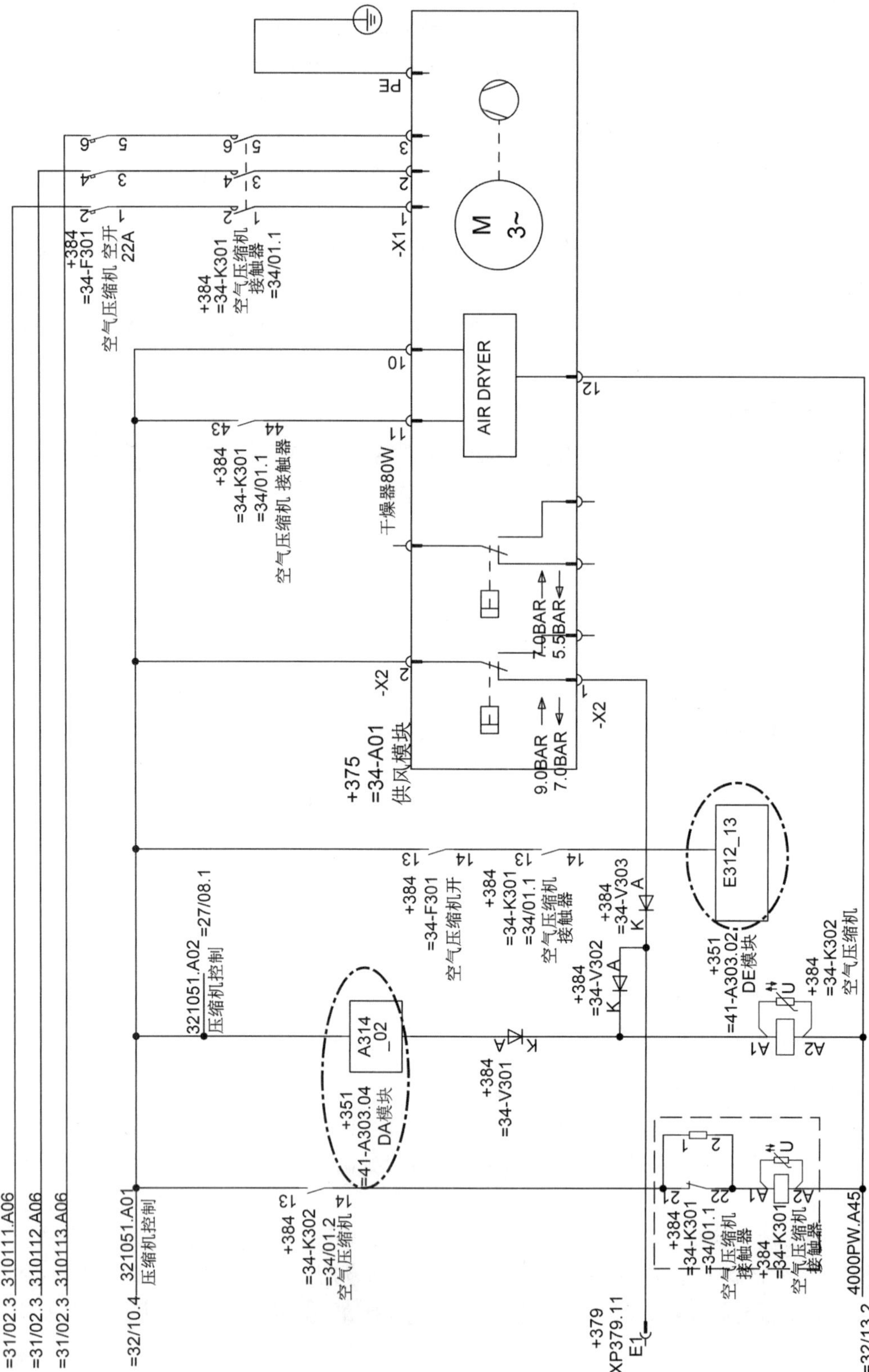

图 5-4　空压机控制原理图

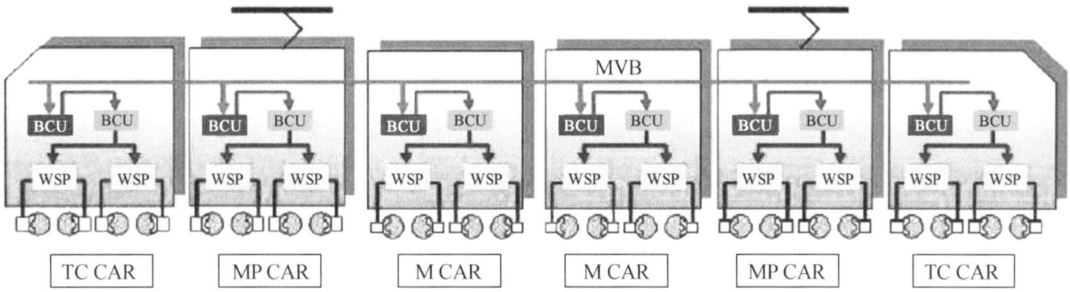

BCU—Brake Control Unit（制动控制单元）；WSP—Wheel Slide Prootection（车轮防滑保护装置）。

图 5-5　车控结构图

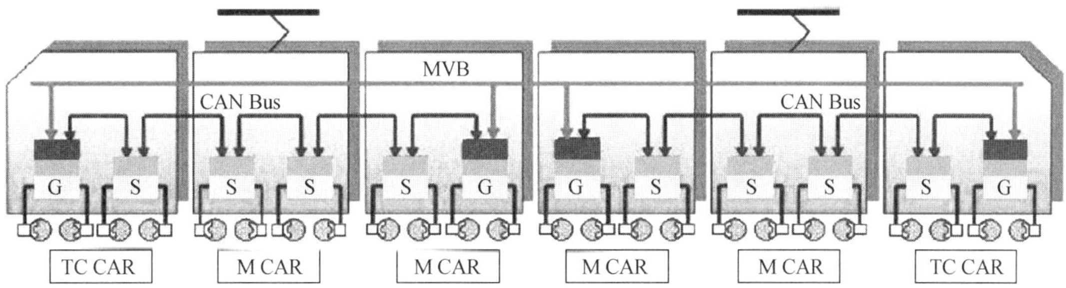

G—网关阀；S—智能阀。

图 5-6　架控结构图

1）空气制动微机控制单元

空气制动微机控制单元采用 EP2002 系统。通过使用 EP2002 的两个核心产品——网关阀和智能阀来实现分布式制动控制的网络，如图 5-7 所示。拖车 TC 及动车 M 各有一个网关阀和一个智能阀，而动车 MP 则有两个智能阀。每个阀都安装在靠近车体边梁转向架附近（每个转向架一个阀）。智能阀提供其控制转向架的常用制动、紧急制动和车轮防滑保护。网关阀除了提供智能阀所具有的功能外，还提供制动管理功能以及与列车控制系统的接口功能。

（a）智能阀

（b）网关阀

图 5-7　EP2002 阀外形图

一般选择列车主车辆控制单元（VCU）负责列车的制动管理。列车通过司控器手柄向车辆控制单元发出牵引和制动指令，或者通过地面系统发送 ATO/ATC 指令。如图 5-8 所示，制动力指令由列车总线传递至 VCU 和网关阀。除紧急制动外，主 VCU 根据车辆的载荷计算车辆系统所需的制动力，然后控制列车电制动力和空气制动力的分配。常用制动模式下，电制动和空气制动都处于激活状态，优先采用电制动。

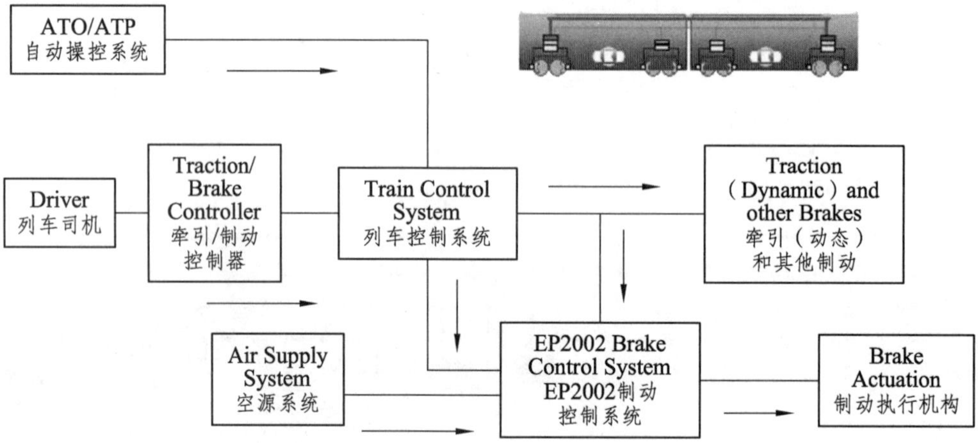

图 5-8　制动控制示意图

2）转向架截断塞门

制动风缸通过空气支路给安装在每个转向架附近的 EP2002 阀供气。为了维护和隔离的目的，可使用安装在客室内座椅下的塞门 B05.01 及 B05.02（见本教材末尾的附图“M 车空气管路原理图”），以转向架为单位来切除风缸到 EP2002 阀的气源，此塞门配有一个监控开关位置的模块，当塞门关闭时向 VCU 反馈，在 HMI 上显示。塞门示意图如图 5-9 所示。

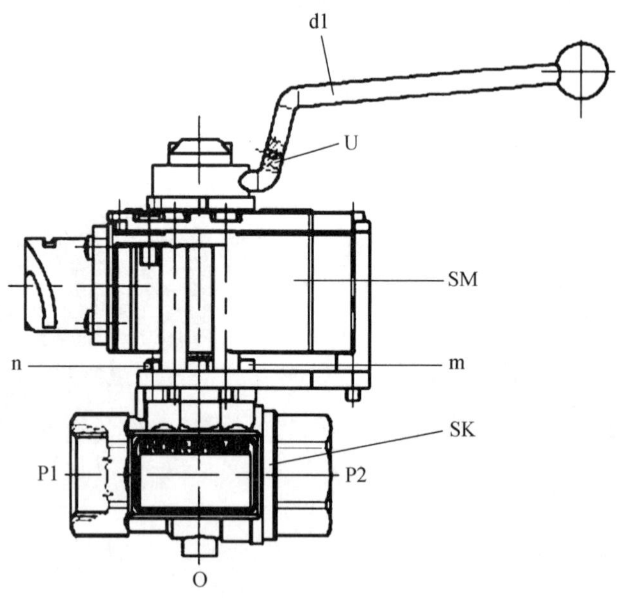

SK—球阀；SM—开关模块；d1—球杆手柄；m—止挡片；O—排风孔；n—止挡销。

图 5-9　转向架截断塞门

3）辅助控制模块（CUBE）

辅助控制模块（CUBE）由过滤器、单向阀、塞门、停放电磁阀、溢流阀等组成，为悬挂系统供风及停放制动控制供风。该部分集合成一个气路板，安装在每辆车一位端制动控制单元旁，起辅助控制作用。辅助控制模块的原理图及外形如图 5-10 所示。

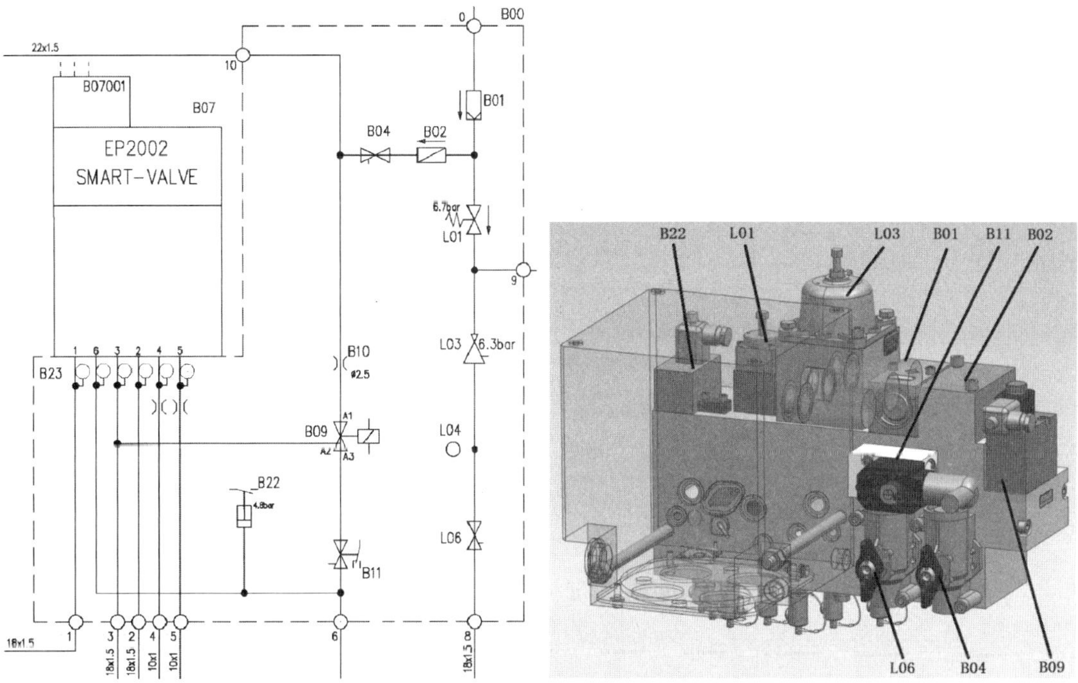

B01—过滤器；B02—单向阀；B04—塞门；B07—EP2002 阀；B09—停放电磁阀；B10—缩堵；B11—两位三通阀；B22—压力开关；L01—限压阀；L03—减压阀；L04—测试接头；L06—塞门。

图 5-10　制动控制模块空气管路原理及外形图

来自总风管的压缩空气通过端口 O 进入辅助控制模块。压缩空气流经过滤器（B01）、单向阀（B02）、塞门（B04）通过端口 10 进入制动风缸（B03）；同时，流经塞门（B04）的空气还流经节流口（B10）进入停放电磁阀（B09）、两位三通阀（B11）进入停放制动缸。压力开关（B22）用于监控停放制动缸压力。

制动风缸（B03）储存的压缩空气可以为制动控制提供快速而安全的压缩空气。制动风缸内的压缩空气由一个管道过滤器（B01）进行处理，并由一个单向阀（B02）来进行保护，从而不受总风缸内空气压力低的影响。塞门（B04）可在维护时用于切除制动系统及停放制动的风源。

3. 基础制动装置（C 组）

基础制动装置是空气制动系统的执行机构。基础制动装置包括作用于每根轴上的带停放制动的踏面制动单元（C03）和不带停放制动的踏面制动单元（C02），如图 5-11 所示。

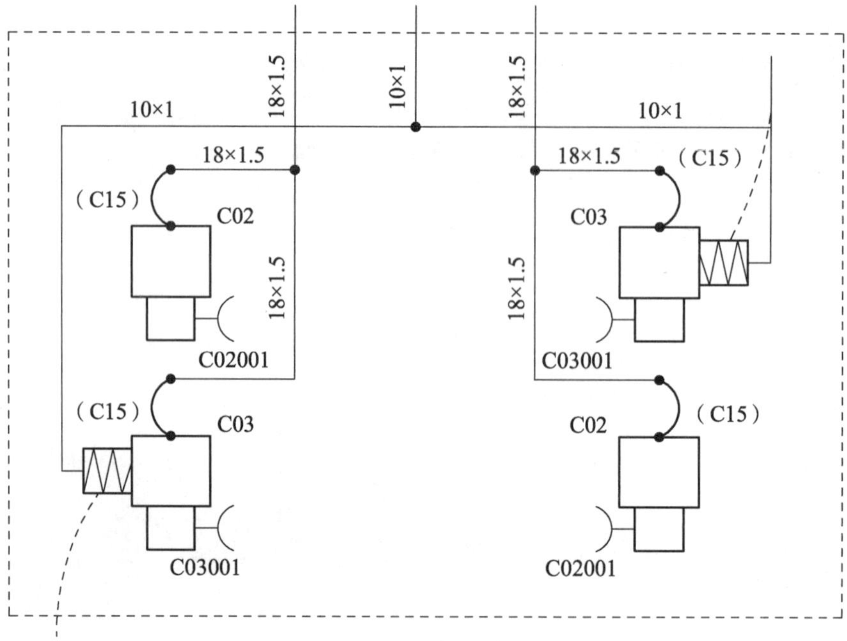

图 5-11　基础制动装置

踏面制动单元（C03）中的弹簧施加部分作为停放制动执行机构，可通过司机控制面板上的“停放制动”按钮进行停放制动的施加或缓解；同时，在转向架侧边装有机械辅助缓解装置，当停放制动不能通过司机控制面板上的“停放制动施加按钮”缓解时，可通过该装置缓解停放制动，辅助缓解装置在第一次充风后自动复位。

4. 车钩操作装置（W 组）

车钩操作装置包括全自动车钩操作装置（见图 5-12）和半自动车钩操作装置（见图 5-13）。其中控制全自动车钩解钩的电磁阀（W06）安装 Tc 车底架牵引梁附近，通过按压司机台上的“解钩”按钮（72-S02）可实现全自动车钩解钩。控制半自动车钩解钩的手动解钩装置（W08）安装在 M 车 2 位端的车体边梁上，通过按压装置上的按钮可实现半自动车钩机械部分断开。

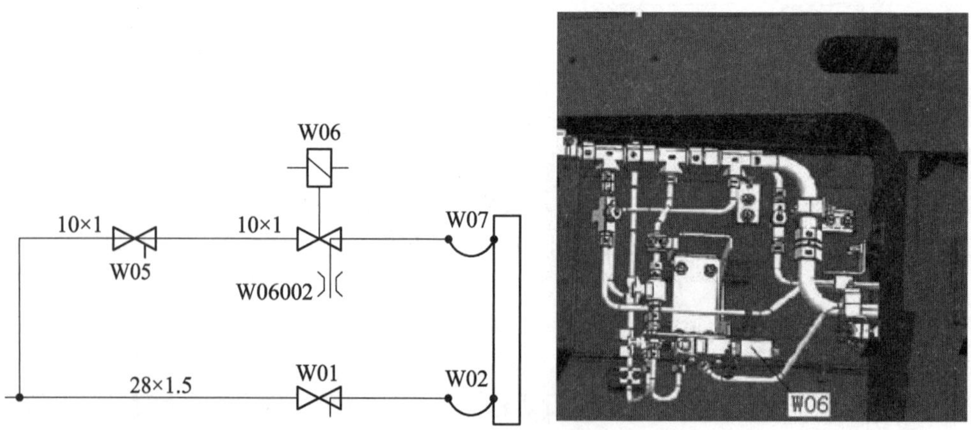

W01、W05—塞门；W02、W07—软管；W06—解钩电磁阀。

图 5-12　全自动车钩操作装置

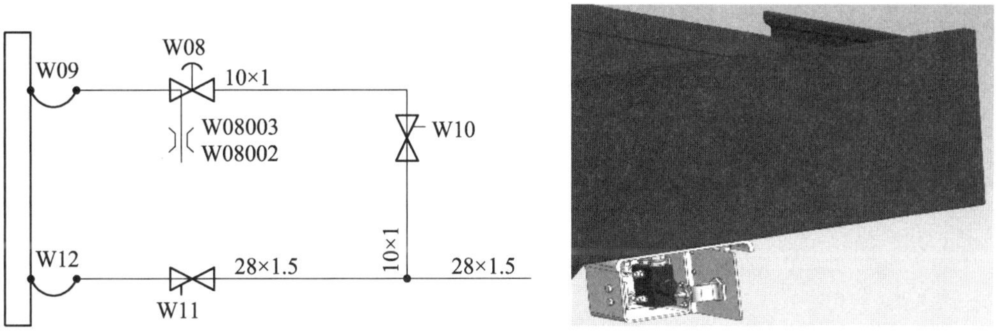

W08—手动解钩阀；W09、W12—软管；W10、W11—塞门

图 5-13　半自动车钩操作装置

5. 升弓装置（U 组）

升弓装置（见图 5-14）安装在 MP 车二位端客室升弓柜内。升弓装置主要由截断塞门（U01），过滤器（U02）、止回阀（U04）、二位三通阀（U09）、电磁阀（U03）、脚踏泵（U05）（见图 5-15）等组成。

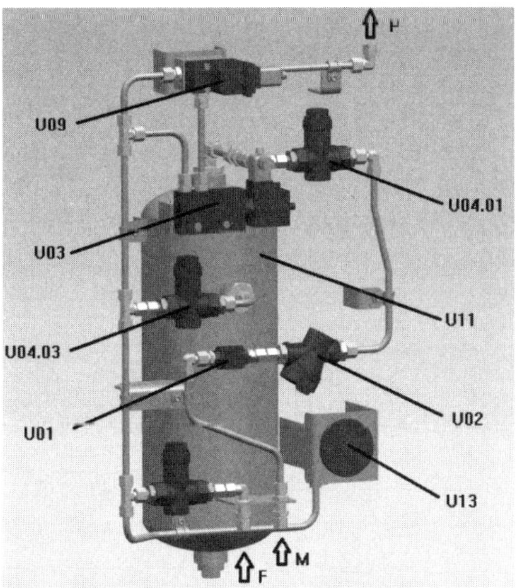

图 5-14　升弓装置示意图

图 5-15　脚踏泵

正常情况下，通过司机室控制面板上的"升弓"按钮或"降弓"按钮实现受电弓的升降。当主风管没有压缩空气供应时，可通过使用脚踏泵（U05）给受电弓供气，但此时需先将二位三通阀（U09）旋转至水平位。

6. 空气悬挂装置（L 组）

如图 5-16 所示，来自主风管的压力空气通过过滤器（B01）、溢流阀（L01）进入空气弹簧附加风缸（L02）。从风缸 L02 出来的压缩空气经调压阀 L03 调整为 6.3 bar（630 kPa）（根据调压阀状态设定）后通过塞门 L06，再分两支通向两转向架的高度阀。高度阀根据车辆载荷变化情况控制气囊的充气或排气。

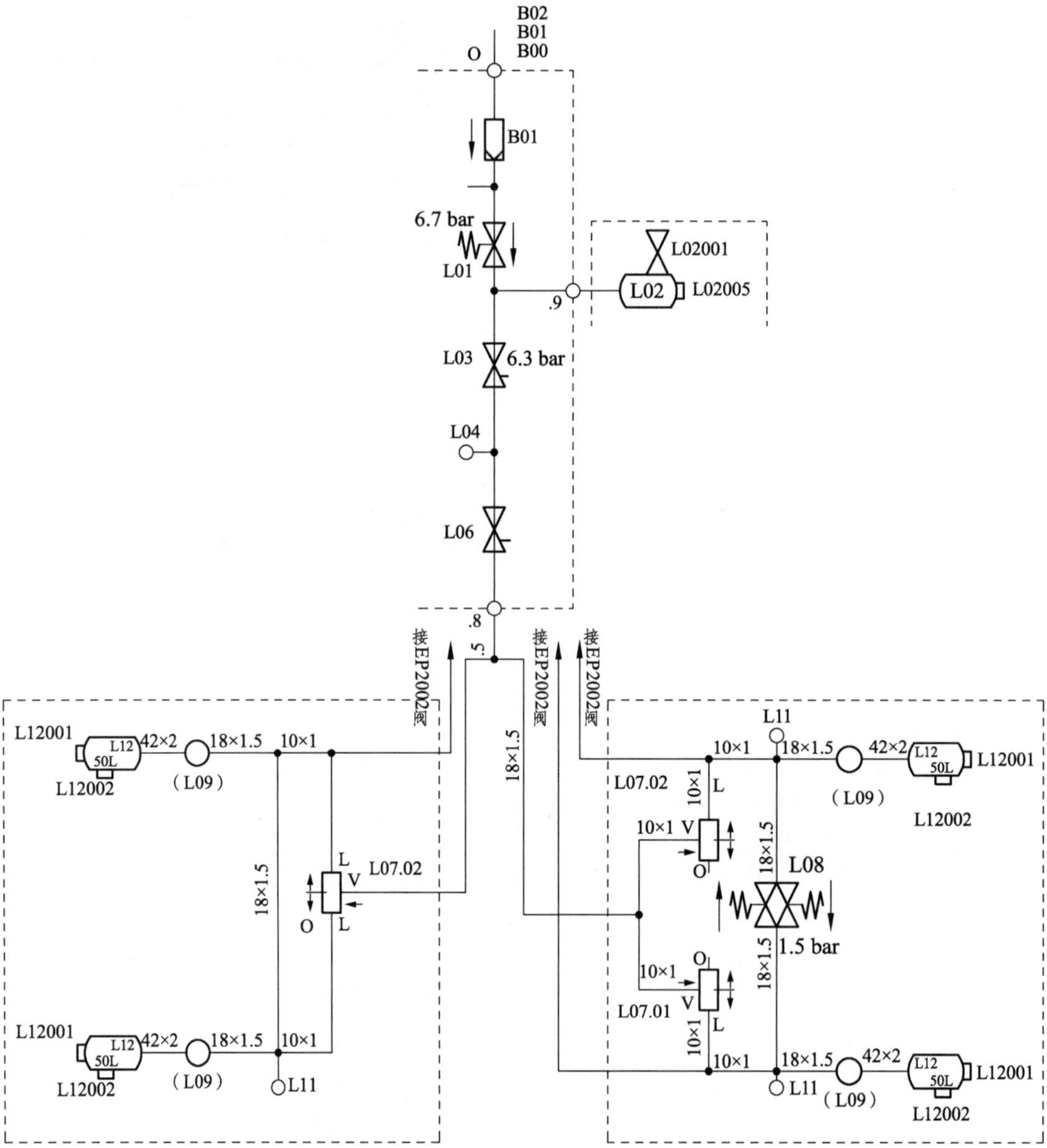

图 5-16　空气悬挂系统原理图

每个转向架装备两个空气弹簧附加气室。一个转向架由两个高度阀控制，另一个则由一个高度阀控制。为防止冲破附加气室，安装两个高度阀的转向架通过内部连接的溢流阀（L08）使压力空气平衡在事先设定的压力范围内（1.5 bar，即 150 kPa）。另安装一个高度阀转向架的两个附加气室通过钢管进行内部连接。

每个附加气室的压力都由 EP2002 阀进行监测，相应的载荷压力可以通过安装在 EP2002 阀上的压力检测接口进行测量，并为空气制动系统提供载荷信号。

7. 防滑装置（G 组）

假如列车在制动时发生滑动，车轮防滑控制可以独立地控制各个车轴的制动力。系统中应用了两种滑动检测方法以检测持续的低黏着力的情况。

例如：① 单一车轴减速度过大；② 车轴与车轴最高转速之间出现速度差异。一旦检测到这两种中的任意一种滑动，控制系统都会以规律的间隔进行地面速度测试，以更新计算出实际列车速度，这样可以在低黏着力条件下最大限度地提高制动力，同时保证不发生车轮损坏。一旦防滑控制装置确定黏着条件已恢复正常时，系统将恢复其初始状态。

8. 轮缘润滑装置（V 组）

为减少轮缘磨损，车辆上安装轮缘润滑装置。轮缘润滑装置由总风管中的压缩空气操作，当速度高于 5 km/h，间隔一段时间或者检测到弯道信号时，润滑控制系统发出信号，使润滑油连续喷到轮缘的磨耗处，间隔时间和喷射时间可以自行调节。

三、空气制动控制系统电路控制原理分析

三维动画：城轨车辆空气制动缓解　　　　三维动画：城轨车辆空气制动施加

国内城轨车辆普遍采用 EP2002 阀来形成分散式制动控制网络，并采用硬件和软件相组合的方式对制动给予控制和监视，可以发现和检测潜在的危险故障。列车缓解制动时，每个阀通过内部传感器检测、判断缓解与否，并发出信号，EP2002 阀发出的信号有软件和硬线缓解信号两种。若判断缓解则使缓解继电器吸合，然后通过车辆智能外围接口终端模块（数字量输入/输出模块）将此硬线缓解信号输送至 VCU，缓解信号又可通过网关阀集成的 MVB 网络接口将所有阀发出的软件缓解信号传输至 VCU。VCU 对所有 EP2002 阀发出的软件和硬线缓解信号进行比较，只有当两者同时缓解时，才可判断整车制动缓解。空气制动的施加与缓解通过向制动缸中充气施加压力、排气缓解压力实现。EP2002 阀中的压力传感器检测压力的大小，从而判别是否施加或缓解，用于向控制和监视系统传递制动情况。

（一）常用制动施加与缓解控制原理分析

1. 常用制动的施加与缓解

（1）条件：列车激活、司机台占有。

（2）目标：常用制动指令列车线失电（制动施加）；常用制动指令列车线得电（制动缓解）。

（3）操作设备：司机控制器主控手柄。

（4）操作方法：将主控手柄由“0”位移向“制动”区（制动施加）；将主控手柄由“制动”区移向“0”位（制动缓解）。

2. 常用制动控制电路分析

常用制动控制电路如图 5-17 所示，对该电路分析的具体步骤如下：

1）步骤一：寻找电路中的正、负极

（1）图 5-17 中的电路正极：列车线 2301G、列车线 415B。

（2）图 5-17 中的电路负极：列车线 100T2A。

二维动画：常用制动电路图分析

2）步骤二：功能分析

（1）常用制动施加具体操作：司机控制器主控手柄“.23-MC”：S21、S22 移向“B”区域。

（2）常用制动施加后电路中的表现：Mp1、M1、Mp2、M2 车辆上的牵引逆变器获取常用制动施加信号，各网关阀获取常用制动施加信号，数字量输入模块获取常用制动施加信号。

（3）常用制动缓解具体操作：司机控制器主控手柄“.23-MC”：S21、S22 移向“0”位。

（4）常用制动缓解后电路中的表现：各牵引逆变器获取常用制动缓解信号，各网关阀获取常用制动缓解信号，数字量输入模块获取常用制动缓解信号。

3）步骤三：电路分析

常用制动在城轨车辆正常运行状态使用，由司机将司控器手柄置于制动位或由 ATC 施加。通过观察电路图发现就是分析通过操作司控器主控手柄触发或 ATC 系统自动触发，使得常用制动列车线失电/得电从而向牵引逆变器、网关阀传递相关常用制动指令。本次所用电路图（见图 5-17）为 6 编组列车，图中显示了 4 辆车的电路分布情况，由于 Tc1 车与 Tc2 车电路设置完全一致，原理相同，故分析过程中按照操作端将两个单元分别命名为占有端与非占有端。

（1）常用制动施加：

列车激活，司机台占有，司机控制器主控手柄移至“B”区域，电流经列车线 2301G→“.23-MC-S21”“.23-MC-S22”的常闭触点“3-4”（主控手柄移至制动区域时断开）→列车线转为低电平→数字量输入模块、TC1 车、M1 车、M2 车、Tc2 车上的网关阀“.24-GV”，Mp1 车、M1 车、Mp2 车、M2 车上的牵引逆变器“.14-VVVF”获取“制动指令”施加信号。

（2）常用制动缓解：

列车激活，司机台占有，司机控制器主控手柄移至“0”位，电流经列车线 2301G→“.23-MC-S21”“.23-MC-S22”的常闭触点“3-4”（主控手柄未移至制动区域时保持闭合状态）→列车线保持高电平→数字量输入模块、TC1 车、M1 车、M2 车、Tc2 车上的网关阀“.24-GV”，Mp1 车、M1 车、Mp2 车、M2 车上的牵引逆变器“.14-VVVF”获取“制动缓解”信号。

（3）拖车模式：

电流经列车线 415B→回送开关“.22-SKDE”的常开触点“33-34”（置于“合”位时闭合）→Tc1 车、M1 车、M2 车、Tc2 车上各网关阀“.24-GV”获取“拖车模式”指令。

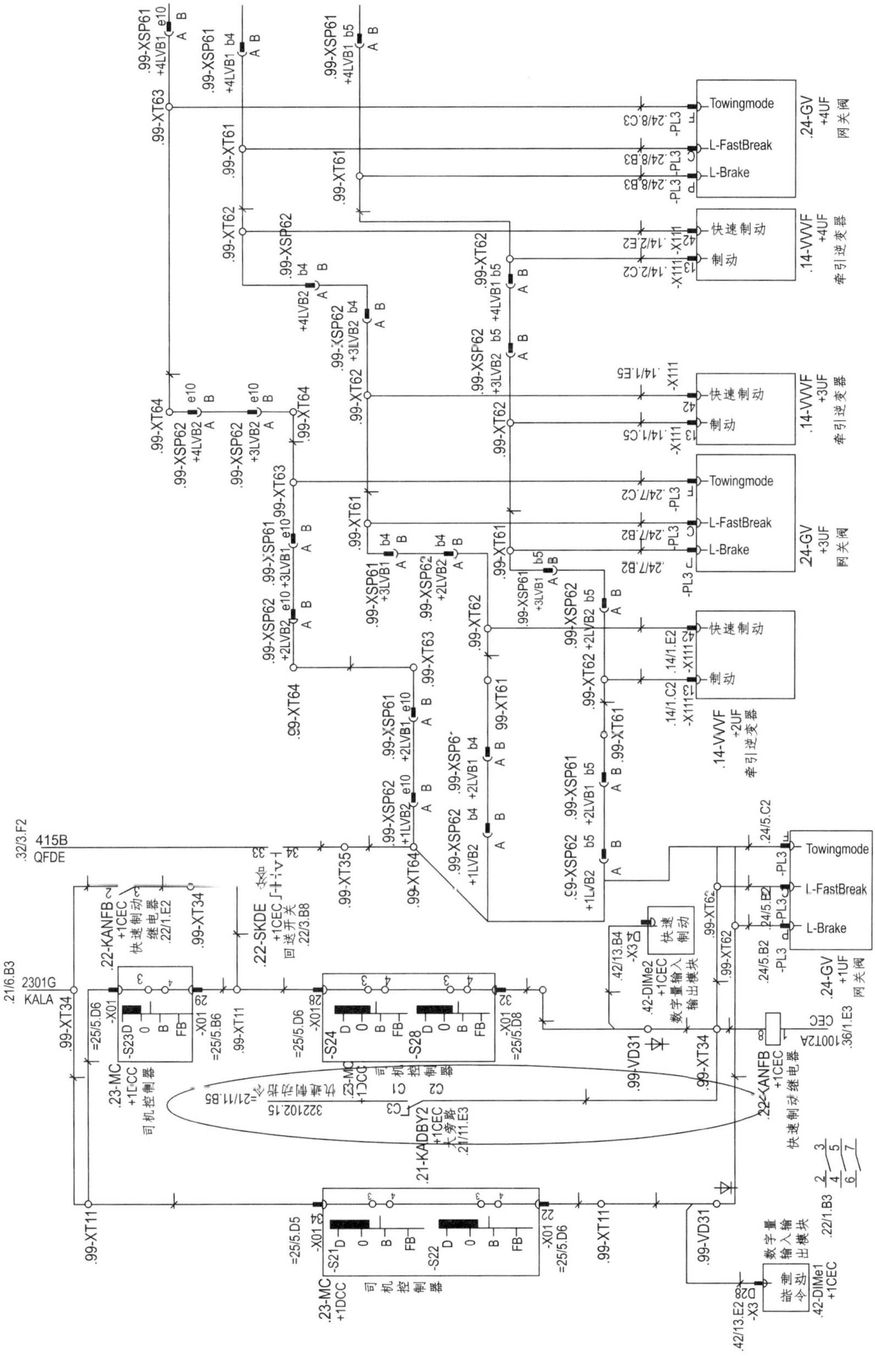

图 5-17 常用制动、快速制动控制电路

（二）快速制动施加与缓解控制原理分析

1. 快速制动的施加与缓解

（1）条件：列车激活、司机台占有。

（2）目标：快速制动指令列车线失电（制动施加）；快速制动指令列车线得电（制动缓解）。

（3）操作设备：司机控制器主控手柄。

（4）操作方法：将主控手柄由“0”位移向“快速制动”区。

2. 快速制动控制电路分析

常用制动控制电路如图 5-17 所示，对该电路分析的具体步骤如下：

二维动画：快速制动控制电路图分析

1）步骤一：寻找电路中的正、负极

（1）图 5-17 中的电路正极：列车线 2301G、列车线 415B。

（2）图 5-17 中的电路负极：列车线 100T2A。

2）步骤二：功能分析

（1）快速制动施加具体操作：司机控制器主控手柄“.23-MC”：S24、S28 移向“FB”区域。

（2）快速制动施加后电路中的表现：各牵引逆变器获取快速制动施加信号，各网关阀获取快速制动施加信号，数字量输入模块获取快速制动施加信号。

（3）快速制动缓解具体操作：司机控制器主控手柄“.23-MC”：S24、S28 移向“0”位。

（4）快速制动缓解后电路中的表现：各牵引逆变器获取快速制动缓解信号，各网关阀获取快速制动缓解信号，数字量输入模块获取快速制动缓解信号。

3）步骤三：电路分析

当司控器位于快速制动位时，列车施加快速制动。通过观察电路图（见图 5-17）发现就是分析通过操作司控器主控手柄触发或由 ATC 系统自动触发，使得列车线失电/得电从而向牵引逆变器、网关阀传递相关快速制动指令。本次所用电路图（见图 5-17）为 6 编组列车，图中显示了 4 辆车的电路分布情况，由于 Tc1 车与 Tc2 车电路设置完全一致，原理相同，故分析过程中按照操作端将两个单元分别命名为占有端与非占有端。

（1）快制动施加：

列车激活，司机台占有，司机控制器主控手柄移至“FB”区域，电流经列车线 2301G→快速制动继电器“.22-KANFB”的常开触点“2-3”（快速列车线保持高电平时继电器得电保持闭合状态）→司机控制器“.23-MC-S24”“.23-MC-S28”的常闭触点“3-4”（主控手柄移至快速制动区域时断开）→列车线转为低电平→快速制动继电器失电，数字量输入模块、TC1 车、M1 车、M2 车、Tc2 车上的网关阀“.24-GV”，Mp1 车、M1 车、Mp2 车、M2 车上的牵引逆变器“.14-VVVF”获取“快速制动施加”信号。

（2）快速制动缓解：

列车激活，司机台占有，司机控制器主控手柄移至“0”位，电流经列车线 2301G→司机控制器“.23-MC-S23”（主控手柄未移至制动区域时保持闭合状态）→司机控制器“.23-MC-S24”

“.23-MC-S28”的常闭触点“3-4”（主控手柄未移至快速制动区域时保持闭合状态）→列车线保持高电平→快速制动继电器得电，数字量输入模块、TC1 车、M1 车、M2 车、Tc2 车上的网关阀“.24-GV”，Mp1 车、M1 车、Mp2 车、M2 车上的牵引逆变器“.14-VVVF”获取“快速制动缓解”信号。

（三）紧急制动安全回路控制原理分析

二维动画：制动安全回路电路图分析

紧急制动安全回路控制电路如图 5-18 所示，对该电路分析的具体步骤如下：

1. 步骤一：寻找电路中的正、负极

（1）图 5-18 中的电路正极：列车线 402T。

（2）图 5-18 中的电路负极：列车线 100E4A、列车线 100E4。

2. 步骤二：功能分析

（1）安全回路的意义：作为紧急制动控制电路的前置控制电路，列车通过满足一些设定条件，使得两个继电器的得电，一旦该电路断开继电器失电，列车将会触发紧急制动。

（2）安全回路的电路表现：紧急制动安全 1 继电器“.22-KAEBS1”、紧急制动安全 2 继电器“.22-KAEBS2”需满足条件才能得电。

（3）制动安全回路涉及电路联锁及旁路开关。针对制动安全回路，表 5-1 列出了电路联锁及旁路开关。

表 5-1　电路联锁及旁路开关

序号	电路联锁	联锁触点	旁路开关
1	司机台占有	主控继电器“.21-KALA1”	—
2	司控器方向	司控器方向手柄“.23-MC-S11”	—
3	警惕按钮	警惕延时继电器“.22-KTDM”	警惕旁路“.22-SKDMP”
4	总风压力	总风压力低继电器“.22-KAMRP”	总风压力低旁路“.22-SKMPB”
5	VCU 控制	数字量输入输出模块（VCU 紧急制动）	紧急牵引“.21-SAEP”
6	紧急牵引超速	紧急牵引超速继电器“.22-KAE0V”	
7	零速	零速继电器“.22-KAZV1”	零速旁路“.81-SKZVB”

3. 步骤三：电路分析

1）建立有效制动安全回路

电流经列车线 402T→主控继电器“.21-KALA1”的常开触点“6-7”（司机台占有时闭合）→司机控制器“.23-MC-S11”的常闭触点“1-2”（司机控制器方向手柄指定方向时闭合）/自动折返继电器“.41-KAAR1”的常开触点“C1-C2”（自动折返模式下闭合）→警惕延时继电器“.22-KTDM”的常开触点“b1-c1”（警惕回路建立后得电闭合）→总风压力低继电器“.22-KAMRP”

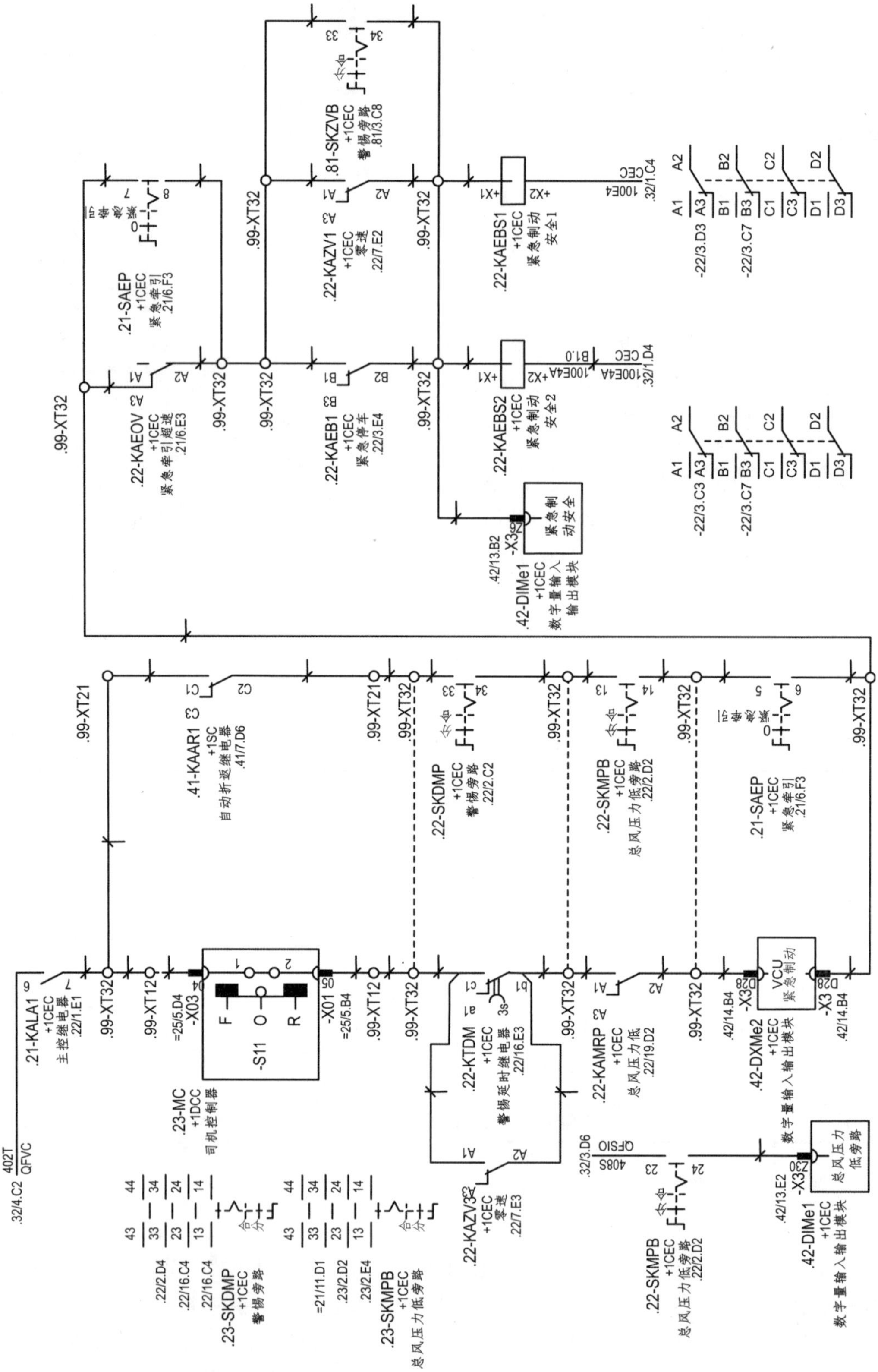

图 5-18 制动安全回路电路

的常开触点“A1-A2”（列车总风压力值高于 550 MPa 时得电闭合）→数字量输入输出模块（VCU 未触发紧急制动信号时输出高电平信号）→紧急牵引未超速继电器“.22-KAEOV”的常闭触点“A1-A2”（紧急牵引未超速时失电维持常闭状态）→零速继电器“.22-KAZV1”的常开触点“A1-A2”（列车静止时得电闭合）→数字量输入输出模块获取“紧急制动安全”信号，紧急制动安全 1 继电器“.22-KAEBS1”、紧急制动安全 2 继电器“.22-KAEBS2”持续得电，建立有效制动安全回路。

2）制动安全回路的旁路操作

由于制动安全回路一旦断开，列车将触发紧急制动指令且无法动车，此时为了维持列车运行到前方车站，可操作相应的旁路开关，短接电路缓解紧急制动信号。

（1）警惕旁路“.22-SKDMP”与警惕延时继电器“.22-KTDM”的常开触点“b1-c1”支路为并联关系，闭合该旁路开关时可替代“警惕回路建立好信号”导通电流。

（2）总风压力低旁路“.22-SKMPB”与总风压力低继电器“.22-KAMRP”的常开触点“A1-A2”支路为并联关系，闭合该旁路开关时可实现在列车总风压力值低于 550MPa 时导通电流。

（3）紧急牵引开关“.21-SAEP”与紧急牵引未超速继电器“.22-KAEOV”的常闭触点“A1-A2”支路为并联关系，闭合该旁路开关时可实现在“紧急牵引超速”时导通电流。

（4）零速旁路开关“.81-SKZVB”与零速继电器“.22-KAZV1”的常开触点“A1-A2”支路为并联关系，闭合该旁路开关时可实现在接收不到列车零速信号时导通电流。

注意，警惕、总风压力低、零速等系统监控电路出现故障时，必须在确认其工作状态正常的前提下，才能操作对应旁路开关，否则容易引起行车安全事故。

（四）空气制动检测

城轨车辆制动系统包括电制动和气制动，列车在低速停车时就会施加气制动，为了防止列车牵引时气制动未缓解而对轮对造成危害，必须对列车气制动状态进行实时检测。

1. 单节车空气制动检测电路分析

单节车空气制动检测电路如图 5-19 所示，对该电路分析的具体步骤如下：

二维动画：单节车空气制动监视电路图分析

1）步骤一：寻找电路中的正、负极

（1）图 5-19 中的电路正极：

Tc1 车：列车线 404A、405E、405F。

Mp1 车：列车线 404A、405A。

M1 车：列车线 404A、405A。

M2 车：列车线 404A、405A。

（2）图 5-19 中的电路负极：列车线 100E5A、列车线 100E5B、列车线 100E5。

2）步骤二：功能分析

（1）单节车空气制动检测条件：城轨车辆的走行系统由两个转向架构成，在每节车的辅助空气制动单元中，安装了两个压力检测开关，用于检测每个转向架的制动缸压力。

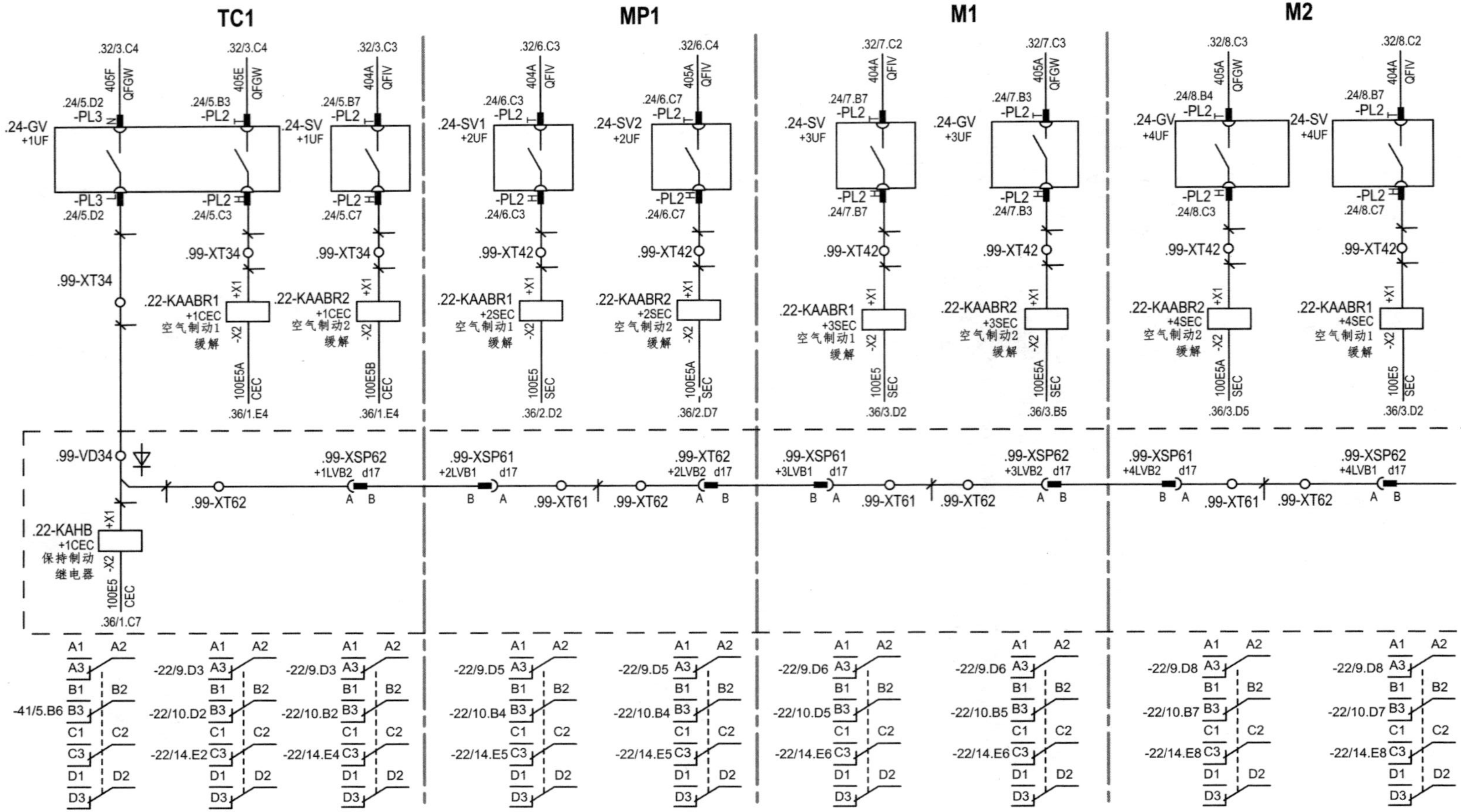

图 5-19　单节车空气制动检测电路

（2）单节车空气制动检测过程中电路表现：当空气制动施加时若压力大于 0.4 bar（40 kPa），检测到已施加，则保持制动继电器“.22-KAHB”得电；当空气制动缓解时若压力小于 0.25 bar（25 kPa），检测到已缓解，对应缓解继电器得电。

3）步骤三：电路分析

（1）空气制动施加信号检测：电流经 Tc1 车列车线 405F→Tc1 车网关阀“.24-GV-PL3”（制动缸压力值>0.4Bar 时闭合发出电信号）→Tc1 车、Tc2 车保持制动继电器“.22-KAHB”均得电，列车空气制动施加。

（2）空气制动缓解信号检测：Tc1 车、Mp1 车、M1 车、M2 车、Mp2 车、Tc2 车上各自转向架上对应的网关阀或智能阀实时检测制动缸压力值，当检测到压力值<0.25 bar（25 kPa）时，其对应的空气制动缓解继电器“.22-KAABR1”和“.22-KAABR2”得电。

2. 全列车空气制动缓解检测电路分析

全列车空气制动缓解检测电路如图 5-20 所示，对该电路分析的具体步骤如下：

二维动画：全列车空气制动缓解监视电路图分析

1）步骤一：寻找电路中的正、负极

图 5-20 中的电路正极：列车线 402R、列车线 408G。

图 5-20 中的电路负极：列车线 100E2B。

2）步骤二：功能分析

（1）全列车空气制动缓解检测条件：以单节车空气制动缓解信号为基础，6 节车的空气制动 1 缓解继电器与空气制动 2 缓解继电器对应的常开触点“A1-A2”闭合。

（2）全列车空气制动缓解检测过程中的电路表现：两端司机台上的所有制动缓解指示灯“.22-HLBAL”均点亮，Mp1 车、M1 车、M2 车、Mp2 车上的 4 台牵引逆变器获得“所有制动缓解”信号。

3）步骤三：电路分析

本控制电路（见图 5-20）主要实现获得一个全列车空气制动缓解总信号的功能，通过观察电路发现，全列车空气制动缓解的总信号以单节车空气制动缓解信号为基础，最终两端司机台上的所有制动缓解指示灯均点亮，同时 Mp1 车、M1 车、M2 车、Mp2 车上的 4 台牵引逆变器获得“所有制动缓解”信号。本次所用电路图（见图 5-20）为 6 编组列车，图中显示了 4 辆车的电路分布情况，其中 Tc1 车与 Tc2 车电路设置完全一致，原理相同。

假设 Tc1 车为占有端，电流经列车线 402R→Tc1 车主控继电器“.21-KALA4”的常开触点“6-7”（司机台占有时得电闭合）→Tc1 车所有停放缓解继电器“.22-KAAPBR”的常开触点“A1-A2”（列车所有停放制动缓解时得电闭合）→列车 12 个转向架均获得空气制动缓解信号，对应 12 个空气制动缓解继电器“.22-KAABR1”“.22-KAABR2”得电，其常开触点“A1-A2”闭合→Tc2 车所有停放缓解继电器“.22-KAAPBR”的常开触点“A1-A2”（列车所有停放制动缓解时得电闭合）→Tc2 车从控继电器“.21-KAOA3”常开触点“2-3”（司机台不占有时得电闭合）→数字量输入输出模块获取“所有制动缓解”信号，动车上的 4 台牵引逆变器“.14-VVVF”获取“所有制动缓解”信号；电流经列车线 2574B→点亮 Tc1 车、Tc2 车司机台上的所有制动缓解绿色指示灯“.22-HLBAL”。

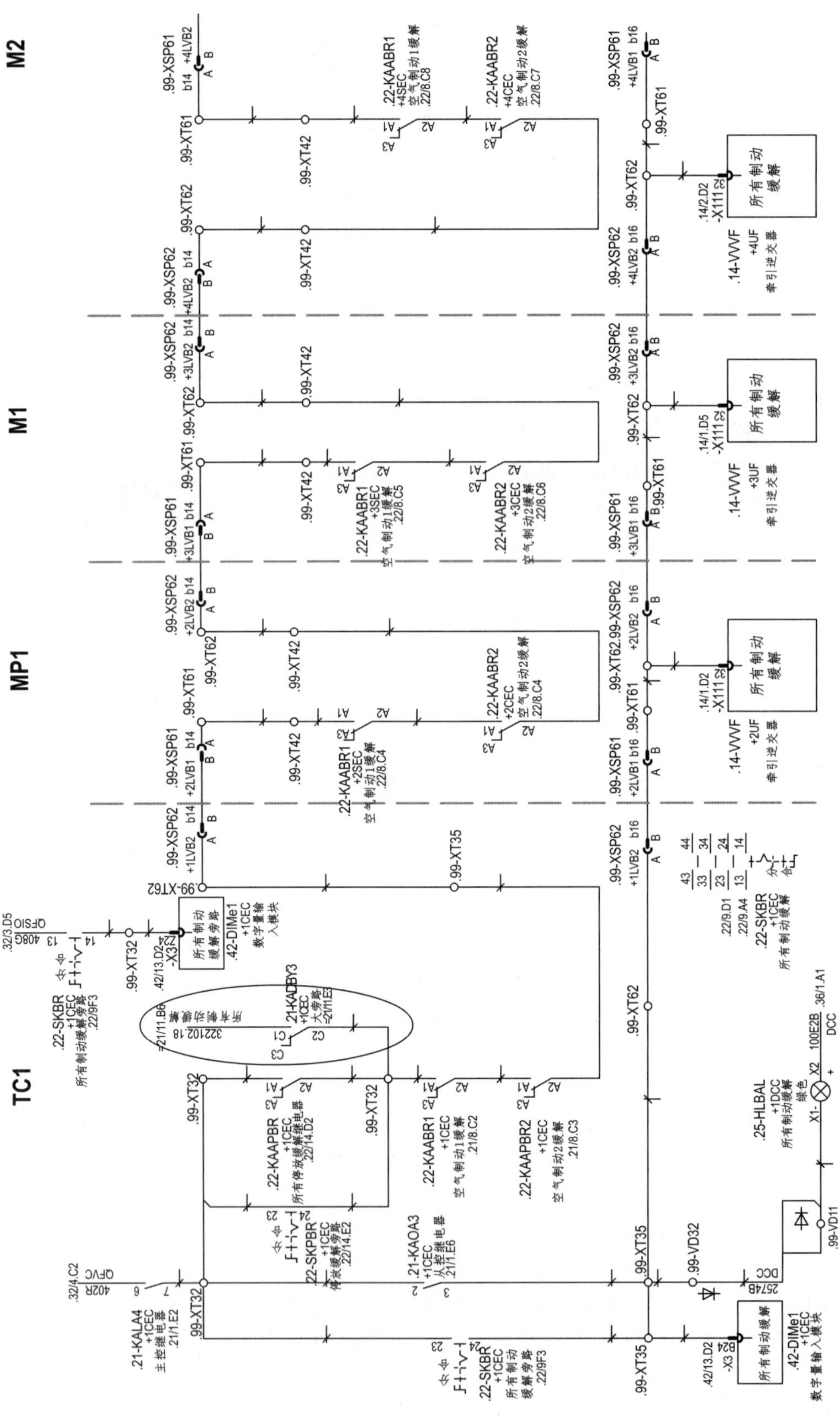

图 5-20 全列车空气制动缓解检测电路

3. 全列车空气制动施加检测电路分析

全列车空气制动施加检测电路如图 5-21 所示，对该电路分析的具体步骤如下：

二维动画：全列车空气制动施加监视电路图分析

1）步骤一：寻找电路中的正、负极

（1）图 5-21 中的电路正极：列车线 402Q。

（2）图 5-21 中的电路负极：列车线 100E2A。

2）步骤二：功能分析

（1）全列车空气制动施加检测条件：以单节车空气制动施加信号为基础，6 节车的空气制动 1 缓解继电器与空气制动 2 缓解继电器对应的常闭触点“B2-B3”不动作。

（2）全列车空气制动施加检测过程中的电路表现：两端司机台上的所有制动施加指示灯“.22-HLBRL”均点亮。

3）步骤三：电路分析

本控制电路（见图 5-21）主要实现获得一个全列车空气制动施加总信号的功能，通过观察电路发现，全列车空气制动施加的总信号以单节车空气制动施加信号为基础，最终两端司机台上的所有制动施加指示灯均点亮。本次所用电路图（见图 5-21）为 6 编组列车，图中显示了 4 辆车的电路分布情况，其中 Tc1 车与 Tc2 车电路设置完全一致，原理相同。

假设 Tc1 车为占有端，电流经列车线 402R→Tc1 车主控继电器“.21-KALA5”的常开触点“2-3”（司机台占有时得电闭合）→列车 12 个转向架均未获得空气制动缓解信号，对应 12 个空气制动缓解继电器“.22-KAABR1”和“.22-KAABR2”不得电，其常闭触点“B1-B2”维持闭合状态→Tc2 车从控继电器“.21-KAOA3”的常开触点“6-7”（司机台不占有时得电闭合）→电流经列车线 2563→点亮 Tc1 车、Tc2 车司机台上的空气制动施加红色指示灯“.22-HLBRL”。

如果单个架空气制动缓解故障，导致整车制动无法缓解，可以通过切除 B05 实现对应单个转向架空气制动缓解，电路图中转向架切除塞门常开触点在 B05 手动切除时闭合，该触点与空气制动缓解继电器的常闭触点并联，主要保证在出现 B05 切除后，在列车空气制动施加时，仍然能导通空气制动施加回路，点亮空气制动施加指示灯。

四、停放制动控制系统电路控制原理分析

三维动画：城轨车辆停放制动缓解　　三维动画：城轨车辆停放制动施加

列车停放制动是列车在库内停放或线上临时停放时，为了防止列车由于非正常原因产生滑动而施加的一种机械制动。停放制动采用弹簧制动方式，停放制动气缸充气时停放制动缓解，停放制动气缸排气时停放制动施加。只有在所有车辆停放制动全部缓解后，列车才能进行牵引。列车通过监测停放制动气缸压力值来监测停车制动的状态。

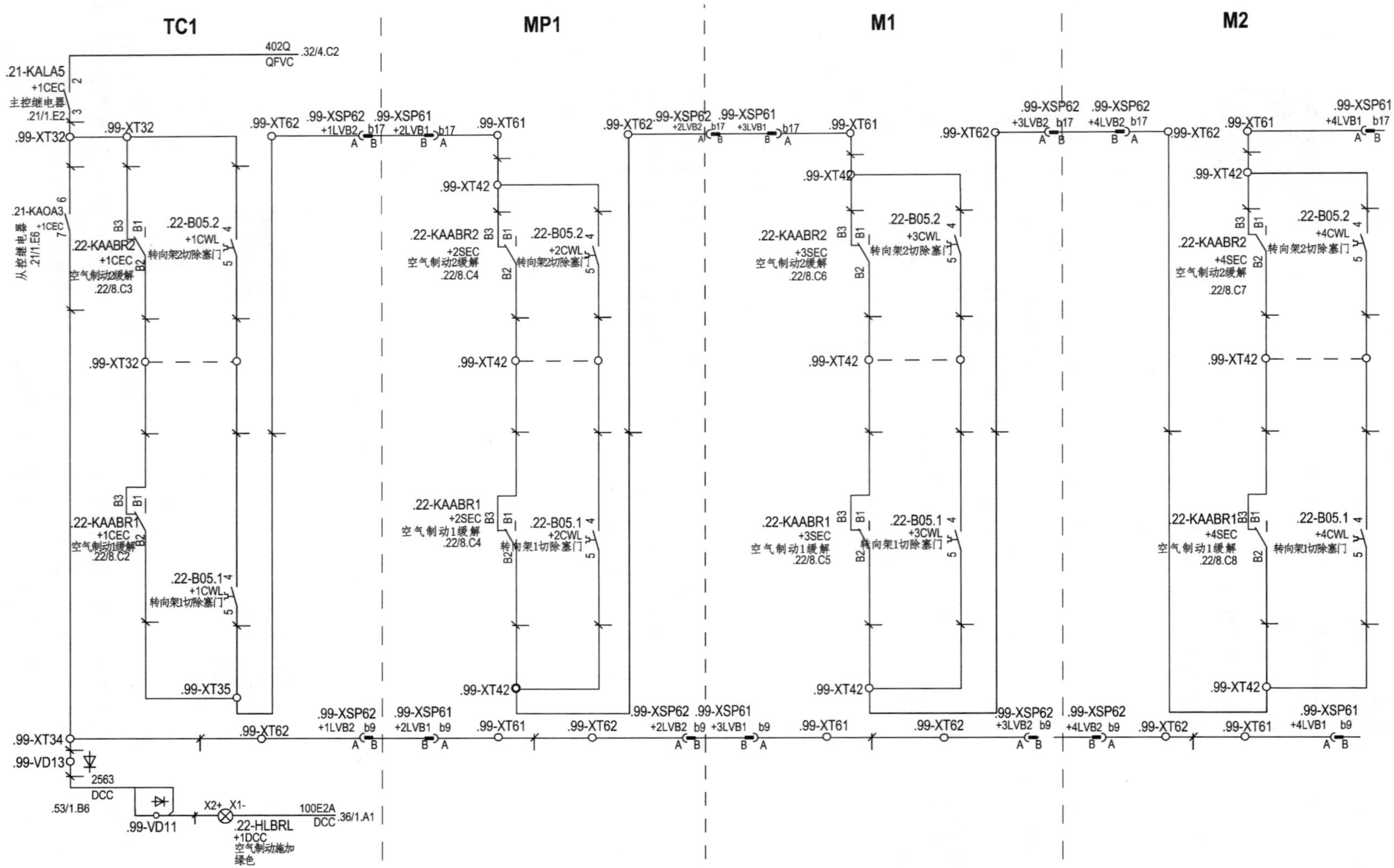

图 5-21　全列车空气制动施加检测电路

（一）停放制动施加与缓解控制原理分析

1. 停放制动的施加与缓解

（1）条件：列车激活、司机台占有。

（2）目标：停放制动电磁阀“B09A”得电（停放制动施加）；停放制动电磁阀“B09R”得电（停放制动缓解）。

（3）操作设备：停放制动施加按钮“.22-SBPBA”；停放制动缓解按钮“.22-SBPBR”。

（4）操作方法：按下停放制动施加按钮“.22-SBPBA”（停放制动施加）；按下停放制动缓解按钮“.22-SBPBR”（停放制动缓解）。

2. 停放制动控制电路分析

停放制动控制电路如图 5-22 所示，对该电路分析的具体步骤如下：

1）步骤一：寻找电路中的正、负极

（1）图 5-22 中的电路正极：列车线 403F。

（2）图 5-22 中的电路负极：列车线 100E6、列车线 100E7。

二维动画：停车制动控制电路图分析

2）步骤二：功能分析

（1）停放制动施加具体操作：按下停放制动施加按钮“.22-SBPBA”，其常开触点“13-14”闭合。

（2）停放制动施加后电路中的表现：Tc1、Mp1、M1、M2、Mp2、Tc2 车辆上的停放制动控制装置“.24-PBCU”内“-B09A”电磁阀得电，数字量输入模块获取停放制动施加信号。

（3）停放制动缓解的具体操作：按下停放制动缓解按钮“.22-SBPBR”，其常开触点“13-14”闭合。

（4）停放制动缓解后电路中的表现：Tc1、Mp1、M1、M2、Mp2、Tc2 车辆上的停放制动控制装置“.24-PBCU”内“-B09R”电磁阀得电，数字量输入模块获取停放制动缓解信号。

3）步骤三：电路分析

观察电路图（见图 5-22）发现停放制动控制装置里面放置有电磁阀，用来实现通过电信号对气路的控制。

（1）停放制动施加：

假设 Tc1 车为占有端，电流经列车线 402R→Tc1 车主控继电器“.21-KALA5”的常开触点“6-7”（司机台占有时得电闭合）→停放制动施加按钮“.22-SBPBA”的常开触点“13-14”（按下按钮时触点闭合）→Mp1 车、M1 车、M2 车、Mp2 车上的停放制动控制装置“.24-PBCU”内停放制动电磁阀“B09A”得电，停放制动气缸排气，停放制动施加。

（2）停放制动缓解：

假设 Tc1 车为占有端，电流经列车线 402R→Tc1 车主控继电器“.21-KALA5”的常开触点“6-7”（司机台占有时得电闭合）→停放制动缓解按钮“.22-SBPBR”的常开触点“13-14”（按下按钮时触点闭合）→Mp1 车、M1 车、M2 车、Mp2 车上的停放制动控制装置“.24-PBCU”内停放制动电磁阀“B09R”得电，停放制动气缸充气，停放制动缓解。

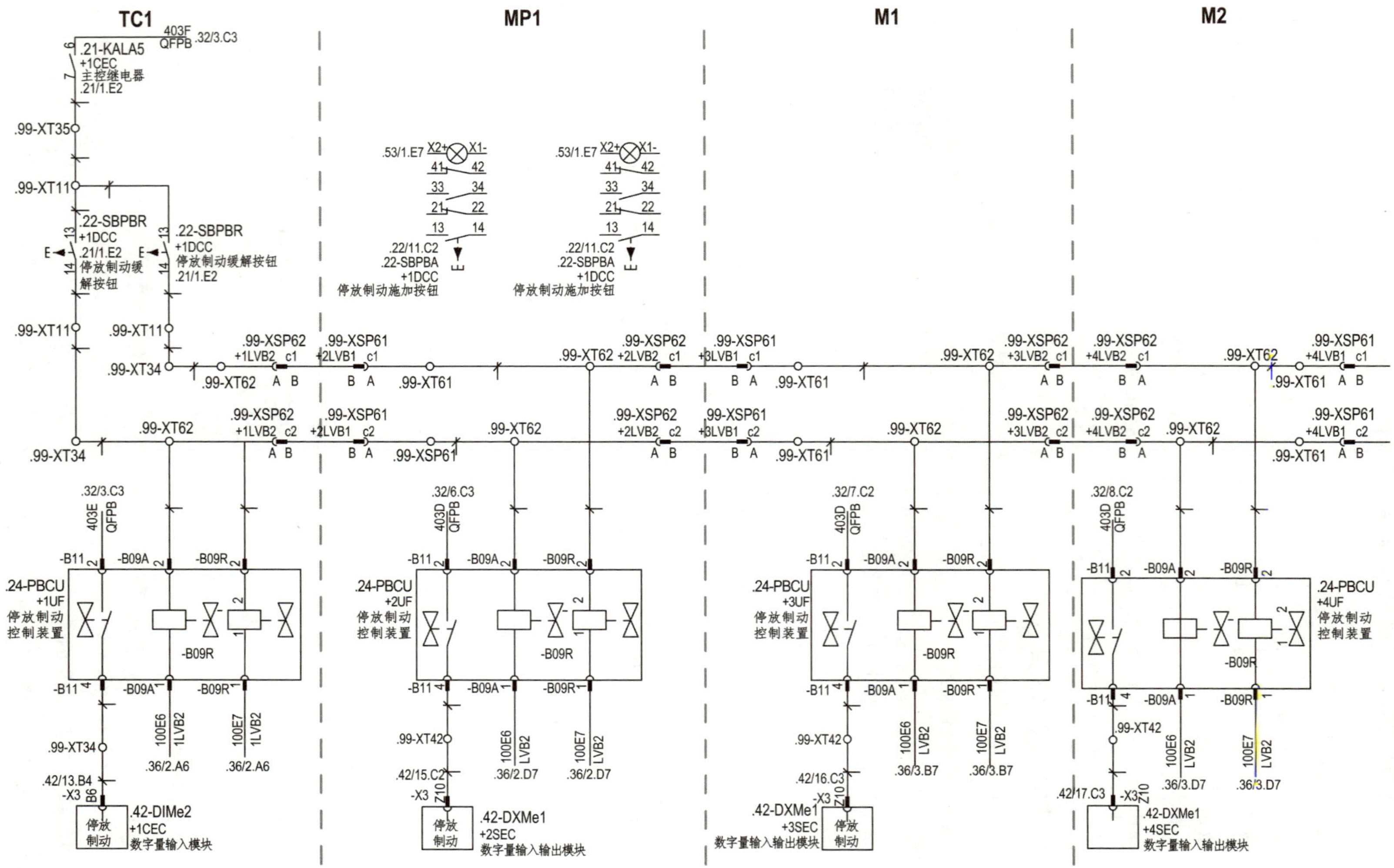

图 5-22　停放制动控制电路

（二）停放制动状态检测

1. 单节车停放制动状态检测电路分析

单节车停放制动状态检测电路如图 5-23 所示，对该电路分析的具体步骤如下：

二维动画：单节车停放制动监视电路图分析

1）步骤一：寻找电路中的正、负极

（1）图 5-23 中的电路正极：列车线 403C、403E。

（2）图 5-23 中的电路负极：列车线 100E1B。

2）步骤二：功能分析

（1）单节车停放制动状态检测条件：城轨车辆在每节车的停放制动控制装置中，安装了压力检测开关，用于检测每辆车的停放制动缸压力。

（2）单节车停放制动检测过程中的电路表现：Tc1 车、Mp1 车、M1 车、M2 车、Mp2 车、Tc2 车上的停放制动缓解继电器“.24-KAPBR”得电。

3）步骤三：电路分析

Tc1 车、Mp1 车、M1 车、M2 车、Mp2 车、Tc2 车上各自停放制动控制装置中的停放压力开关“.24-B22”实时检测停放制动缸压力值，当检测到压力值高于标准时，其对应的停放制动缓解继电器“.22-KAPBR”得电。

2. 全列车停放制动缓解检测电路分析

全列车停放制动缓解检测电路如图 5-24（见书末折页图）所示，对该电路分析的具体步骤如下：

二维动画：全列车停放制动缓解监视电路图分析

1）步骤一：寻找电路中的正、负极

（1）图 5-24 中的电路正极：列车线 403D、列车线 408K、列车线 408L、列车线 408M、列车线 408N、列车线 402W、列车线 425E。

（2）图 5-24 中的电路负极：列车线 100E1E、列车线 100E2F。

2）步骤二：功能分析

（1）全列车停放制动缓解检测条件：以单节车停放制动缓解信号为基础，6 节车各自的停放制动缓解继电器“.24-KAPBR”的常开触点“C1-C2”闭合。

（2）全列车停放制动缓解检测过程中的电路表现：两端司机台上的所有停放缓解继电器“.22-KAAPBR”得电，停放制动缓解按钮“.22-SBPBR”的指示灯点亮，Tc1 车、Mp1 车、M1 车、M2 车、Mp2 车、Tc2 车上的数字量输入模块获得“本车停放制动缓解”信号。

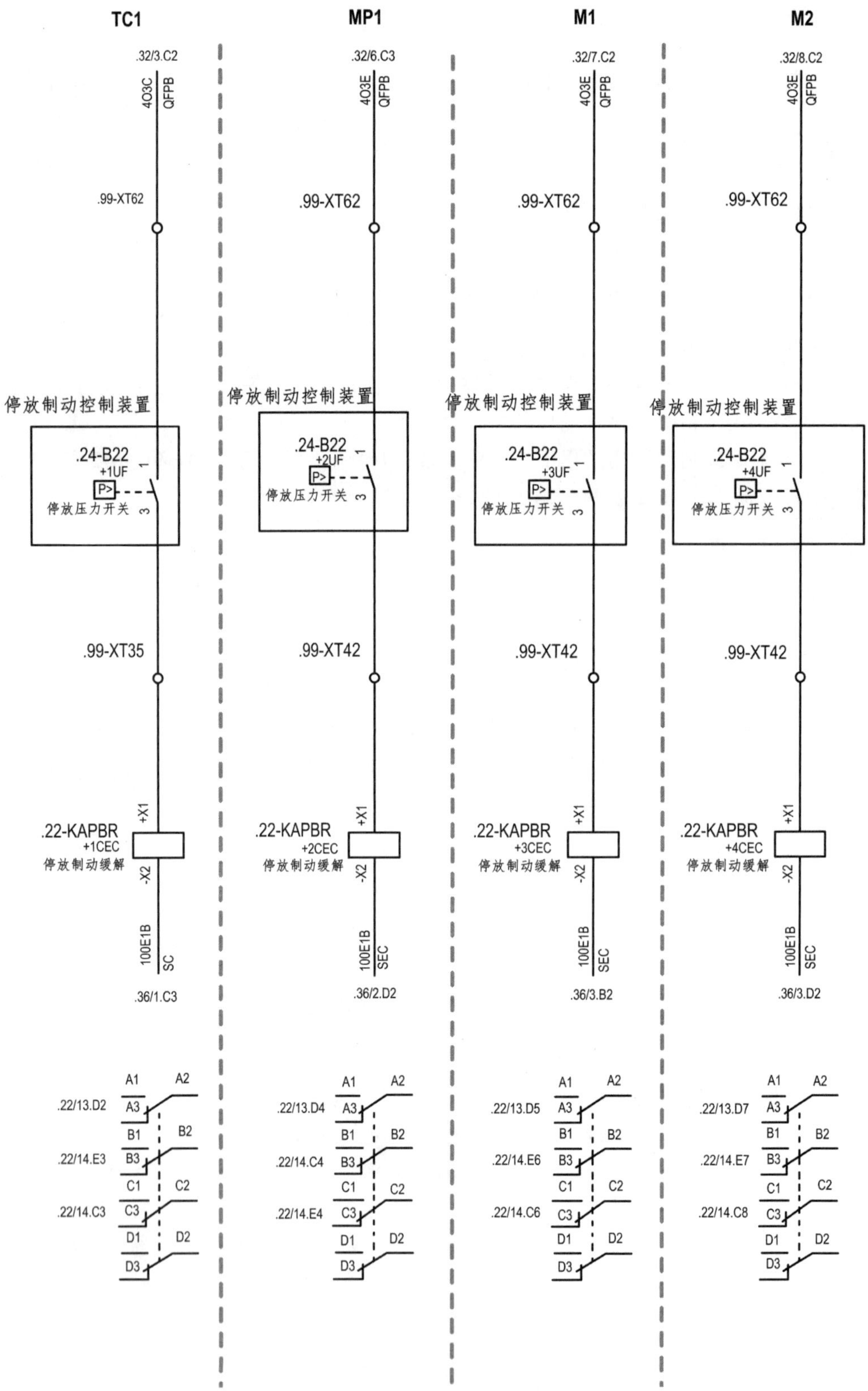

图 5-23　单节车停放制动状态检测电路

3）步骤三：电路分析

本控制电路（见图 5-24）主要实现获得一个全列车停放制动缓解总信号的功能，通过观察电路发现，全列车停放制动缓解的总信号以单节车停放制动缓解信号为基础，最终 Tc1 车及 Tc2 车上的所有停放缓解继电器均得电，两端司机台上的停放缓解绿色指示灯均点亮。本次所用电路图（见图 5-24）为 6 编组列车，图中显示了 4 辆车的电路分布情况，其中 Tc1 车与 Tc2 车电路设置完全一致，原理相同。

假设 Tc1 车为占有端，电流经列车线 402W→Tc1 车主控继电器“.21-KALA8”常开触点“2-3”（司机台占有时得电闭合）→6 辆车均获得停放制动缓解信号，对应 6 个停放制动缓解继电器“.22-KAPBR”得电，其常开触点“C1-C2”闭合→Tc2 车从控继电器“.21-KAOA4”的常开触点“2-3”（司机台不占有时得电闭合）→Tc1 车及 Tc2 车上的所有停放缓解继电器“.22-KAAPBR”均得电。

电流经列车线 425E→所有停放缓解继电器“.22-KAAPBR”的常开触点“C1-C2”（列车所有停放制动缓解时得电闭合）→点亮司机台上的停放缓解绿色指示灯“.22-SBPBR”。

3. 全列车停放制动施加检测电路分析

全列车停放制动施加检测电路如图 5-25 所示，对该电路分析的具体步骤如下：

二维动画：全列车停放制动施加监视电路图分析

1）步骤一：寻找电路中的正、负极

（1）图 5-25 中的电路正极：列车线 402X。

（2）图 5-25 中的电路负极：列车线 100E3C。

2）步骤二：功能分析

（1）全列车停放制动施加检测条件：以单节车停放制动施加信号为基础，6 节车的停放制动缓解继电器不得电，其对应的常闭触点“A2-A3”不动作。

（2）全列车停放制动施加检测过程中的电路表现：两端司机台上的停放制动施加按钮“.22-SBPBA”自带指示灯均点亮。

3）步骤三：电路分析

本控制电路（见图 5-25）主要实现获得一个全列车停放制动施加总信号的功能，通过观察电路发现，全列车停放制动施加的总信号以单节车停放制动施加信号为基础，最终两端司机台上的停放制动施加指示灯均点亮。本次所用电路图（见图 5-25）为 6 编组列车，图中显示了 4 辆车的电路分布情况，其中 Tc1 车与 Tc2 车电路设置完全一致，原理相同。

假设 Tc1 车为占有端，电流经列车线 402X→Tc1 车主控继电器“.21-KALA8”的常开触点“2-3”（司机台占有时得电闭合）→6 辆车均未获得停放制动缓解信号，对应 6 个停放制动缓解继电器“.22-KAPBR”不得电，其常闭触点“A2-A3”维持闭合状态→Tc2 车从控继电器“.21-KAOA2”的常开触点“6-7”（司机台不占有时得电闭合）→电流经列车线 2615A→点亮 Tc1 车、Tc2 车司机台上的停放施加红色指示灯“.22-SBPBA”。

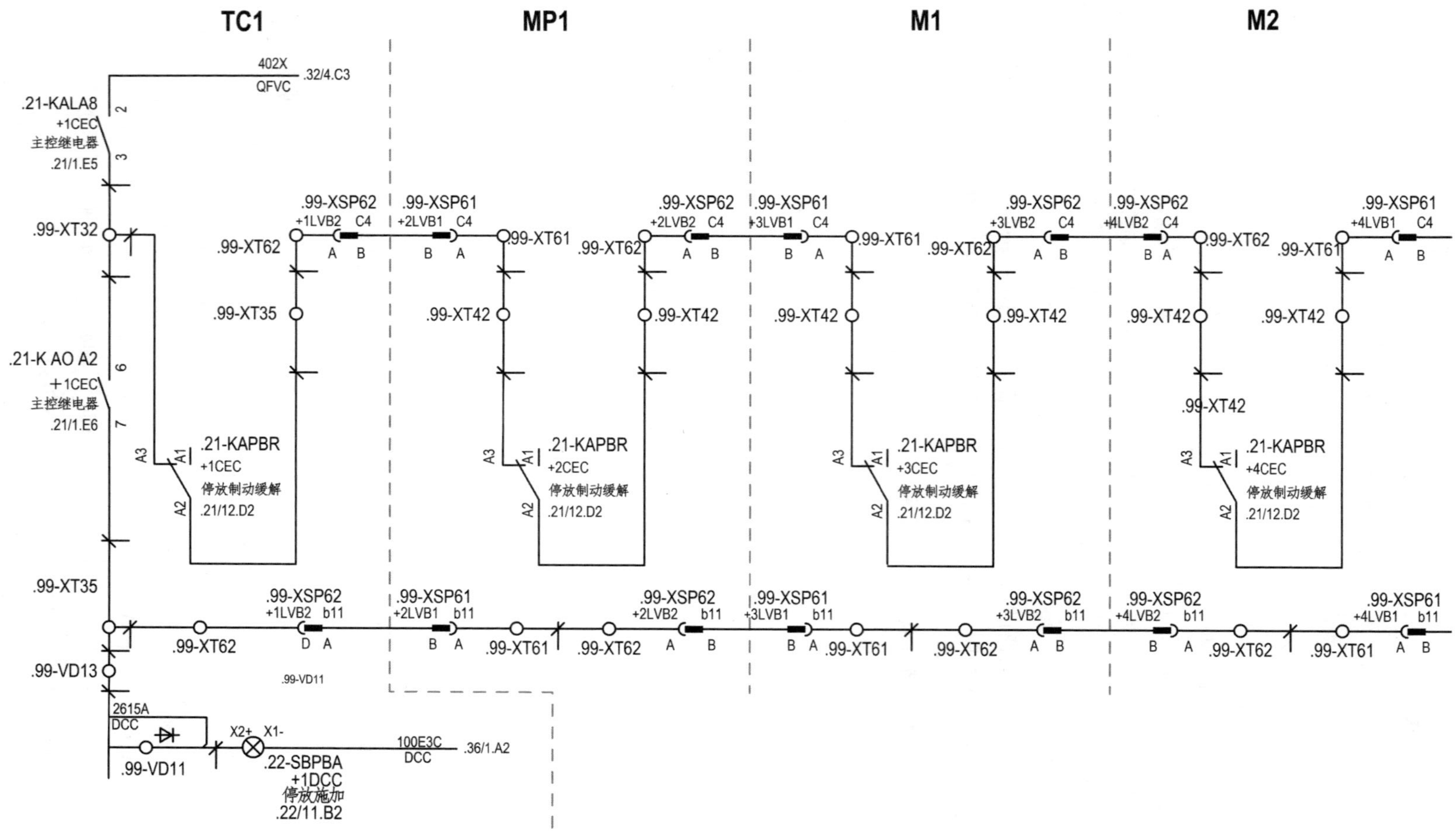

图 5-25　全列车停放制动施加检测电路

任务实施

一、任务作业指导标准

（一）常用制动电气测试作业（见表 5-2）

微课视频：制动电气测试作业

表 5-2　常用制动电气测试

作业项目	常用制动电气测试作业	
作业人数	2 人	
作业工具	万用表	
序号	作业内容	作业标准
1	试验前的准备工作	（1）检查一位端司机室电器柜、一位端客室电器柜、二位端司机室电器柜、二位端客室电器柜端子排外观无损坏、线缆无明显线路裸露。 （2）确认一位端司机室电器柜永久负载微断器、列车控制断路器、停放制动微断器、一位端客室电器柜压缩机控制微断器，二位端司机室电器柜列车控制断路器均有 DC110V 电压。 （3）闭合上述断路器。 （4）检查一位端和二位端司机台两个“紧急停车”蘑菇头按钮没有被按下。
2	常用制动测试	（1）在一位端司机室激活列车，司机室占有、方向手柄分别置于“向前”位或“向后”位。 （2）若总风欠压时，可将一位端司机室电气柜的总风压力低旁路置于“合”位。 （3）将一位端司机台牵引制动手柄置于常用制动区滑动。 （4）确认一位端司机台 TCMS 屏 I/O 界面的常用制动列车线命令有效。

（二）快速制动电气测试作业（见表 5-3）

表 5-3　快速制动电气测试

作业项目	快速制动电气测试作业	
作业人数	2 人	
作业工具	万用表	
序号	作业内容	作业标准
1	试验前的准备工作	同“常用制动电气测试”的试验前准备一致
2	快速制动测试	（1）在一位端司机室激活列车，司机室占有、方向手柄分别置于“向前”位或“向后”位。 （2）若总风欠压时，可将一位端司机室电气柜的总风压力低旁路置于“合”位。 （3）将一位端司机台牵引制动手柄拉到快制位。 （4）确认一位端司机台 TCMS 屏 I/O 界面的快速制动列车线命令有效。

（三）停放制动电气测试作业（见表 5-4）

表 5-4　停放制动电气测试

作业项目	停放制动电气测试作业	
作业人数	2 人	
作业工具	万用表	
序号	作业内容	作业标准
1	试验前的准备工作	同“常用制动电气测试”试验前准备一致
2	停放制动测试	（1）在一位端司机室激活列车、司机室占有。 （2）按下一位端司机台的“停放制动缓解”绿色按钮。 （3）确认一位端司机室电气柜内所有停放缓解继电器、Tc 车停放制动缓解继电器得电吸合，“停放制动缓解”绿色指示灯亮。 （4）确认一位端司机台 TCMS 屏上制动界面的所有“停放制动缓解”显示正确。 （5）按下一位端司机台的“停放制动施加”红色按钮。 （6）确认一位端司机室电气柜内所有停放缓解继电器失电，Tc 车停放制动施加继电器得电吸合，“停放制动施加”红色指示灯亮。 （7）确认一位端司机台 TCMS 屏上制动界面的所有“停放制动施加”显示正确。

（四）紧急制动电气测试作业（见表 5-5）

表 5-5　紧急制动电气测试

作业项目	紧急制动电气测试作业	
作业人数	2 人	
作业工具	万用表	
序号	作业内容	作业标准
1	试验前准备	同“常用制动电气测试”的试验前准备一致
2	紧急制动测试	（1）在一位端司机室激活列车，司机室占有、方向手柄分别置于“向前”位或“向后”位。 （2）若总风欠压时，可将一位端司机室电气柜的总风压力低旁路置于“合”位。 （3）将一位端司机室电气柜内的“ATC 切除”开关置于“切除”位。 （4）确认一位端司机台 TCMS 屏 I/O 界面的“紧急制动”列车线命令有效。

二、现场典型故障案例分析

（一）故障一　停放制动无法缓解导致不能动车

1. 故障现象

总风压力正常，司机台停放制动缓解灯亮，但 HMI 显示 6 车两个转向架为“P”停放制动施加，电客车不能动车。复位该车网关阀微动开关，复位 MVB，故障现象不能消失，但动作停放缓解旁路后可以动车。

2. 故障分析

1）停放制动硬线监视回路分析

向停放气缸充入压缩空气后，其将压缩弹簧，使停放制动缓解；将停放气缸的压缩空气排出，弹簧释放，靠弹簧力压缩制动气缸活塞，停放施加。如图 5-26 所示，施加与缓解的判别分别为：当向停放气缸充入的压力大于 4.8 bar（480 kPa）时，压力监控开关（B22）动作，停放缓解继电器（=27-K101）得电，43/44 引脚闭合，DE 模块相应的监测点 E111_04 为高电平；若压力低于 3.8 bar（380 kPa）时，则判断为停放施加，停放施加继电器得电。因此，当 TC、MP 车、M 车发出停放缓解指令时，若对应的停放气缸压力都大于 4.8 bar（480 kPa）时，则对应的停放缓解继电器（=27-K101、=27-K201、=27-K301）得电。由图 5-27 可知，DC 110 V 电源从司机室非占端单元依次通过各车辆停放缓解继电器，若各车辆停放均缓解，到达占有端，则所有停放缓解继电器（=27-K108）得电，司机台停放缓解继电器得电。因停放缓解灯亮，可知硬线检测无故障。

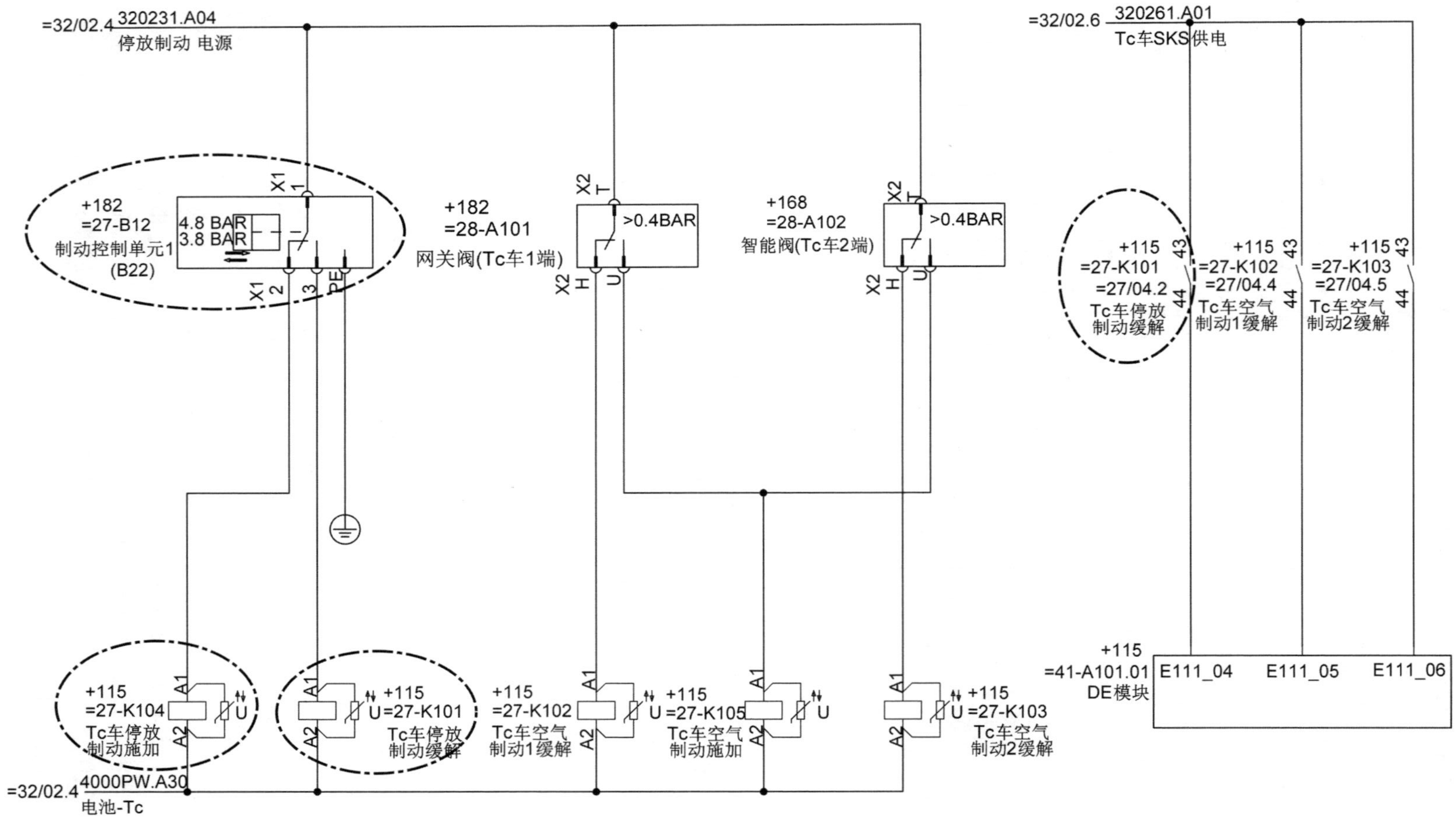

图 5-26 Tc 车制动监视回路

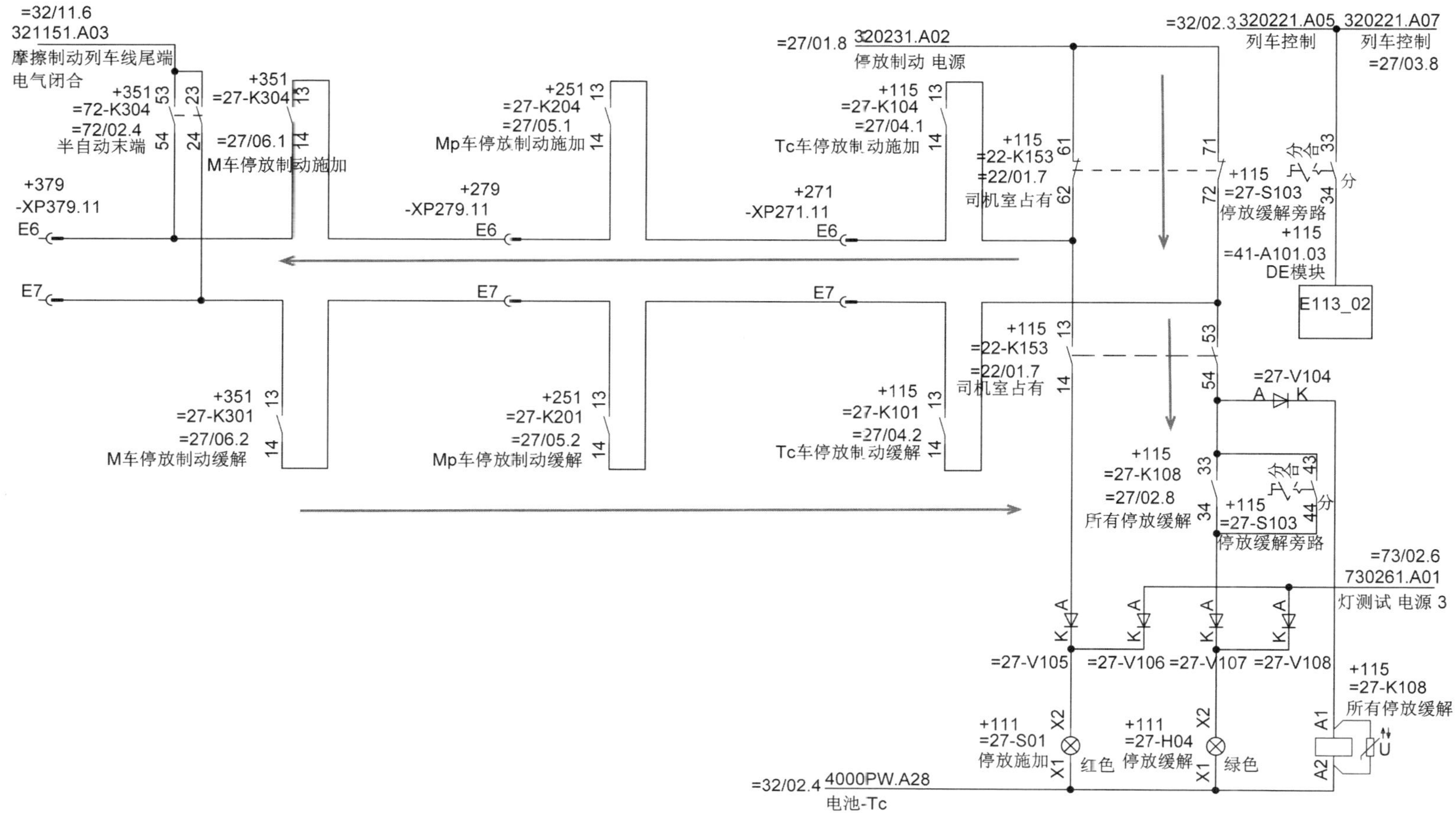

图 5-27 停放制动监视回路

2）停放制动网络监视分析

6 车 1 位端的网关阀采集停放压力信号，通过 MVB 传输至 VCU，在司机台 HMI 显示屏显示停放状态。图 5-28 所示为网关阀的线插接口图，同列车网络进行通信的插头为 SK1 和 PL4，SK1 为单节车制动 CAN 总线网络连接，PL4 单元组的 MVB 总线与车辆网络总线连接。将故障车辆回库后，在其他车辆现场模拟故障，当在 6 车按下“停放缓解”按钮后，“停放缓解”灯亮，但拔掉 PL4 时 HMI 屏幕各个点显示“？”，拔掉 SK1 时显示该节车的两个转向架停放制动未缓解，故障现象得以重现。

3. 故障原因

6 车 1 位端网关阀 SK1 插头接触不良，引起 BCU 通信故障。

4. 故障处理

对故障车网关阀插头重现插接，在双日检等作业中加强 EP2002 阀插头的检查。

（二）故障二　单个空压机打风不止

1. 故障现象

日检作业中发现单个空压机打风不止，总风压力为 9 bar（900 kPa），断开压缩机控制开关后，空压机仍工作。降弓后重新升弓，空压机仍然打风不停。

2. 故障分析

单个空压机启动是由网络控制，当总风压力低于 7.5 bar（750 kPa）时，如图 5-4 所示，DA 模块（=41-A303.04）输出高电平信号。当压力低于 7 bar（700 kPa）后，网络控制两个空压机启动，压力控制开关 A01.08 作为后备来保证两个空压机启动。因此，单个空压机启动属于网络控制故障，与压力开关 A01.08 无关。造成单个空压机启动可能有以下原因：

（1）整个管路系统存在漏风现象，导致总风压力达不到空压机停止工作的压力 9 bar（900 kPa）。但此故障车总风压力已达到 9 bar，并且在降弓后测试总风泄露正常，因此此原因不可能导致该故障。

（2）网络控制 DA 模块（=41-A303.04）故障，不能正常输出和停止相应的电信号。若断开压缩机控制开关，则此模块失电，不能输出高电平信号，空压机不能启动，与故障现象不符。

（3）制动系统提供给 VCU 的压力信号故障，导致 DA 模块=41-A303.04 不能正常工作。司机室 HMI 显示屏显示压力为制动系统提供给 VCU 的压力，此时与总风压力表显示一致，说明提供信号正常，并且在断开压缩机控制开关后，空压机应该不能启动，因此不可能是此原因。

（4）接触器 34-K301 常闭，触点不能正常动作，导致空压机电机线路持续得电，致使空压机持续打风。断开压缩机微动开关后，仍保持常闭，因此空压机能继续工作，与故障现象相符。

3. 故障原因

压缩机控制接触器（=34-K301）卡滞，失电后触点不能断开，造成单个空压机打风不止。

4. 故障处理

更换故障接触器，年检时接触器清洁、检查。

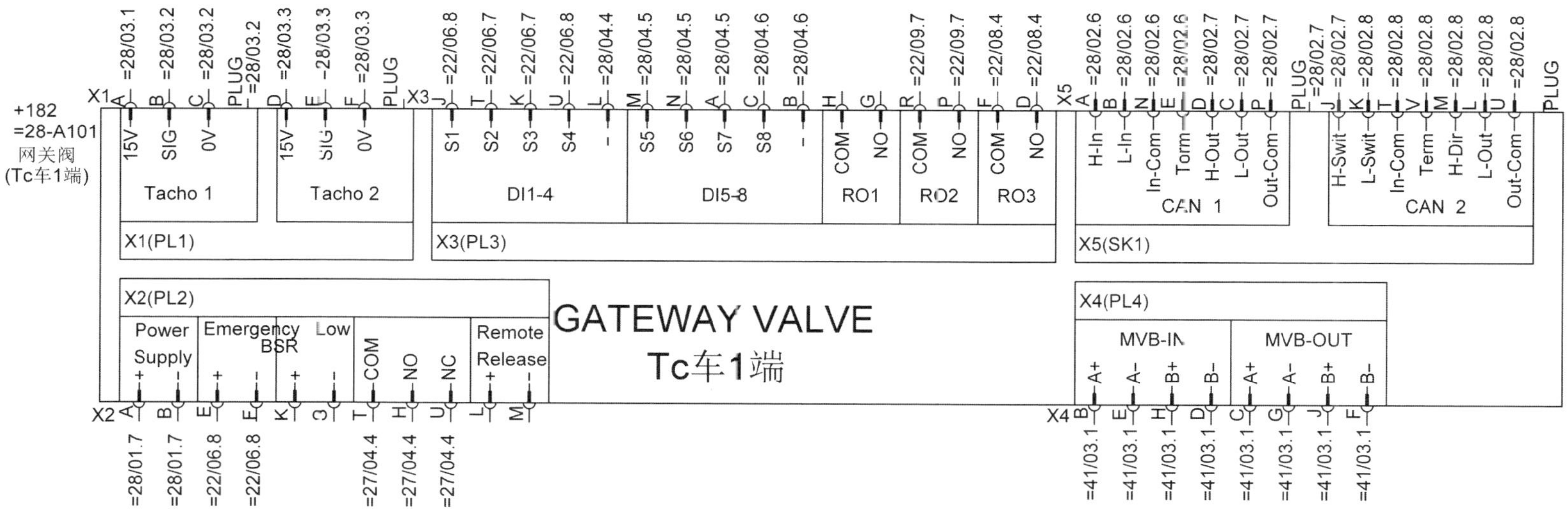

图 5-28　网关阀接口示意图

技能考核

一、考核任务

每两位学生为一组，在规定的时间内完成制动系统相关电气测试作业。

二、考核要求及评分标准

（一）作业安全要点

（1）作业前需进行场地及设备检查，并根据作业需求进行工具、物料拣选。
（2）作业过程需按照记录卡的要求进行准确记录。
（3）作业结束后需清理现场并归还工具。
（4）注意用电安全，严禁徒手触摸电源及与电源连接的线路。

（二）操作程序

按制动系统电气测试作业指导标准完成测试，并将测试结果填写到记录卡（见表 5-6）中。

表 5-6　制动系统电气测试作业记录卡

<table>
<tr><th>步骤</th><th colspan="2">测试项</th><th>测试结果</th><th>故障描述</th></tr>
<tr><td rowspan="3">1</td><td rowspan="3">试验前的准备作业</td><td>检查一位端司机室电器柜、一位端客室电器柜、二位端司机室电器柜、二位端客室电器柜端子排外观无损坏、线缆无明显线路裸露</td><td>正常□　异常□</td><td></td></tr>
<tr><td>检查一位端和二位端操纵台的两个“紧急停车”蘑菇按钮处于释放位</td><td>是□　否□</td><td></td></tr>
<tr><td>将一位端司机室电器柜永久负载微断器、一位端司机室电器柜列车控制断路器、二位端司机室电器柜列车控制断路器、一位端司机室电器柜停放制动微断器、一位端客室电器柜压缩机控制微断器、一位端司机室电器柜车门控制微断器，一位端司机室电器柜门控单元 1、2 微断器，一位端司机室电器柜门控单元 3、4 微断器，一位端司机室电器柜门控单元 5、6 微断器，一位端司机室电器柜门控单元 7、8 微断器，一位端司机室电器柜左门状态监控断路器、一位端司机室电器柜右门状态监控断路器是否闭合</td><td>全部闭合□
未全部闭合□</td><td></td></tr>
</table>

续表

<table>
<tr><th>步骤</th><th colspan="2">测试项</th><th>测试结果</th><th>故障描述</th></tr>
<tr><td>2</td><td>常用制动测试</td><td>将一位端操纵台的牵引制动手柄置于常用制动区滑动。</td><td>TCMS 屏 I/O 界面显示：
制动列车线有效□
制动列车线无效□</td><td></td></tr>
<tr><td>3</td><td>快速制动测试</td><td>将一位端操作台的牵引制动手柄拉到快制位。</td><td>TCMS 屏 I/O 界面显示：
快速制动列车线有效□
快速制动列车线无效□</td><td></td></tr>
<tr><td rowspan="2">4</td><td rowspan="2">停放制动测试</td><td>按下一位端操纵台上的“停放制动缓解”按钮。</td><td>（1）TCMS 屏显示：
停放缓解□
停放施加□
（2）司机台带指示灯按钮：
停放缓解按钮指示灯“亮”□
停放缓解按钮指示灯“灭”□</td><td></td></tr>
<tr><td>按下一位端操纵台上停放制动施加按钮。</td><td>（1）TCMS 屏显示：
停放缓解□
停放施加□
（2）司机台带指示灯按钮：
停放施加按钮指示灯“亮”□
停放施加按钮指示灯“灭”□</td><td></td></tr>
<tr><td>5</td><td>紧急制动测试</td><td>将一位端司机室电器柜内的总风压力低旁路置于“合”位。（在总风欠压时）
将一位端司机室电器柜内的 ATC 切除开关置于“切除”位。</td><td>TCMS 屏 I/O 界面显示：
紧急制动列车线有效□
紧急制动列车线无效□</td><td></td></tr>
<tr><td colspan="5">故障原因补充说明：</td></tr>
</table>

（三）考核内容及评分标准（见表 5-7）

表 5-7　制动系统电气测试作业考核内容及评分标准

序号	考核内容	配分	评分标准
1	作业工具的使用	10	作业过程中错误使用工具或出现工具掉落现象，每次扣 2 分，扣完本项所配分值为止。
2	预设故障查找	20	1. 步骤不对，每次扣 5 分。 2. 方法不对，每次扣 5 分。 3. 损坏零部件，每个扣 10 分。 4. 没有清槽、整理，扣 5 分。 5. 扣完本项所配分值为止。
3	作业标准考察	60	1. 步骤不对，每次扣 5 分。 2. 方法不对，每次扣 5 分。 3. 对标作业指导标准发生漏项，每次扣 5 分。 4. 损坏零部件，每个扣 10 分。 5. 扣完本项所配分值为止。
4	安全文明生产	10	1. 遵守国家或企业有关安全规定，每违反一项规定扣 2 分。 2. 严重违规者停止操作。
5	时间		每超时 5 min 扣 5 分（上限 40 分）

任务拓展

1. 参照上述技能考核模板，以小组为单位完成常用制动系统故障排查作业及考核。
2. 参照上述技能考核模板，以小组为单位完成快速制动系统故障排查作业及考核。
3. 参照上述技能考核模板，以小组为单位完成紧急制动系统故障排查作业及考核。
4. 参照上述技能考核模板，以小组为单位完成停放制动系统故障排查作业及考核。

任务训练

1. 人工驾驶时，如何控制常用制动、快速制动和紧急制动？
2. 什么情况下会出现紧急制动？
3. 空气制动的作用是什么？停放制动的作用又是什么？
4. 如何施加停放制动？如何缓解停放制动？
5. 如何对空气制动缓解和停放制动缓解进行旁路？

任务六 城轨车辆乘客信息系统工作原理分析及故障诊断

任务描述

城轨车辆乘客信息系统（简称 PIS 系统）的基本功能包含客室广播、自动报站、乘客紧急对讲、音频播放、音频监控和客室噪声检查等，而客室广播和自动报站功能是与车辆接口的最为重要的面向乘客界面的基本功能。乘客信息系统依托多媒体网络技术，以计算机系统为核心，以车站和车载显示终端为媒介，为乘客提供乘车须知、服务时间、列车时刻表、列车到发时间、政府公告、管理者公告等实时动态的多媒体信息，使乘客通过正确的服务信息引导，安全、便捷地乘坐城轨车辆。

本任务主要介绍城轨车辆乘客信息系统（PIS）的网络结构、主要装置、工作原理及电气控制原理，使学生具备分析城轨车辆 PIS 控制原理的能力，培养测试乘客信息系统电气功能及分析处理电气故障的基本技能。

任务目标

1. 知识目标

（1）了解城轨车辆乘客信息系统的网络结构及主要组成装置。

（2）熟悉城轨车辆乘客信息系统的工作原理及各项具体操作流程。

（3）掌握城轨车辆乘客信息系统电气控制的电气测试标准。

2. 能力目标

（1）掌握乘客信息系统的操作程序。

（2）能对乘客信息系统进行检查与故障分析。

3. 职业素养目标

（1）培养“精益求精、严谨细致、操作规范”的工作作风。

（2）培养协作意识、环保意识、节约意识。

探索创新

乘客服务　温暖相伴

城市轨道交通作为一种现代化的交通工具，虽然是一个庞大和复杂的系统，但直接面对广大乘客就是轨道交通的客运服务工作。客运服务工作是直接反映轨道交通系统运营管理水平的重要标志之一，也是反映城市文明程度的一个窗口。地铁的服务就是为广大乘客提供安全、便利、舒适、快捷的乘车、候车环境。

各个地铁运营公司围绕着乘客满意、乘客需求、乘客期望等方面不断思考，探索适合自己的模式。广州地铁的“3+”服务、郑州地铁的“晶晶”服务、石家庄地铁的“心诚、意诚，伴您全程”服务、上海地铁的“阳光伴你行”服务、杭州地铁的“彩虹服务”等，都体现了地铁员工在服务乘客工作中的不懈努力。

——摘编自《地铁客运服务及案例讲述》(2021 年 11 月 23 日)

知识储备

一、城轨车辆乘客信息系统的网络结构

城轨车辆乘客信息系统（简称 PIS）与 VCU（Vehicle Control Unit。VCU 是西门子公司采用的主控系统，南车时代电气采用的是 VCM 主控系统）互相通信、协调管理，能够实现在自动行车时播报到站信息；PIS 系统的广播功能采用了对讲与广播独立的传输总线，这样能在广播的时候也能进行司机与司机之间的对讲，或者司机与乘客之间的对讲。对讲的内容录制在司机室广播机柜内的数字报站器上，存储在报站语音文件的 CF 卡（CF 卡是一种用于便携式电子设备的数据存储设备）中。数字报站器上集成有 USB 连接口，可与计算机连接下载录音文件和上传报站语音文件。

城轨车辆乘客信息系统由两台司机室广播主机和六台客室广播主机（分机）组成。每台司机室广播主机与本端司机室中的其他外部设备相连，进行通信与语音信号的传输。每台客室广播主机与本节车客室的扬声器、噪检器、报警盒、动态地图相连。司机通过司机室操作台上的按键，完成客室广播、司机室对讲、紧急对讲等操作；客室中安装的紧急对讲器为乘客提供与司机紧急对讲的功能。司机室广播主机板件有冗余功能，当一台广播主机出现故障时，另一台广播主机可以做替补，使广播系统能够继续运行。

城轨车辆乘客信息系统（PIS）采用了总线形式的网络拓扑结构，如图 6-1 所示，共有以下 4 类总线：

（1）广播音频总线：用于列车广播音频信号，如话筒音频信号、MP3 数字报站音频信号、Radio 无线音频信号等广播音频信号的传输。

（2）对讲音频总线：用于司机室—司机室（C—C）之间的对讲音频信号、司机室—客室（P—C）之间的紧急报警音频信号的传输，实现列车对讲及紧急对讲功能。

（3）列车通信总线：用于列车通信控制信号。

（4）以太网总线：用于列车 CCTV 视频监控图像视频流的数据传输，实现乘客信息 LCD 的显示和客室状态监视功能。

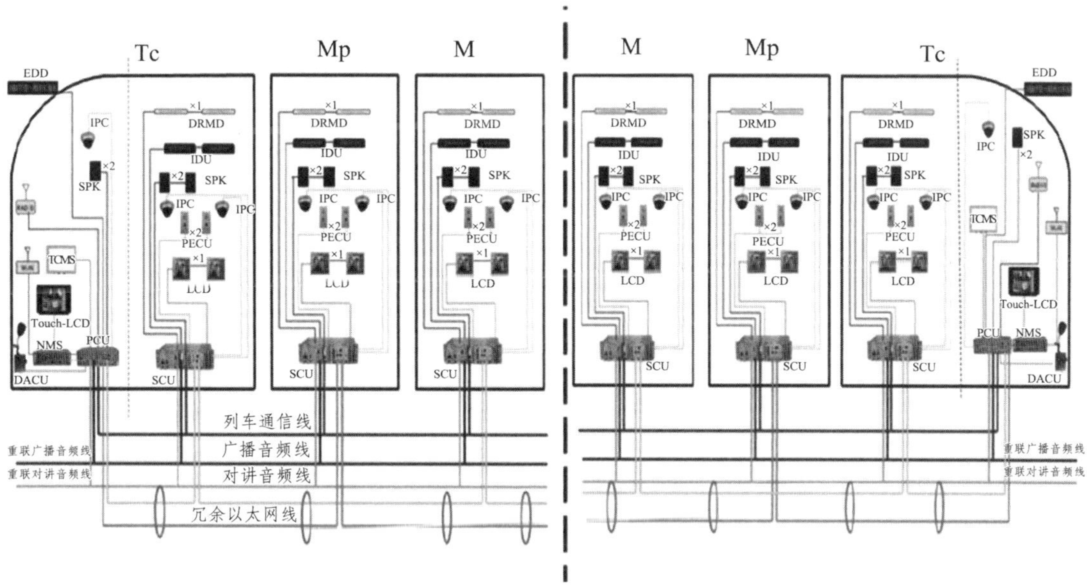

图 6-1　PIS 的拓扑结构图

PIS 的相关名词术语定义如表 6-1。

表 6-1　PIS 相关名词术语的定义

英文名称	中文名称
PAM（Power Amplification Module）	功放模块
CAPU	音频处理模块
CC（Cab Intercom）	司机室对讲
CCTV（Close Circuit Television）	闭路电视系统
CDAU	操作控制模块
DACU（Driver Audio Communication Unit）	广播控制盒
DRMD（Dynamic Route Map Display）	动态地图
DVA（Digital Voice Announcer）	数字报站器
DVAR	数字录放模块
EDD（External Destination Display）	外部终点站显示器
ICU	对讲功能模块
IDU（Intelligent Display Unit）	智能显示单元
I/O（Input/Output）	信号的输入/输出端口
LCD（Liquid Crystal Display）	液晶显示器
LED（Light Emitting Diode）	发光二极管
MVB（Multifunction Vehicle Bus）	多功能车辆总线

续表

英文名称	中文名称
NMS（Net Media Server）	网络媒体服务器
OLED（8Organic Light-Emitting Diode）	有机发光二极管显示屏
PA（Public Address）	公共广播（客室广播）
PC（Passenger Communication）	乘客对讲
PCU（PIS Control Unit）	司机室广播控制机柜
PSU	广播系统电源模块
PTT（Push To Talk）	即按即说
PECU（Passenger Emergency Communication Unit）	紧急报警器
PIDS（Passenger Information Display System）	乘客信息显示系统
PIS（Passenger Information System）	乘客信息系统
PISC（Passenger Information System Controller）	中央控制器
SCU（Saloon Control Unit）	客室广播控制机柜
TVSS（Train Video Surveillance System）	车载视频监控系统
USB（Universal Serial Bus）	通用串行总线

二、城轨车辆乘客信息系统的主要装置

（一）广播系统的组成

城轨车辆广播系统采用分散式 PIS 系统，由司机室广播主机、客室广播主机、话筒、紧急报警器、扬声器、电子动态地图显示屏及噪声检测器等设备组成，完成列车的广播、报警和广播信息动态显示等功能，如图 6-2 所示。广播系统采用智能化控制、网络化管理、数字化处理、模块化结构，操作简便，并具有高效性。

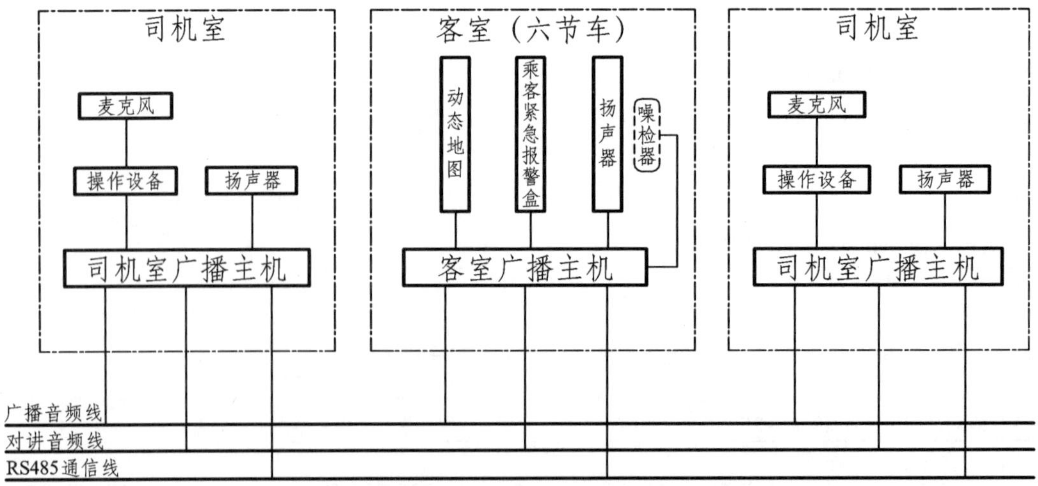

图 6-2　广播系统的组成框图

（二）广播系统的设备

广播系统的设备分布如表 6-2 所示。

表 6-2　广播系统设备分布汇总表

设备名称	数量/列						数量/列	安装位置	用途
	A	B	C	C	B	A			
司机室广播主机	1					1	2	ATC 机柜内	广播系统管理控制
话筒	1					1	2	主司机台上	广播/对讲
司机室扬声器	2					2	4	司机室座椅顶部盖板上	用于广播/监听
客室广播主机	1	1	1	1	1	1	6	A 车在信号柜内；B 车、C 车在继电器柜内	广播系统控制
客室扬声器	10	10	10	10	10	10	60	客室座椅顶部盖板上	客室声音输出
噪声检测器	3	3	3	3	3	3	18	座椅盖板处	客室噪声监测
乘客紧急报警盒	3	3	3	3	3	3	18	车门立柱处	紧急对讲
电子动态地图	10	10	10	10	10	10	60	座椅盖板处	到站、下一站等乘客信息显示
司机台广播控制盒（紧急对讲、客室广播、司机对讲、PTT）	1					1	2	主司机台面	实现司机人工广播、司机室对讲、司机与乘客对话等功能

1. 司机室广播主机

城轨交通的每节车辆共有 2 个司机室广播主机，如图 6-3 所示，它是广播系统的核心设备，由中央控制器 PISC、音频处理模块 CAPU、数字录放模块 DVAR、电源 PSU、MVB 通信接口、I/O 接口、操作控制模块 CDAU 和一些接口设备构成。司机室广播主机的功能是完成广播系统的通信控制、音频处理、音源选择以及与车辆线及广播控制盒的接口，如图 6-4 所示。

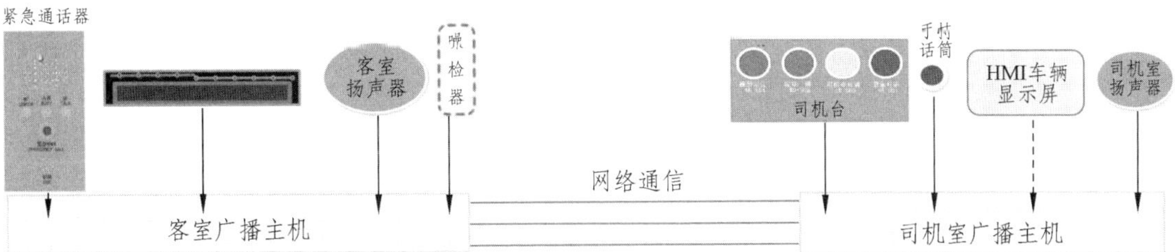

图 6-3　广播系统的结构框架

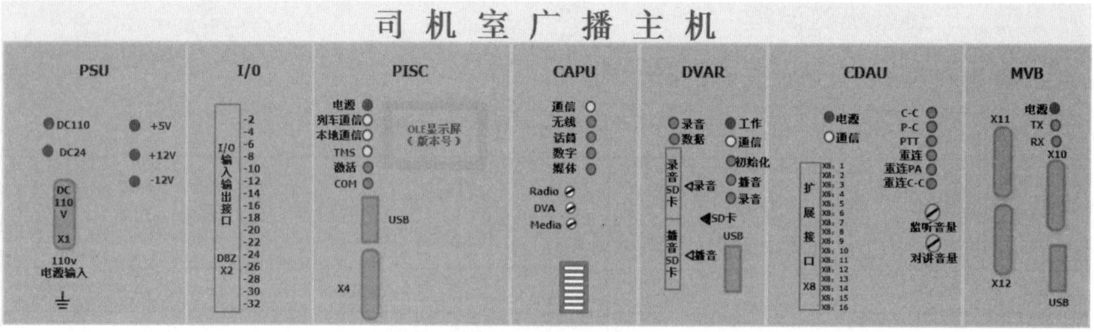

图 6-4　司机室广播主机各板件的分布

1）PSU 电源转换模块

电源模块（PSU）主要是将 DC 110 V 的直流电变换为各单元所需的 DC 24 V、DC ±12 V 和 DC 5 V 供电电源。其中转化的 24 V 电源用于后面板件内的继电器吸合供电，±12 V 电源用于后面板件内的运放电路供电，5 V 电源是用于后面板件内的单片机及控制电路供电。其特点是：模块化，易拆装，便于维护。采用高可靠性的工业用电电源，保证了在恶劣电磁环境下的可靠性。作为电磁兼容性考虑，通过电源模块中的 DC/DC 变换器将广播系统与列车进行电气隔离。为了保证输出电压的稳定性，采用两级转化电路，其中一级是 DC 110 V 转化为 DC 24 V 模块，二级是 DC 24 V 转化为 DC ±12 V 和 DC 24 V 转化为 DC 5 V。在模块的面板设计中有对应各转换电源工作的指示灯，如图 6-5 所示。

2）司机室 I/O 接口板

司机室输入/输出接口（见图 6-6）用来连接列车监控系统、无线电台、车载控制器、媒体播放主机和广播系统的列车线。司机室的 I/O 接口功能如下：① 列车监控接口；② 无线电台接口；③ 车载控制器；④ 媒体播放接口；⑤ 广播系统列车线接口。

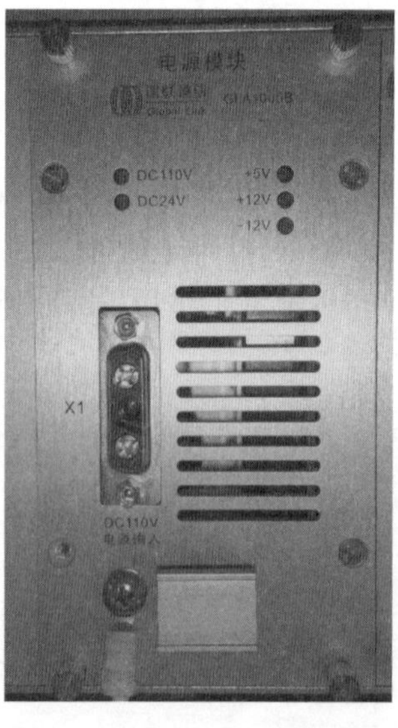

图 6-5　PSU 电源板转换模块

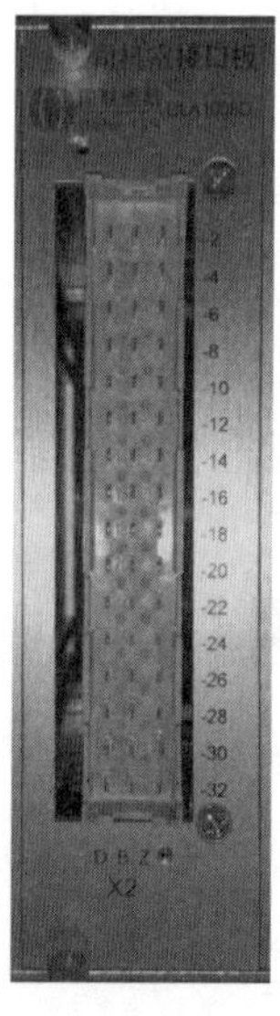

图 6-6　I/O 接口板

3）广播中央控制器

广播中央控制器（PISC）负责整个系统的管理和调配，能够集中控制列车广播、无线电广播、数字式语音广播等功能，并作为设备间系统控制总线的通信管理。

广播中央控制器（见图 6-7）可根据通信控制命令选择信源来控制切换广播通路进行客室广播；通过 MVB、车载控制台、媒体播放系统、列车监控系统等通信来完成各种广播与运营有关的信息，同时可以实现热备份的功能；广播中央控制器还作为整个系统的总线通信管理，负责整个系统各设备间通信的正常运行。在 PISC 上使用 USB 接口，方便下载日志、修改参数等设置。

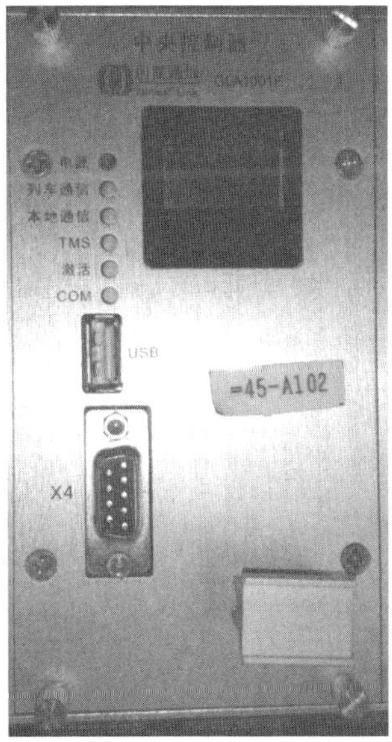

图 6-7　PISC 中央处理模块

PISC 的面板上有对应指示灯。正常通电情况下，“工作”指示灯（红色）长亮，“MVB”通信指示灯（黄色）有规律闪烁，表示 MVB 通信正常；列车司机台激活的情况下，“TCOM/列车通信”指示灯（黄色）有规律地慢闪烁，“LCOM/本地通信”指示灯（黄色）有规律地快闪烁，“ACTIVE/激活”指示灯（绿色）正常激活端才能点亮，非激活端不被点亮。整个广播系统中 PISC 具有冗余功能，当本端的 PISC 出现故障时，切换到对面的 PISC 为激活端，同时对面的 PISC 板上的 ACTIVE/激活状态指示灯被点亮，维持整个广播系统继续正常运行且记录和上传广播故障信息。“CCTV”指示灯（绿色）接收到 CCTV 数据通信时，这个指示灯也会闪烁；OLED（有机发光二极管显示屏，用于显示广播主控系统版本号的显示屏）显示屏显示 PISC 板件的版本信息；USB 接口用于连接 PISC，下载数据端口。

4）CAPU 音频处理模块

CAPU（见图 6-8）的功能是实现对无线电台语音、MIC 口播音频、数字报站器的音频和 LCD 伴音等信号源的选择和切换。信源选择器还与列车广播音频总线连接，将选择的音频信号（RADIO、DVA、CCTV）转接至广播音频总线，且有对应的音频指示灯被点亮。工作在 CAPU 模块前面板中有 MIC 的输入、广播/对讲监听扬声器的接口（在 CDAU 板件的扩展键盘上）。CAPU 板件针对音频通道，有优先权选择判断，从而按照设定的优先级别选择输出对应的音频内容。

CAPU 板件中部对应的三个音频调节旋钮功能是：Radio 旋钮对应调节无线广播音频大小；DVA 旋钮对应调节整列车的客室广播音频大小；Media 旋钮调节多媒体音频大小。

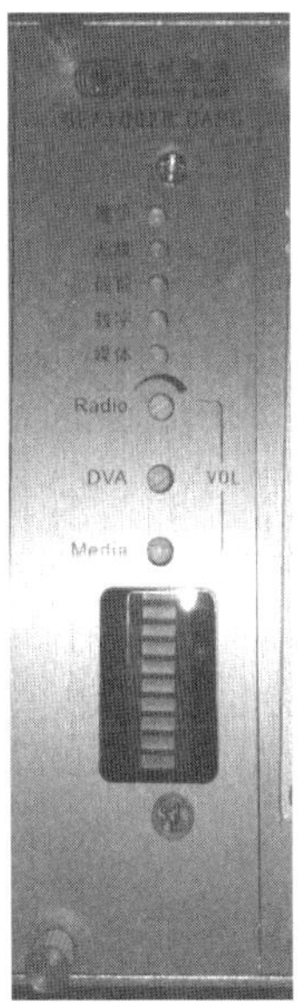

图 6-8　CAPU 信源板

5）DVAR 数字录放模块

DVAR（见图 6-9）是集数字语音播放和录音等功能于一体的高密度集成设备，存储介质为 CF 卡，DVAR 的存储卡里可存储包括系统参数信息、语音信息、路线信息和动态路线地图描述信息等，同时存储乘客紧急报警时与司机之间的通话内容。根据报站控制代码自动播放相应的语音信息或下一站路线信息和动态路线地图描述信息。语音报站器采用了嵌入式语音播放设计方案，为系统的自动语音提供了更佳的播音效果和更好的音质，在此基础上还增加了一个更加先进的播放功能——通过读存储卡里的配置文件，可以实现语音合成功能。同时，也大大提高了语音报站器的稳定性和可靠性，自身具有播音检测功能。DVAR 设备带有 USB 在线下载和上传音频文件功能。

图 6-9　DVAR 音频处理器

DVAR 面板上的指示灯对应的功能和状态分别为：

（1）“工作”指示灯（红色）：正常通电后长亮。

（2）“通信”指示灯（黄色）：钥匙激活端处于有规律的慢闪烁状态。

（3）“初始化”指示灯（绿色）：DVAR 板件刚得电时会有 1 s 左右的点亮，完成对 DVAR 板件内部程序的自检工作之后关闭。

（4）“播音”指示灯（绿色）：在接收到调用 DVAR 板件内的数字音频时，会长亮，收到音频调用完成或强制中断音频调用信号时才会关闭。

（5）“录音”指示灯（绿色）：乘客紧急报警盒报警信号被司机室接收后，指示灯长亮，此时 DVAR 板开始录音。

（6）“数据”指示灯（绿色）：成功调用 DVAR 板件内部数字音频文件或与被激活的乘客紧急报警盒建立通信后，该指示灯处于闪烁状态。

CF 卡中存储有数字音频，其中包括车门提示“叮咚”声、语音报站内容和紧急广播内容。上传和下载语音文件是利用 DVAR 板件上的集成 USB 接口，可以通过 USB 线缆与电脑连接进行语音拷贝，CF 卡的存储设备和 U 盘上传下载的方式是一样的。CF 存储设备中有 1 个 Playlist.txt 文件、1 个 audio 文件夹和 1 个 record 文件夹，2 个文件夹中分别存放的是报站语音文件和录音文件，playlist.txt 文件是本列车语音文件的播放列表，系统通过读取此目录后去 audio 文件夹中寻找相应的语音文件。

数字报站器能够识别的语音文件为 wav 或 mp3 格式。语音文件用 4 个大写字母或 3 个数字代码命名，但是语音文件不能重名。

广播系统能够实现乘客与司机对讲过程中的全程录音，并且存放到 CF 卡中的 record 目录里，存储语音文件为 MP3 格式，录音文件的命名为开始录音时的日、时、分、秒构成。例如：2015-09-05　9:22:21 开始录音，则此录音文件名称为：05092221.MP3。

6）CDAU 操作控制模块

CDAU 模块（见图 6-10）是人机交互的管理中心，它通过板件上扩展键盘接收到的人工操作信息与 PISC 协调进行处理，实现司机与司机的对讲、乘客与司机的紧急对讲、司机对乘客的人工广播和对讲/广播监听扬声器输出音量的控制等功能。CDAU 也负责两列列车重连后司机与司机之间的对讲以及控制被重连列车的广播，具有选择被重连车辆司机室通话的功能，同时在该模块上留有设置司机室地址与主副工作模式和监听/对讲声音输出接口。

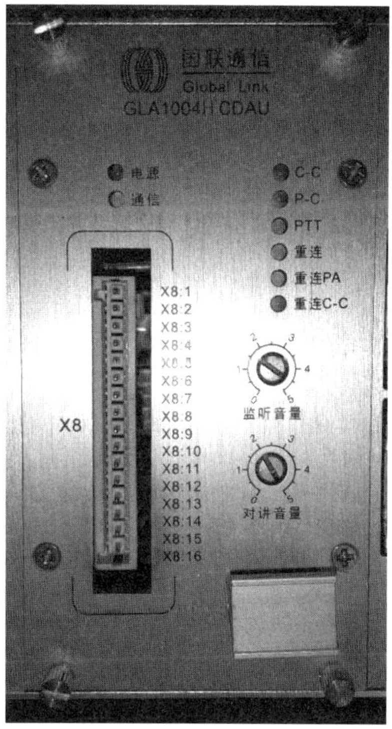

图 6-10　CDAU 对讲控制板

CDAU 板上的指示灯对应的功能和状态分别为：

（1）“工作”指示灯（红色）：通电后长亮。

（2）“通信”指示灯（黄色）：钥匙激活后处于有规律地慢闪烁。

（3）“C—C”（司机室与司机室对讲）指示灯（绿色）：主司机台上的“司机室对讲”按键按下后，该指示灯长亮；松开“司机室对讲”按键，该指示灯关闭。如果列车上缺少一个 CDAU 模块或司机室激活端的 CDAU 模块损坏时，另一端该指示灯长亮，此时不能完成接收紧急报警盒激活指令。

（4）“P—C”指示灯（绿色）：列车上有乘客紧急报警，报警盒被激活时，正常钥匙激活端的 CDAU 模块的“P—C”指示灯处于闪烁状态，司机台按下“紧急对讲”按键后，该指示灯长亮，再次按下“紧急对讲”按键，该指示灯熄灭。

（5）“重连”指示灯（绿色）：两列车全自动车钩连挂完成后，两操作端的司机室内的 CDAU 板件上的“重连”指示灯常亮，连挂分开后该指示灯熄灭。

（6）“广播”指示灯（绿色）：无连挂状态下不被点亮，连挂后的主操作端进行报站或广播时，“广播”指示灯常亮，广播结束后该指示灯熄灭。

（7）“对讲”指示灯（绿色）：无连挂状态下不被点亮，连挂完成后，两列车进行对讲操作时，“对讲”指示灯点亮，关断对讲后，“对讲”指示灯熄灭。

CDAU 板上的插头对应外围设备连接及其功能：

（1）扩展键盘接口：列车主司机台上的紧急对讲按键、司机对讲按键、客室广播按键、PTT 按键和话筒。

（2）扬声器：列车司机室扬声器，主要输出对讲音频和监听音频。

（3）开关量：音频输入输出通道终端信号。

CDAU 板上的旋钮对应功能：

（1）监听音量：本端调节司机室的监听音量，当本端的 CDAU 板件的监听功能损坏时，由对面的 CDAU 板件的监听音量旋钮来操控两端的监听音量调节。

（2）对讲音量：调节本列车司机室对司机室对讲或连挂时两列车司机室间的对讲音量。

7）MVB 板

图 6-11　MVB 板

MVB 是 PISC 与 TMS 通信的接口设备，如图 6-11 所示。MVB 板上有三个指示灯，分别为“电源”指示灯（红色）、“TX”指示灯（绿色）、“RX”指示灯（绿色），其中“电源”指示灯表示该板件处于通电的状态，TX、RX 指示灯表明该板件的 RS-232 的通信状态指示。该板件的插头有：MVB 通信 A 通道“X11”，MVB 通信 B 通道“X12”和 RS-232 通信插头，还有一个 USB 插头用于读取 MVB 板件内存储数据。

2. 客室广播主机

城轨车辆每列车共有 6 节客室广播主机，每节车辆一台。它是客室广播系统的核心设备，主要与广播主机通信，负责与客室乘客紧急报警器、噪检器、电子动态地图等设备进行通信，并控制信息功能转换，如图 6-12 所示。客室广播主机接收和执行司机室广播主机发来的操作指令，同时上传客室广播主机接收的故障信息和反馈数据。为了方便控制、操作和维护，每个模块均采用独立控制与单任务的功能。

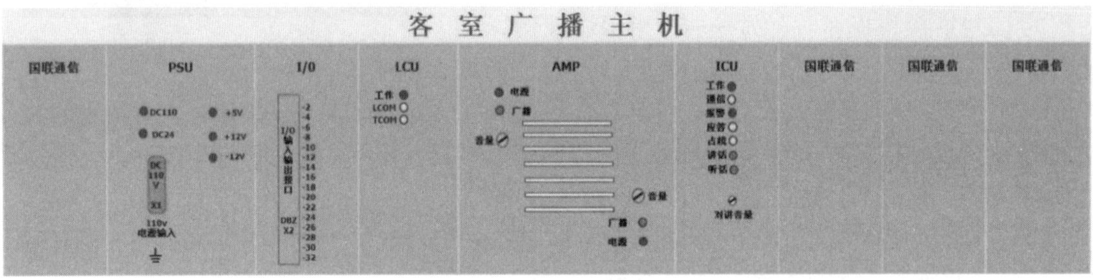

图 6-12　客室广播主机各板件的分布

1）PSU 电源转换模块

客室广播主机的 PSU 电源转换模块的结构及功能与司机室广播主机的 PSU 电源转换模块是一样的。

2）LCU 板（客室控制器）

LCU 是客室广播控制器（见图 6-13），主要负责对本节车厢内的设备进行管理与通信，同时负责与列车司机室广播主机上的 PISC 板件通信的功能，控制对应车厢中的紧急报警盒、电子动态地图及功放音频控制器的处理器，能够实现对车厢中其他设备故障的记录并上传到 PISC。

LCU 面板上的指示灯分别是：

（1）“工作”指示灯（红色）：板件正常通电状态下，工作指示灯处于长亮状态。

（2）“LCOM”指示灯（黄色）：本地通信指示灯，表述接收和上传给 PISC 板件的信息通信，通信正常时，“LCOM”指示灯处于有规律地快闪烁状态。

（3）“TCOM”指示灯（黄色）：接收 PISC 板件中的列车通信，正常情况下是有规律地慢闪烁。

3）AMP 功放模块

AMP 功效模块（见图 6-14）用于对广播的音频信号进行放大，驱动扬声器发出声音。模块内部是两块对称的功放板，每一块板件负责本节车的单侧音频的输出。功率放大器可连接两路扬声器（车厢中的扬声器可采用奇偶分布），当一路出现故障时，另一路能够继续工作，提高了系统的冗余度。功率放大器中具有过流、过压、过温等多种保护电路，能够自动调整功放的工作状态，保持广播信号不会间断，适合于长期连续运行。

图 6-13　LCU 板

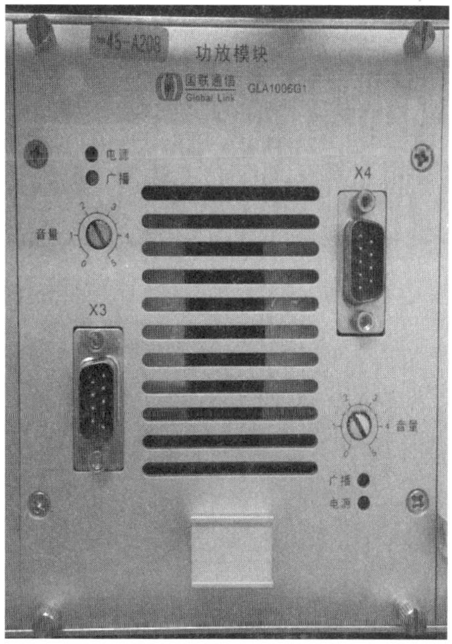

图 6-14　AMP 功放模块

AMP 面板上有对称的两组指示灯和旋钮，分别是：

（1）“工作”指示灯（红色）：AMP 功放模块正常通电后，指示灯就会长亮。

（2）“广播”指示灯（绿色）：只有 AMP 接收到广播音频信号时，广播指示灯被点亮，当音频信号结束后，广播指示灯熄灭。

（3）音量调节旋钮：用于调节单节车对应侧的输出音频大小。

4）ICU 板（对讲处理模块）

ICU 板是报警紧急对讲控制器，如图 6-15 所示，用于直接连接本节车的三个乘客紧急报警盒，控制乘客紧急报警盒与 CADU 之间的对讲控制模块与列车对讲音频总线连接，一方面接收列车对讲音频总线的音频信号，转接至紧急报警器，另一方面接收紧急报警器的音频信号，转接至对讲音频总线。

ICU 面板上的指示灯和旋钮说明：

（1）“工作”指示灯（红色）：ICU 板正常通电后，指示灯就会长亮。

（2）“通信”指示灯（黄色）：本节车的通信正常时，“通信”指示灯处于有规律地快闪烁状态（同 LCU 板上的 LCOM 指示灯），本节车的三个乘客紧急报警盒都正常连接在 ICU 板件上，通信正常时，ICU 板件上的“通信”指示灯为正常快闪烁状态，否则一旦与乘客紧急报警盒发生通信故障，ICU 面板上的“通信”指示灯就出现不规则慢闪烁现象。

（3）“报警”指示灯（红色）：当本节车的乘客紧急报警盒被激活且司机室未接通之前，“报警”指示灯处于 1 Hz 闪烁状态，如果接通或强行取消报警，“报警”指示灯熄灭。

（4）“应答”指示灯（黄色）：当本节车的乘客紧急报警盒被激活且司机室接通后，“应答”指示灯长亮，结束报警信号或强行中断报警信号后，“应答”指示灯熄灭。

（5）“占线”指示灯（黄色）：当列车上有激活两个或以上的乘客紧急报警盒，且本节车有对应的未接通激活的乘客紧急报警盒，“占线”指示灯闪烁提醒（占线信号是通过 LCU 板件的 TCOM 通信传输来的），当本节车所有的激活的报警信号接通后，“占有”指示灯熄灭。

（6）“讲话”指示灯（绿色）：本节车的乘客紧急报警激活且被司机室接收后，乘客可以讲话，讲话指示灯长亮，否则不会被点亮。

（7）“听话”指示灯（绿色）：本节车的乘客紧急报警盒被激活且司机室接收后，司机发出讲话信息时，ICU 板件上的“听话”指示灯长亮，否则不会被点亮。

（8）对讲音量旋钮：用来调节本节车上的三个乘客紧急报警盒的对讲音量大小。

5）客室 I/O 接口板

客室输入/输出接口（见图 6-16）用于单节车的乘客报警、列车总线、CCTV、动态地图、客室扬声器、噪声检查和客室广播主机的地址设置。客室 I/O 接口功能如下：① 乘客紧急报警接口；② 动态地图指示接口；③ 媒体播放接口（暂未开方使用）；④ 客室广播主机的地址接口；⑤ 客室扬声器接口；⑥ 列车总线接口；⑦ 噪声检查接口。

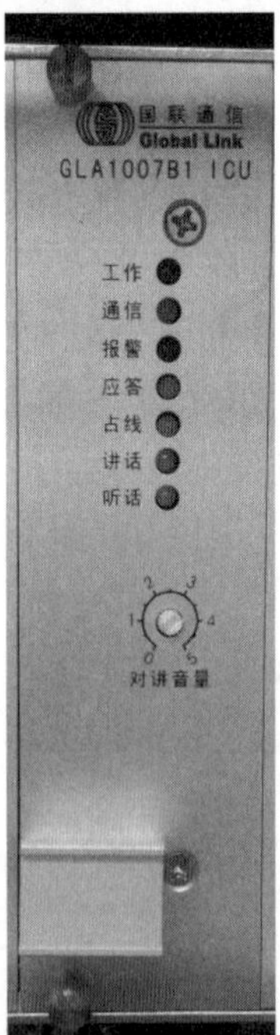

图 6-15 ICU 板

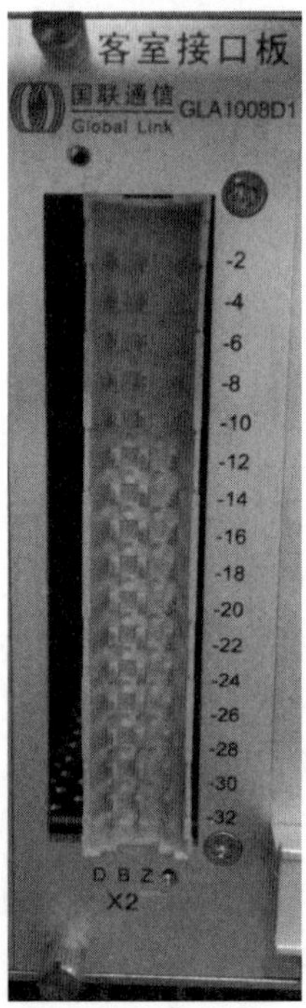

图 6-16 客室 I/O 接口板

3. 扬声器

列车广播系统扬声器分为两种：司机室监听扬声器（如图 6-17 所示）、客室扬声器（如图 6-18 所示）。

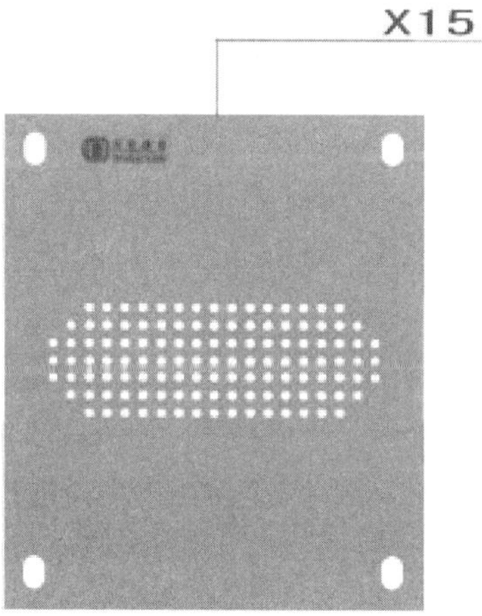

图 6-17　司机室广播监听/对讲扬声器

图 6-18　无线电台监听扬声器

1）司机室监听扬声器

司机室监听扬声器安装在司机室内装顶板上，每个司机室 2 个（其中有 1 个扬声器属于无线电台系统），其主要实现三方面的功能：① 播放广播语音信号；② 播放乘客与司机对讲时的语音；③ 播放司机与司机之间通话的语音。

2）客室扬声器

客室扬声器安装在客室侧顶板上，每个客室 10 个，其主要播放广播语音信号，如图 6-19 所示。

图 6-19　客室扬声器

4. 话筒/麦克风

麦克风（又称话筒）是司机与司机通话、司机与乘客紧急报警通话、司机对乘客进行口播的输入接口。

5. 电子动态地图

电子动态地图主要由动态地图显示板、动态地图控制板、动态地图电源板三部分构成，采用 RS-485 通信协议。其主要功能是为乘客提供到站点信息和紧急广播动态文字显示，比较直接方便，有助于乘客及时了解站点信息和语音播报内容，如图 6-20 所示。

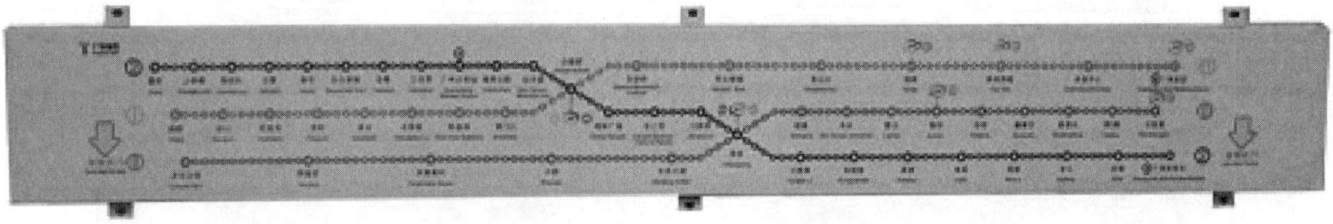

图 6-20　电子动态地图

1）动态地图显示板

动态地图显示板是大多采用单色 LED 点阵屏设计（红色）。按照程序设计要求，可以显示所需报站信息文字和数字。LED 显示板是用三块自带有驱动板件的点阵屏组装而成的，点阵屏只要接线正确就可以互换使用，没有对应位置要求。

LED 电子地图分上下两部分。上半部分只是贴纸膜，直接贴在门侧顶板上，没有 LED 灯，贴纸部分是整条线路站点。下半部分则是 LED 点阵文字屏，可以同时显示多个汉字及两个“本侧开门”指示箭头。点阵屏尽可能在同一屏中显示所有“下一站：站名”中文或英文字符，如超出一屏，将进行滚动显示。对于这种 LED 电子地图，只需更换动态地图贴膜及更新动态地图程序就可以支持不同线路和站名要求，方便线路或站名的修改和扩展。

2）动态地图控制板

LED 电子地图控制板有动态地图站名显示及变换等功能的控制芯片。控制板内有存储字库文件的芯片。利用单片机编程控制，按编写好的程序要求进行调用字库内的文字，并扫描点亮点阵屏，把所需文字效果呈现在 LDE 显示板上，指示广播报站站点信息（中英文）和紧急广播内容（中文）。

3）动态地图电源板

动态地图电源板主要是为动态地图提供工作电源和 RS-485 通信接口，如图 6-21 所示。把 110 V 的直流电压通过 DC/DC 模块转化为直流 5 V 电源，供后级电路中的动态地图控制板和动态地图面板使用。

图 6-21　动态地图电源板

6. 乘客紧急报警盒（PECU）

PECU 用于车厢内出现紧急情况时乘客向司机室报告，如图 6-22 所示。可进行乘客与司机之间的双向通话。乘客报警后，通过报警器上的麦克风和扬声器与司机室进行通话。通话结束，由司机室按键取消报警状态。

当多个车厢同时进行报警时，系统对各个车厢的报警信号具有储存功能。一个车厢的报警被接通时各个车厢的报警处于排队状态。当前一个车厢的报警挂断后，后面的报警会自动接入。在报警盒上安装了三个状态指示灯，分别是“听话”指示灯（绿色）、“占线”指示灯（黄色）、“讲话”指示灯（绿色）。当乘客按下报警盒上的红色“报警按钮”后，报警按键指示灯（红色）闪烁，若有其他报警盒在通话中时，“占线”指示灯闪烁，提示需排队等待司机室接通报警信息，司机室操作“紧急对讲”按键接通对应报警盒的报警信息，此时“讲话”指示灯长亮，客室人员可以对着报警盒的 MIC 与司机室进行对讲，对应报警盒的“占线”指示灯熄灭。司机室按下“PTT”按键，发出与乘客讲话信息时，报警盒上的“听话”指示灯点亮，“讲话”指示灯熄灭；司机室松开“PTT”按键，报警盒上的“讲话”指示灯点亮，“听话”指示灯熄灭，客室人员再次可以与司机室对讲，司机室按下“报警复位”按键结束报警信息，对应报警控制盒上所有指示灯熄灭。

7. 噪检器

噪声检测器（见图 6-23）在每个客室安装有 3 个，它由噪声采集器、放大器、电压电流变换器构成，采用 12 V 供电电压，通过实时采集客室内噪声并回传到客室 AMP 控制模块中，AMP 处理后会对广播输出音量进行自动调节。

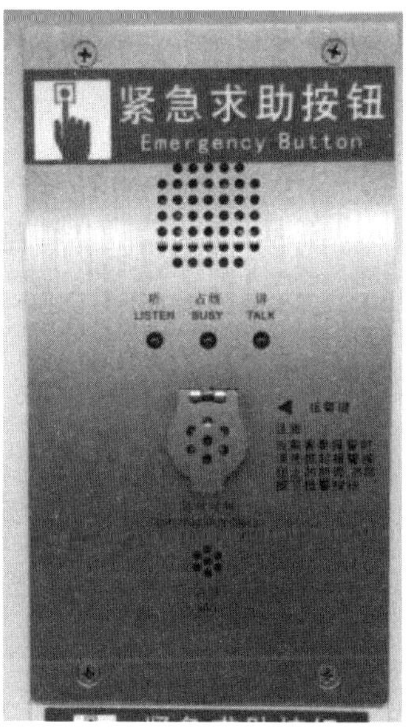

图 6-22　乘客紧急报警盒

图 6-23　噪检器

（三）乘客信息系统主要装置的分布

（1）司机室终点站显示器和扬声器的安装位置如图 6-24 所示。

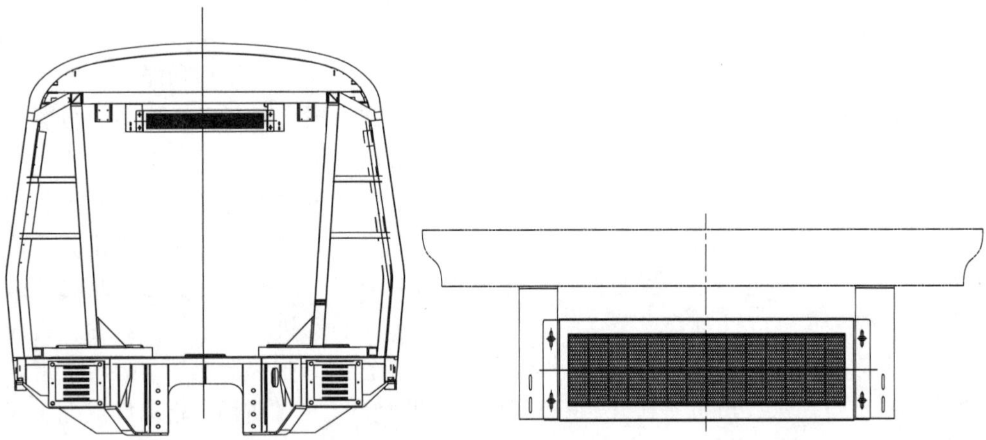

（a）目的地显示屏

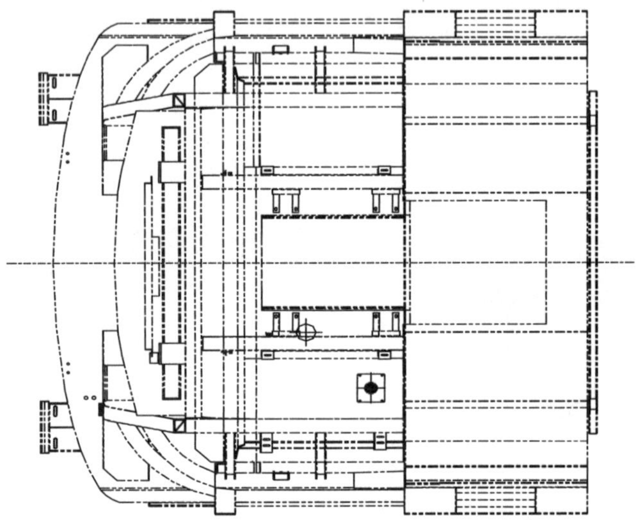

（b）司机室扬声器和摄像头

图 6-24　目的地显示屏、司机室扬声器和摄像头的安装位置

（2）客室 PIS 设备的安装位置：A 车客室 PIS 设备安装在微机柜中；B 车客室 PIS 设备安装在继电器柜中；C 车客室 PIS 设备安装在继电器柜中。

（3）客室扬声器、LED 动态地图、LCD 及紧急对讲的安装位置如图 6-25 所示。

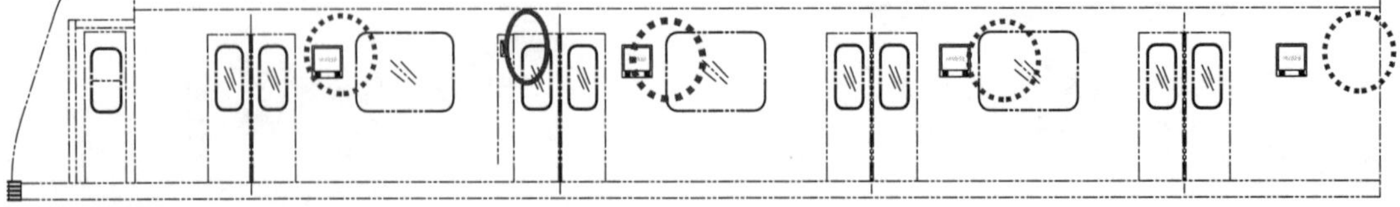

（a）LCD 屏及紧急对讲设置

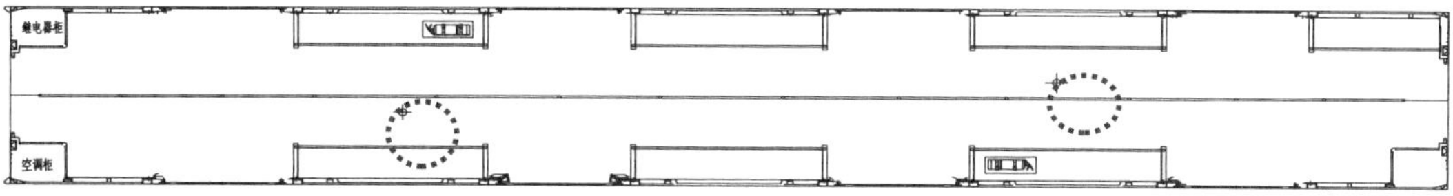

（b）客室摄像头

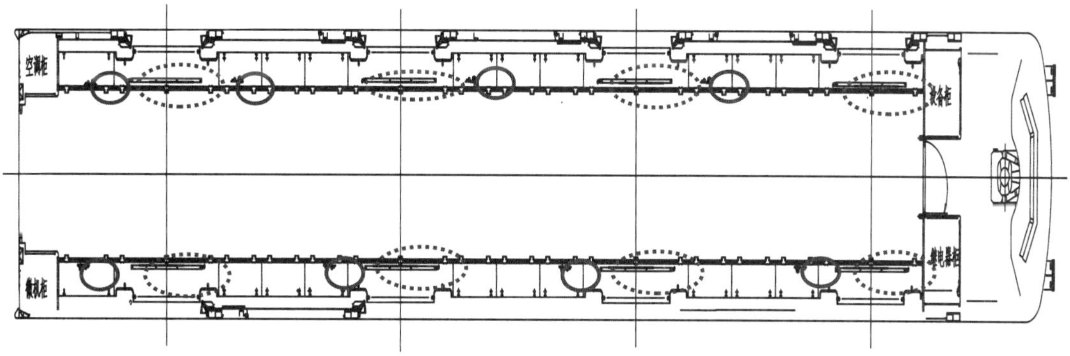

（c）动态地图及扬声器布置

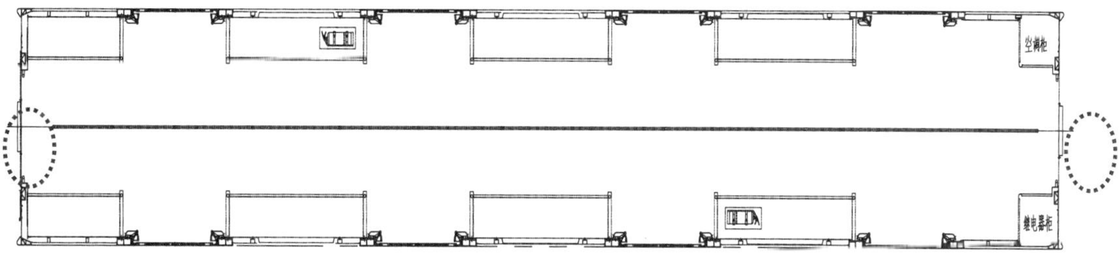

（d）客室 LED 显示屏

图 6-25　客室扬声器、LED 动态地图、LCD 及紧急对讲的安装位置

三、城轨车辆乘客信息系统的工作原理及操作

（一）乘客信息系统的工作原理

在乘客信息系统各个设备均正常的情况下，由列车控制系统向系统供入 110 V 电源，广播主/分机 PSU 模块上对应的电源指示灯点亮，系统启动；当操作者将一端司机室激活（有钥匙操作），系统激活信号跟随列车主控发出，主控开启时，系统同时接收到激活信号，广播主机上的中央处理控制器（PISC）上激活（Activate）指示灯点亮（绿色），此时可以对 PIS 系统进行各项功能操作。

（二）乘客信息系统的操作模式

PIS 系统的操作模式主要有 3 种：无线电台语音广播、人工广播、数字语音条目广播。

1. 无线电台语音广播（OCC 广播）

PIS 系统对无线电台的控制通过无线电台提供的一对闭合信号实现。当无线电台有信号输出时，无线电台的触点（该触点为一种软开关，为程序内的 I/O 节点）闭合，PIS 系统收到闭合信号后，通过 CAPU 面板处理优先级，播出时自动将广播通道切换到无线语音电台通道上，并从客室扬声器输出，如图 6-26 所示，此时在 PIS 系统主机柜中，CAPU 面板上的“无线”指示灯点亮（绿色），在客室广播主机上的功放（AMP 板）上的“广播”指示灯点亮（绿色）。CAPU 面板上有一路“Radio”音量调节器，此调节器是调节从无线电台接收到的音频输出到客室广播主机语音信号的强弱。

当无线电台语音信号播放完毕后，无线电台闭合触点断开，PIS 系统收到触点断开后，自动关闭无线电台通道，在 CAPU 上的“无线”指示灯关闭，同时客室功放（AMP 板）也结束播放，“广播”指示灯关闭。

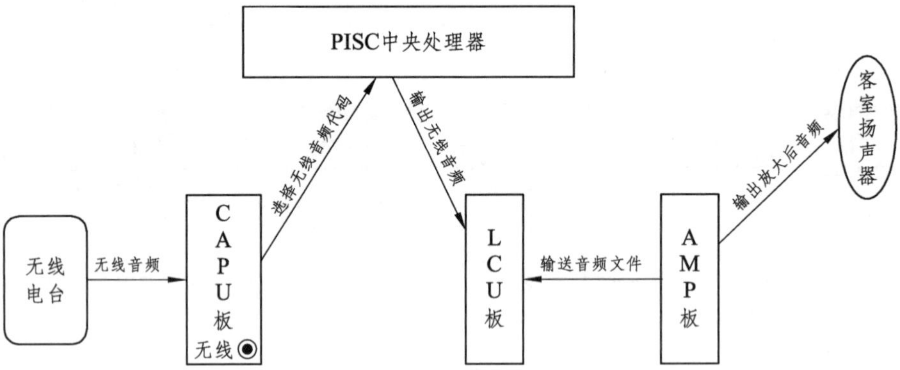

图 6-26　无线电广播流程图

2. 人工广播

1）司机室对讲（C—C）

在有蓄电池供电的情况下，列车两端的司机室可以进行半双工通话。当一方要呼叫对方时，按下司机台面板上的通话按键。当一端的司机按下对讲按键发送对讲要求时，另一方只能接收，同一时间一端的司机不能既发送又接收，如图 6-27 所示。

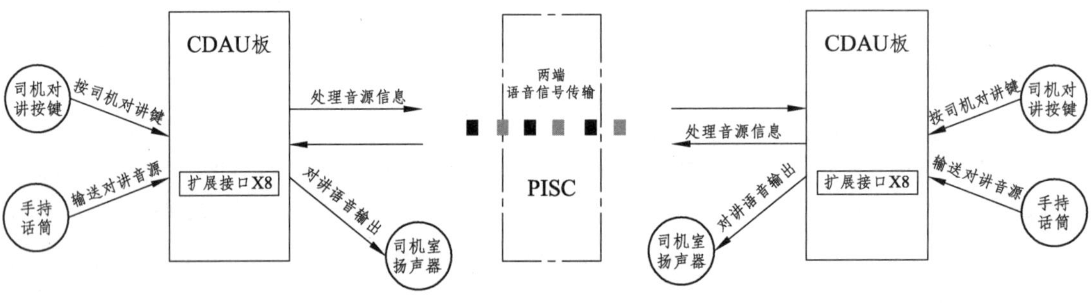

图 6-27　司机室对讲流程图

2）司机室与乘客紧急对讲（P—C）

每个客室安装有乘客紧急报警盒，用于在紧急情况下，司机与乘客进行对讲通话。如图 6-28 所示，司机与乘客紧急对讲采用半双工双向通话方式。

三维动画：司机室与乘客紧急对讲

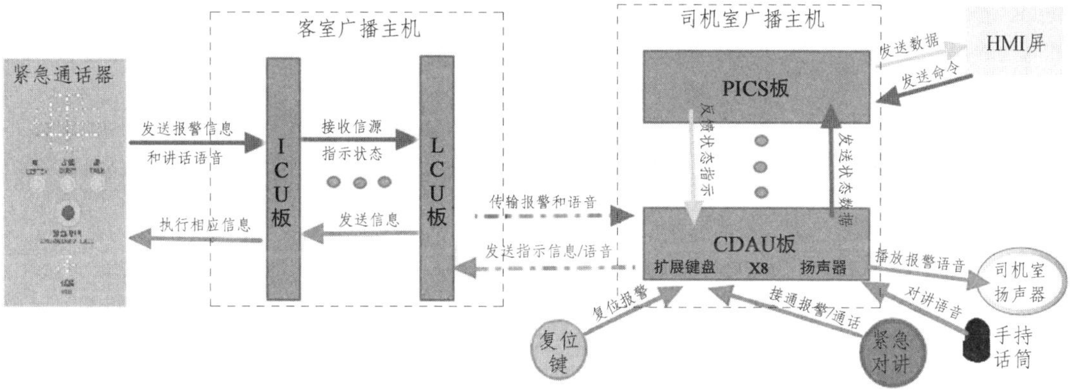

图 6-28　司机室与乘客紧急对讲流程图

（1）当乘客要与司机进行紧急情况汇报时，乘客须掀开报警盒上的报警按钮保护罩，然后按一下红色“报警按钮”，此时“报警按钮”中的指示灯开始闪烁（红色），在客室 ICU 面板上的“报警”指示灯闪烁（红色），同时在激活端司机室广播主机 CDAU 板扩展键盘上的“报警”按键指示灯闪烁，CDAU 面板上的“P—C”指示灯闪烁（绿色），并且蜂鸣器开始鸣响，当司机接听此路报警时，需按下 CDAU 板扩展键盘上引出的“紧急报警”按键，此时 CDAU 板扩展键盘上的“报警”指示灯长亮，面板上的“P—C”指示灯长亮（绿色），蜂鸣器停止鸣响；客室机柜中 ICU 面板上的“报警”指示灯长亮（红色），“应答”指示灯长亮（绿色），“讲话”指示灯长亮（绿色）；在乘客紧急报警盒上的“报警”指示灯长亮（红色），“讲话”指示灯长亮（绿色），此时对讲通道已经建立，当前对讲状态是乘客讲话、司机听，乘客须对着紧急报警盒上的 MIC 处进行讲话，司机能够通过司机室扬声器听到乘客讲话。当司机听完乘客讲话后想对乘客说话时，需按住 CDAU 板扩展键盘上引出的“PTT”按键，“PTT”按键中的指示灯亮，在客室广播主机中 ICU 面板上的“讲话”指示灯关闭，“听话”指示灯长亮（绿色），在报警盒上的“讲话”指示灯关闭，“听话”指示灯长亮（绿色），此时系统处于司机讲话、乘客听的状态，司机可以对着话筒讲话，乘客能够通过紧急报警盒上的扬声器听到司机讲话。司机讲话完毕后放开 CDAU 板扩展键盘上引出的“PTT”按键，此时“PTT”指示灯关闭，系统又恢复到乘客讲话、司机听的状态。当司机要挂断此次报警时，只需再次按一下扩展键盘上的“紧急报警”按键，此时“紧急报警”按键中的指示灯关闭，司机室机柜中 CDAU 面板上的“P—C”指示灯关闭，客室机柜中 ICU 面板上的“报警”指示灯、“应答”指示灯和当前报警通话状态指示灯关闭，在报警盒上的“报警键”指示灯和当前报警通话状态指示灯关闭。

（2）当上述乘客报警过程中还有另外几路有报警时，接通和挂断方法与上述一样，只是在排队等待接听报警的报警盒上会有指示灯提示，且接听是按照报警的先后顺序依次排队，先报、先接听。

下述操作是建立在已经有一路报警接通的情况下：当乘客按下紧急报警盒上的红色“报警键”后，报警键指示灯闪烁（红色），同时能够看到“占线”指示灯长亮（黄色），在本节报警车厢中客室广播主机的 ICU 面板上“报警”指示灯闪烁（红色），“占线”指示灯长亮（黄色），当司机接听完其他报警响应，此路报警后，报警盒上的“占线”指示灯关闭，“讲话”指示灯长亮（绿色），恢复到乘客讲、司机听的状态，同时在本节车客室广播主机的 ICU 面板上“占线”指示灯关闭，“报警”指示灯长亮（红色），“应答”指示灯长亮（绿色），“讲话”

指示灯长亮（绿色）。

（3）每次报警结束后，在司机室按下司机台上的报警复位按钮，远程复位乘客紧急报警盒，也可在客室由工作人员用复位专用钥匙在乘客紧急报警盒上做复位操作。

（4）当乘客报警 2 min 后（可调整）仍无应答，本次报警自动结束，同时紧急通话器复位。

（5）当有乘客报警时，司机室 LCD 触摸显示屏（CCTV 监控屏）将以单画面轮循方式或四画面方式（可调）显示相应客室监控画面。

（6）通话功能激活时，系统的司机室广播控制主机就会自动开始录制报警音频，音频文件存储于司机室广播主机 DVAR 板件的 CF 卡内，可通过查看该 CF 卡或 DVAR 板件上的 USB 接口查询和下载。

3）司机室对客室广播（PA）

如图 6-29 所示，司机室要操作人工广播，可以通过按下“客室广播”按键，此时可看到此按键中的指示灯亮，在司机室广播主机 CAPU 面板上的“话筒”指示灯点亮（绿色），此时在客室功放面板上的“广播”指示灯点亮（绿色），在司机室可以通过话筒对乘客进行广播；松开“客室广播”按键，此按键中的指示灯关闭，在司机室广播主机 CAPU 面板上的“话筒”指示灯关闭，在客室广播主机功放（AMP）面板上的“广播”指示灯关闭，此时司机室对乘客广播结束。

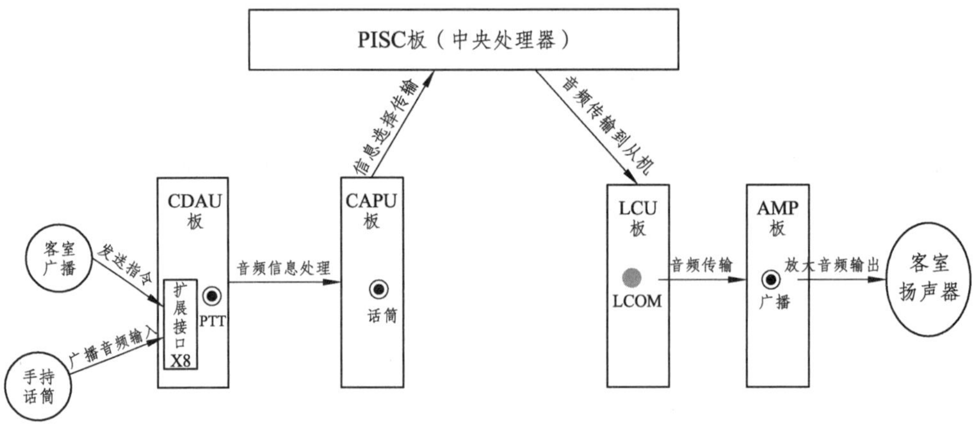

图 6-29　司机室对乘客广播流程图

3. 数字语音条目广播

数字语音条目广播是播放司机室广播主机 DVAR 板的 CF 卡内存储的语音数字音频（包括数字报站语音广播、数字紧急语音广播），其有两种情况：一是全自动报站，二是手动报站。全自动报站是广播系统实时接收来自 ATC 系统的报站触发信号，包括目的站、当前站、下一站、开门侧等信息，可实现全自动数字语音广播。在手动报站模式下，司机在起点站时设置好线路和站点，每到一站通过按下“下一站”或“上一站”软键调整站点，按下“手动报站”软键激活报站广播，如图 6-30 所示。

三维动画：城轨车辆数字化报站

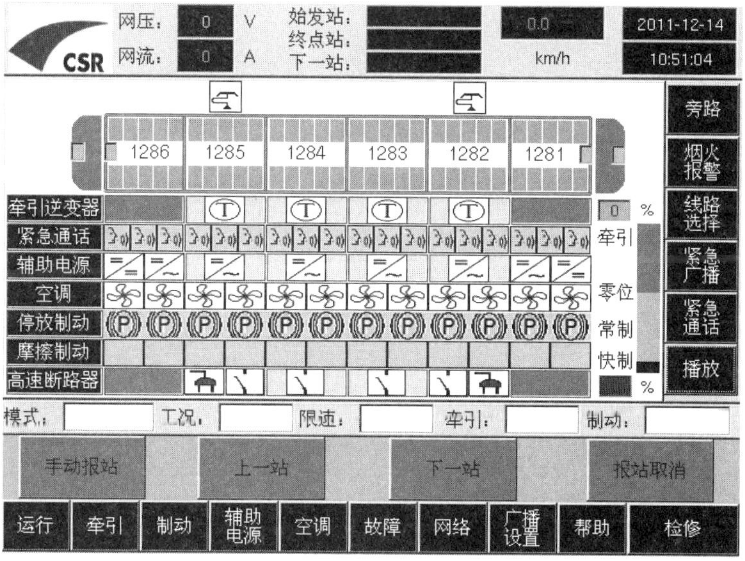

图 6-30　HMI 显示手动报站模式

列车播报自动广播时，需要从行车系统接收到到站命令或从 TMS 处接收到速度信号命令（如全自动报站），也可以从 HMI 显示屏处得到报站代码（如手动报站），传输给司机室广播主机的 PISC 板件后，经过分析代码，转化为广播主机内部代码，输送给 DVAR 面板，从 DVAR 面板内部寻找对应的所需音源或音源组合，此时 DVAR 面板的“播音指示灯”（绿色）长亮，整合后的音源发送出对应的代码到 CAPU，此时 DVAR 面板上的“数据指示灯”（绿色）出现规律闪烁，CAPU 面板接收到从 DVAR 面板发来的音源代码，需要优先权处理所有需要播报的音频信息，当无其他高优先权的音频时，PISC 会将音源代码分析处理后传送给 PISC 中央处理器，此时 CAPU 面板的“数字指示灯”（绿色）长亮，PISC 接收 CAPU 面板处理的音源代码，由 I/O 板通过本地通信输送给客室广播主机的 LCU 板件，LCU 板件会再次把音源信号传输给 AMP 功放板件，此时 AMP 板件的“广播指示灯”（绿色）长亮，音源在 AMP 模块内进行音频信号放大后，输送给扬声器。当自动广播播放完毕后，CAPU 面板无 DVAR 面板信源接收，会自动关闭数字报站通道，“数字指示灯”（绿色）关闭，DVAR 面板上的“数据指示灯”（绿色）关闭，“播音指示灯”（绿色）关闭，客室广播主机里的 AMP 功放面板上的“广播指示灯”关闭，从而完成整个自动广播的报站流程，如图 6-31 所示。

（三）广播系统的操作优先级

广播系统供电成功且初始化完成后，操作人员为一端司机室提供激活信号，广播系统进入工作模式。广播系统优先级默认是：无线电台广播、人工口播、乘客紧急对讲、司机与司机对讲、数字报站广播（广播系统优先级也可以通过计算机连接进行设置）。

1. 广播挂起

广播优先权顺序是：车门报警信号>无线电台广播（OCC 广播）>人工口播（MIC 广播）>紧急广播（EPA 紧急广播）>自动报站（DVA 广播）。高优先级别的广播可切断正在进行的低优先级别的广播。

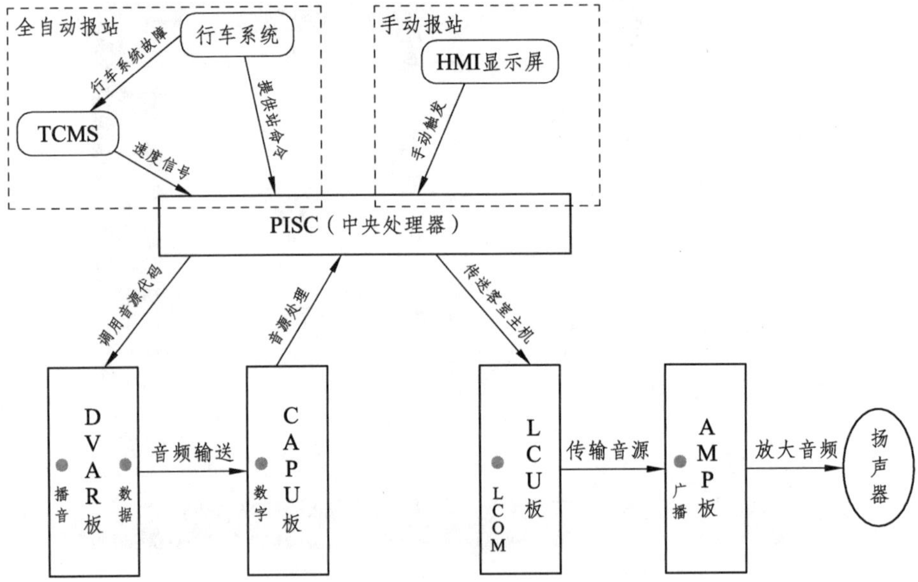

图 6-31　广播全自动报站/手动报站流程图

（1）当正在进行 EPA 或 DVA 数字广播时，按下 PA 按键时，即停止当前广播，进入 MIC 广播，按键及背光灯状态同 MIC 音频模式下的状态。

（2）当正在进行 MIC 广播时，OCC 广播被触发，这时系统自动停止 MIC 广播（按键状态自动被复位，绿色背光灯熄灭），进入 OCC 广播状态。

（3）当正在进行 MIC 广播或 EPA 紧急广播或 DVA 广播时，车门报警信号被触发，这时系统自动停止当前模式下的广播，进入车门报警状态。

（4）当正在进行 OCC 广播时，车门报警信号被触发，这时系统自动切换至车门报警状态下；当车门报警信号结束时，系统将重新连接 OCC 广播（须在 OCC 广播仍有触发的过程）。

（5）当高优先级别的广播正在进行时，低优先级别的广播则不能被触发。

2. 对讲挂起

对讲优先权顺序是：司机对讲（C—C）>乘客紧急对讲（P—C）>人工口播（MIC 广播）。高优先级别的对讲模式可切断或暂停挂起低优先级别的对讲/MIC 广播。

（1）当正在进行 MIC 广播时，P—C 模式被触发，则 MIC 广播被立即中断（按键自动复位、绿色背光灯熄灭），从而进入 P—C 对讲模式下。

（2）当正在进行 MIC 广播时，C—C 模式被触发，则 MIC 广播被立即中断（按键自动复位、绿色背光灯熄灭），从而进入 C—C 对讲模式下。

（3）当正在 P—C 模式下时，C—C 模式被触发，则 P—C 模式被暂停挂起，此时 P—C 键的黄色背光灯会以 2 Hz 的频率进行闪烁，表示 P—C 被挂起；进入 C—C 模式；当结束 C—C 模式时，系统自动恢复刚才被挂起的 P—C 对讲，其黄色背光灯变为长亮，恢复正常 P—C 模式状态。

（4）当正在 C—C/P—C 模式下时，按下 PA 按钮，则无任何变化和响应。

（四）乘客信息系统操作

1. 紧急对讲系统操作

当发生紧急情况时，乘客可以要求与司机对讲，HMI 显示屏上将显示相应的车厢报警器编号及其状态。

1）单个紧急报警对讲

司机按下广播控制盒上的 PC 键，PC 键亮，对讲通道打开，默认状态为乘客讲、司机听，此时报警盒上听/讲灯未亮，乘客对着报警盒 MIC 讲话，司机通过司机室扬声器可监听到讲话；当司机回复乘客时，司机持续按压广播控制盒上的 PTT 键，此时报警盒上的听/讲灯亮，系统处于司机讲、乘客听状态，司机对着话筒讲话，乘客可通过报警盒上的扬声器听到司机讲话。司机讲话完毕后松开 PTT 键，系统又恢复到乘客讲话、司机听的状态。当司机要挂断此次报警时，再次按下 PC 键，PC 键灯灭，乘客与司机对讲结束。

2）多个紧急报警对讲

当同时有多个紧急报警器呼入时，司机可按下广播控制盒上的 PC 键，按照先到先通的原则顺序接通每个乘客报警。接通后乘客对讲流程同上。未接通的报警器按钮将闪烁显示占线中。紧急报警器的工作状态可通过 PIS 系统传送给 TCMS，在 HMI 操纵界面上显示如图 6-32 所示界面。

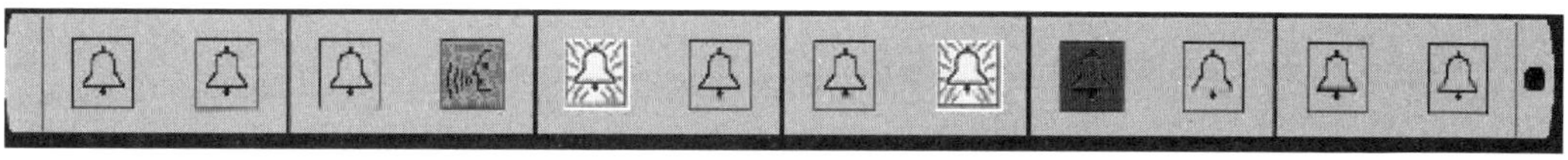

图 6-32 “紧急通信”界面

紧急对讲显示图形符号说明见表 6-3。

表 6-3 紧急对讲显示图形符号说明

Priority 优先级	Symbol 符号	Indicated state 指示状态
1		passenger emergency intercom unit faulty 乘客紧急通信单元故障
2		passenger emergency intercom unit activated, emergency call requested by passenger 乘客紧急通信单元激活，乘客要求紧急对讲
3		passenger emergency intercom unit active, driver has opened a communication channel 乘客紧急通信单元激活，司机已打开通信通道
4		passenger emergency intercom unit ok, not activated 乘客紧急通信单元正常，未激活

当通话功能激活时，系统的司机室广播控制主机就会自动开始录制报警音频，音频文件存储于司机室广播控制主机的 SD 卡内，可通过查看 SD 卡或 USB 接口查询和下载。同时，网络媒体服务器自动记录与报警联动的监控图像（音视频录像），用户可通过司机室触摸屏对录像内容进行回放（仅视频），也可通过维护 PTU 对录音进行音视频回放。无论是报警相关的音视频录像还是未报警时的视频录像均实时上传到 OCC。

2. 视频监控系统操作

列车视频监控系统主要包括：网络媒体服务器、LCD 触摸显示屏（CCTV 监控屏）、司机室/客室编码器、摄像机等。

司机可通过 CCTV 监控屏实时监视列车上各车厢及另一司机室的人员活动情况。如图 6-33 所示，视频画面有全屏、4 分屏等显示方式，视频显示画面切换方式有手动切换和自动切换，自动切换的轮循显示时间可自行设定。列车视频监控系统在显示视频图像时还能将文字信息叠加到视频图像上，如车次号、车辆编号、摄像头编号、显示方式、触发类型、日期时间等。

（a）监控全屏　　（b）监控四分屏

图 6-33　视频画面

当有报警发生时，显示屏立刻全屏显示报警点的视频图像。网络媒体服务器自动记录与报警联动的监控图像（音视频录像），可通过 CCTV 监控屏对录像内容进行回放（仅视频），也可通过维护 PTU 对录音进行音视频回放。无论是报警相关的音视频录像还是未报警时的视频录像均实时上传到 OCC。

任务实施

微课视频：人工广播试验作业

一、任务作业指导标准

（一）人工广播试验作业（见表 6-4）

表 6-4　人工广播试验

作业项目	人工广播试验作业	
作业人数	2 人	
作业工具	万用表	
序号	作业内容	作业标准
1	试验前的准备工作	（1）用万用表测量一位端司机室电气柜 VCU 微断器、HMI 微断器、远程 I/O 微断器、ACSU 微断器、PACU 微断器、动态地图微断器、网络媒体服务器微断器、LCD 微断器、司机室触摸屏微断器、一位端客室电气柜远程 I/O 断路器有 DC 110 V。 （2）将一位端司机室电气柜 VCU 微断器、HMI 微断器、远程 I/O 微断器、ACSU 微断器、PACU 微断器、动态地图微断器、网络媒体服务器微断器、LCD 微断器、司机室触摸屏微断器、一位端客室电气柜远程 I/O 断路器闭合。
2	人工广播试验	（1）按下一位端（有钥匙信号）司机台广播控制盒面板上的“PA”按钮。 （2）一位端司机台广播控制盒上的“PA”按键指示灯常亮。 （3）按住（按下不放）“PTT”按键并对着话筒讲话，进行人工广播，广播的内容可被客室及二位端司机室听到，而广播司机室本身则静音。 （4）再次按下司机台广播控制盒面板上的“PA”按钮，将关闭人工广播。

（二）紧急报警试验作业（见表 6-5）

微课视频：紧急报警试验作业

表 6-5　紧急报警试验

作业项目	紧急报警试验作业	
作业人数	2 人	
作业工具	万用表	
序号	作业内容	作业标准
1	试验前的准备工作	同“人工广播试验”的试验前准备一致
2	司机与乘客紧急对讲（单路报警）	（1）翻开紧急报警器面板上的红色按钮保护盖，按下“报警”按钮触发客室乘客报警功能。  （2）紧急报警器“呼叫”指示灯点亮闪烁。司机室广播控制盒上的“PC”指示灯闪烁，报警提示音响起，TCMS 屏上的“乘客对讲”界面显示报警位置。 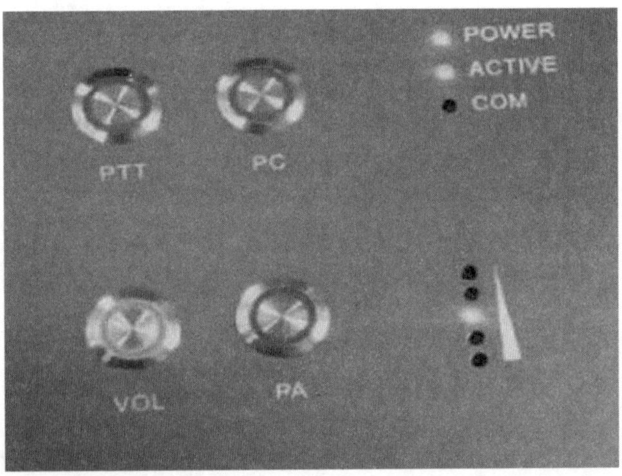

续表

序号	作业内容	作业标准
2	司机与乘客紧急对讲（单路报警）	（3）司机按下广播控制盒上的“PC”按键接通报警，一位端司机室扬声器鸣叫停止，紧急报警器上“呼叫”指示灯熄灭，“讲”指示灯亮起，乘客可与司机对讲。 （4）司机按住（按下不放）“PTT”按键，司机可对乘客进行通话，松开“PTT”按键，司机可收听乘客语音。 （5）紧急报警器报警，乘客可与司机通话。通话声音响亮，清晰，无卡顿。 （6）再次按下广播控制盒上的“PC”按钮，结束对话。紧急报警器被复位，紧急报警器面板上的所有指示灯熄灭，广播控制盒上的“PC”指示灯熄灭。
3	司机与乘客紧急对讲（多路报警：司机接通一路报警，第二路报警触发）	（1）已经接通一个紧急对讲时，再按下另一个客室紧急报警装置的“报警”按键。 （2）TCMS 屏上显示第二路报警位置。 （3）按压“PC”按键挂断一路报警，待再次听到报警提示音后按压“PC”按键，接通二路报警。 （4）司机与二路报警乘客通话。 （5）再次按下广播控制盒的“PC”按钮，结束对话。紧急报警器被复位，紧急报警器面板上所有指示灯熄灭，广播控制盒的“PC”指示灯熄灭。

（三）半自动广播试验作业（见表 6-6）

微课视频：半自动广播试验作业

表 6-6 半自动广播试验

作业项目	半自动广播试验作业	
作业人数	2 人	
作业工具	万用表	
序号	作业内容	作业标准
1	试验前的准备工作	同“人工广播试验”的试验前准备一致

序号	作业内容	作业标准
2	半自动广播试验	在 TCMS 屏选择始发站、下一站、终点站后，静态调试时，由于没有列车速度，该项功能通过列车网络控制系统执行手动广播试验。 （1）在 TCMS 屏幕主界面点击右侧“半自动广播”图标（最右侧图标第一个），此时，图标上方显示文字“半自动广播”。 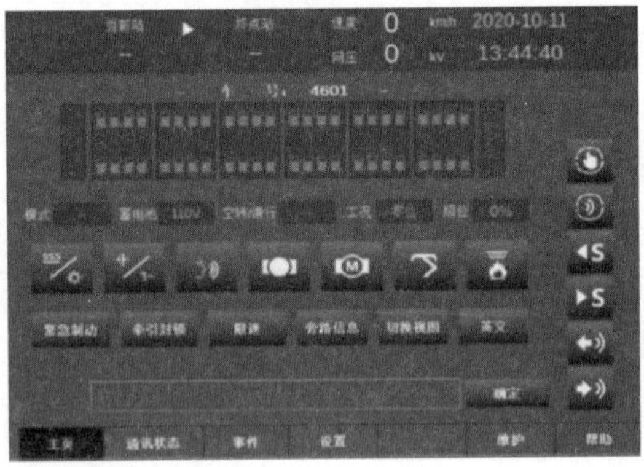 （2）点击“设置”，然后点击“站点设置”，进入站点设置界面。 （3）点击“始发站”后点击上方车站中任意一个，点击“终点站”后点击上方车站中任意一个，点击“确定”。 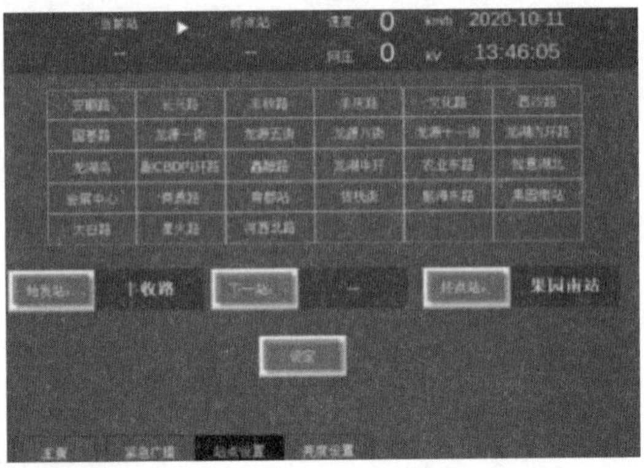 （4）车辆 TCMS 屏上方的“下一站”“终点站”与设置一致。 （5）点击主界面的“到站”按钮，动态地图上显示相应的起始站、终点站运行区间。 （6）在 TCMS 屏上选择下一站点按钮，依次点击离站按键、到站按键进行广播。 （7）动态地图上相应有下一站/到站信息的显示，与报站同步，列车尚未经过的前方站点名称为黑色，已经经过站点名称为灰色，将要到达的站名图标为红色闪烁。

（四）紧急广播试验作业（见表 6-7）

微课视频：紧急广播试验作业

表 6-7　紧急广播试验

作业项目	紧急广播试验作业	
作业人数	2 人	
作业工具	万用表	
序号	作业内容	作业标准
1	试验前的准备工作	同“人工广播试验”的试验前准备一致
2	紧急广播试验	（1）点击司机室 TCMS 屏上的“设置”按钮，选择“紧急广播”界面。 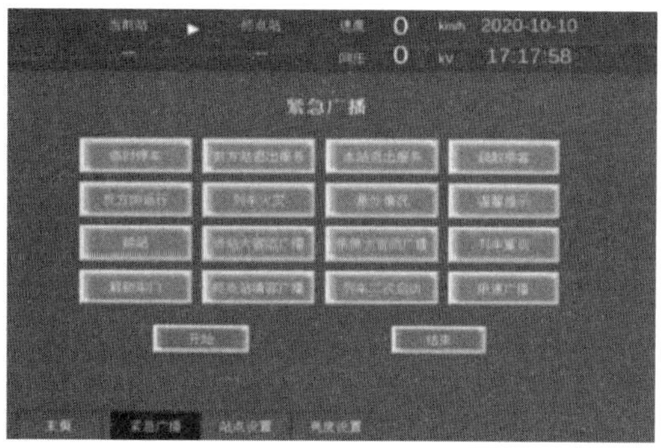 （2）选定“临时停车”按钮，“临时停车”按钮呈阴影效果。 （3）点击“开始”按钮，开始播放选定的紧急广播。 （4）司机室及客室扬声器能输出清晰、流畅、无明显杂音的紧急广播内容。 （5）依次选择其他紧急广播条目，并按“开始”按钮，单句播放完毕后，将自动循环播放该条紧急广播。 （6）按“结束”键可及时结束紧急广播的播放。

（五）广播优先级试验作业（见表 6-8）

微课视频：广播优先级试验作业及广播系统音量调节试验作业

表 6-8　广播优先级试验

<table>
<tr><td>作业项目</td><td colspan="2">广播优先级试验作业</td></tr>
<tr><td>作业人数</td><td colspan="2">2 人</td></tr>
<tr><td>作业工具</td><td colspan="2">万用表</td></tr>
<tr><td>序号</td><td>作业内容</td><td>作业标准</td></tr>
<tr><td>1</td><td>试验前的准备工作</td><td>同“人工广播试验”的试验前准备一致</td></tr>
<tr><td>2</td><td>广播优先级试验</td><td>（1）播放紧急信息广播时，点击广播控制盒面板上的“PA”按键并按住“PTT”按钮，触发人工广播。
（2）紧急广播语音播报被切断或降低音量，开始人工广播，人工广播语音输出清晰、流畅、无明显杂音。
（3）点击广播控制盒上的“PA”按钮，结束人工广播。
（4）若紧急广播仍在广播，可手动结束紧急广播。</td></tr>
</table>

（六）广播系统音量调节试验作业（见表 6-9）

表 6-9　广播系统音量调节试验

<table>
<tr><td>作业项目</td><td colspan="2">广播系统音量调节试验作业</td></tr>
<tr><td>作业人数</td><td colspan="2">2 人</td></tr>
<tr><td>作业工具</td><td colspan="2">万用表</td></tr>
<tr><td>序号</td><td>作业内容</td><td>作业标准</td></tr>
<tr><td>1</td><td>试验前的准备工作</td><td>同“人工广播试验”的试验前准备一致</td></tr>
<tr><td>2</td><td>广播系统音量调节试验</td><td>按下一位端司机台广播控制盒的“VOL”按键，最右侧的音量控制指示灯显示音量的大小程度。
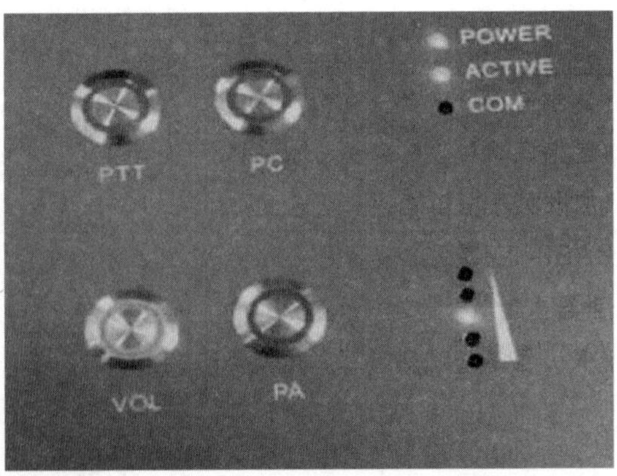
</td></tr>
</table>

二、现场典型故障案例分析

（一）故障一：半自动广播错误

1. 故障现象

列车在会展中心站—民航路站上行区间自动广播错误，司机进行人工广播，重新设置广播后恢复正常。

2. 故障分析

列车回库后下载故障车司机室视频、中央控制器日志及 MVB 接口数据；通过对中央控制器日志数据（如图 6-34 所示）分析，发现在 10:57:12 接收到跳站信号“14　01　11　10”，其中 14 代表市体育中心站，01 代表西流湖站。在终点站设置列车广播时，站点数据信息前两位为“14　01”（市体育中心站至西流湖站）或者“01　14”（西流湖站至市体育中心站）。在列车运行中，出站时触发下一站站点信息，如图 6-34 所示的“11　10”；列车到站时，触发到站广播信息如图 6-34 所示的“10　10”，其中每一个站点对应一个十六进制的两位数。故障发生前即 10:57:12，列车正运行在农业南站至黄河南站上行区间（14　01　10　0F），当接收到跳站信号后，列车广播自动跳转至东风南站至农业南站上行区间。通过分析列车中央控制器日志的故障时间，查看相应时间点的司机室视频文件，发现故障时间点司机并未对 HMI 屏幕跳站按钮做任何操作，所以据此判断跳站信号来源为 HMI 错误触发跳站信号导致。

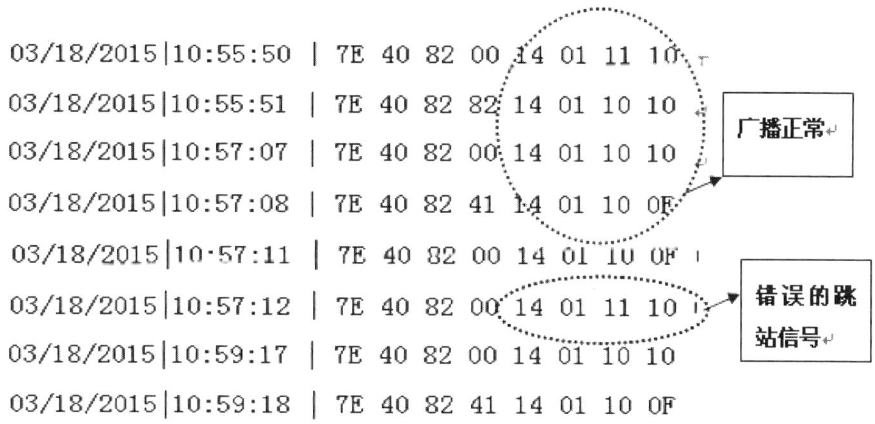

图 6-34　中央控制器日志数据

3. 故障原因

中央控制器通过 MVB 总线接收到跳站信号导致广播错误，其原因为 HMI 错误触发跳站信号。

4. 故障处理

控制厂家修改 VCU 软件程序，采取 2 s 内两次跳站指令视为一次跳站信号的方式来防止 HMI 错误触发。

（二）故障二：司机室 PACU 微动开关跳闸

1. 故障现象

司机发现 1A 车司机室设备柜内 PACU 微动开关在分位，1A 车客室无自动及人工广播，列车动态地图不正常，车厢内 LCD 屏无显示，其他车厢正常。复位 ACSU 微动开关，合 PACU 微动开关后再次自动跳闸，故障仍存在。

2. 故障分析

列车回库后，尝试重新闭合 PACU 微动开关，故障依然存在。通过查找电气原理图发现与 PACU 微动开关连接的为客室广播主机 X1 航空插头（见图 6-35、图 6-36），尝试将 X1 航空插头拆下，重新闭合 PACU 微动开关，微动开关未出现跳闸现象，根据此情况初步判断为客室广播主机的某个模块故障导致跳闸。将客室广播主机电源模块插头安装到位，依次拆下其余 8 个模块及 2 个电源板，判断是哪一个模块故障，最终将故障点锁定在 DC24V 转 DC12V 的电源板，更换新的 DC24V 转 DC12V 电源板后，试验 PIS 系统各项功能正常。

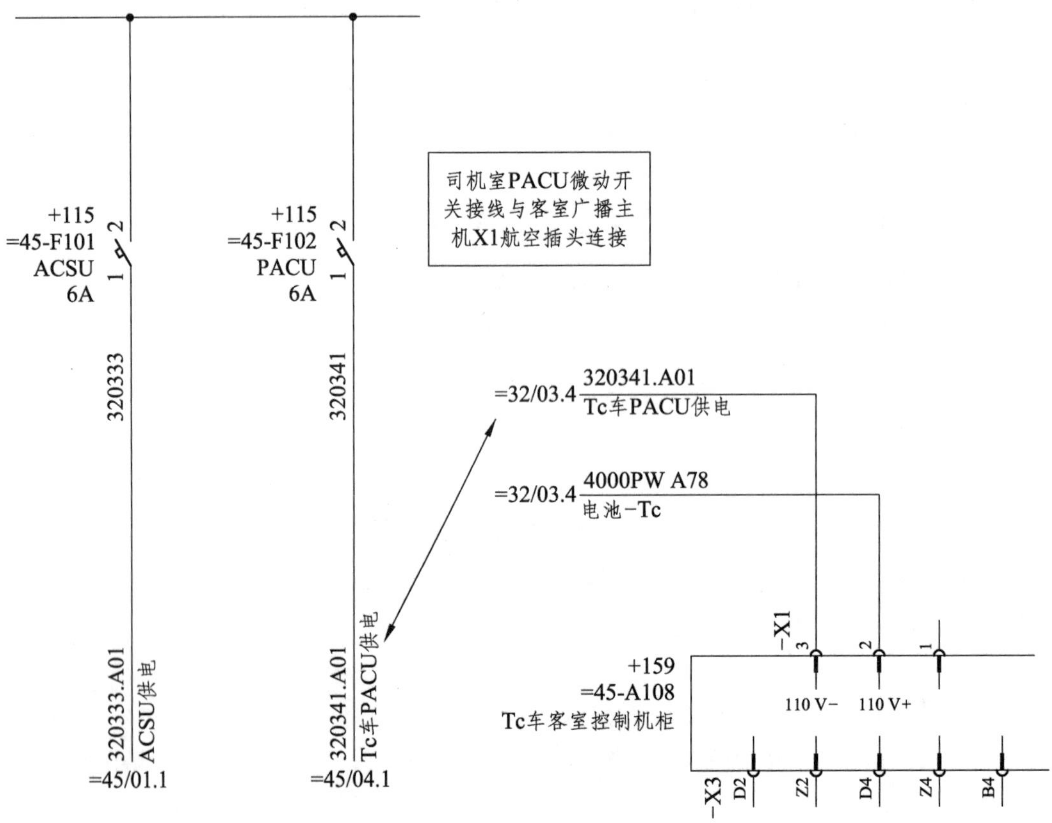

图 6-35　电路连接

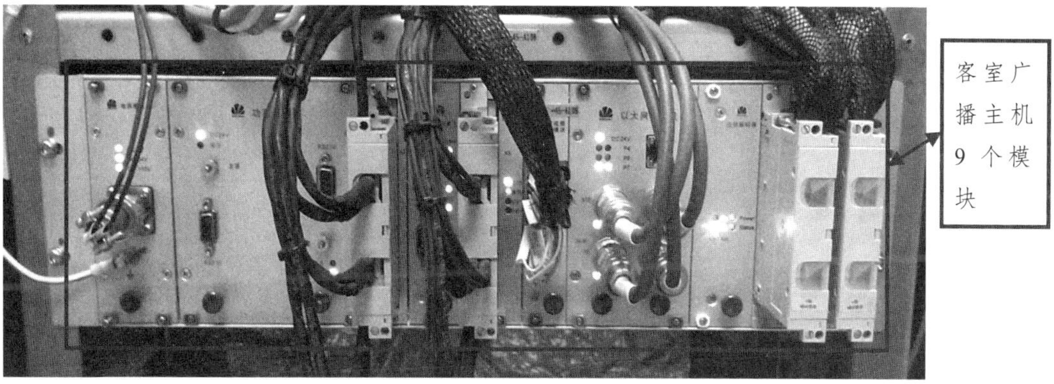

图 6-36　客室广播主机

3. 故障原因

1 车客室广播主机 DC24V 转 DC12V 电源板故障。

4. 故障处理

更换新的 DC24V 转 DC12V 电源板。

技能考核

一、考核任务

每两位学生为一组，在规定的时间内完成紧急报警试验作业。

二、考核要求及评分标准

（一）作业安全要点

（1）作业前需进行场地及设备检查，并根据作业需求进行工具、物料拣选。
（2）作业过程需按照记录卡的要求进行准确记录。
（3）作业结束后需清理现场并归还工具。
（4）注意用电安全，严禁徒手触摸电源及与电源连接的线路。

（二）操作程序

按紧急报警试验作业指导标准完成测试，并将测试结果填写到记录卡（见表 6-10）中。

表 6-10　紧急报警试验作业记录卡

<table>
<tr><th>步骤</th><th colspan="2">测试项</th><th>测试结果</th><th>故障描述</th></tr>
<tr><td>1</td><td>试验前的准备作业</td><td>确认一位端司机室电气柜 VCU 微断器、一位端司机室电气柜 HMI 微断器、一位端司机室电气柜远程 I/O 微断器、一位端司机室电气柜 ACSU 微断器、一位端司机室电气柜 PACU 微断器、一位端司机室电气柜动态地图微断器、一位端司机室电气柜网络媒体服务器微断器、一位端司机室电气柜 LCD 微断器、一位端司机室电气柜司机室触摸屏微断器、一位端客室电气柜远程 I/O 断路器是否闭合</td><td>断路器是否闭合：
全部闭合□
未全部闭合□</td><td></td></tr>
<tr><td rowspan="4">2</td><td rowspan="4">司机与乘客紧急对讲</td><td>翻开紧急报警器面板上的红色按钮保护盖，按下“报警”按钮触发客室乘客报警功能，紧急报警器“呼叫”指示灯闪烁，司机室广播控制盒上的“PC”指示灯闪烁，报警提示音响起，TCMS 屏上的“乘客对讲”界面显示报警位置。</td><td>TCMS 屏上“乘客对讲”界面显示报警位置是否正确：
正确□　不正确□</td><td></td></tr>
<tr><td>司机按下广播控制盒上的“PC”按键接通报警，一位端司机室扬声器鸣叫停止，紧急报警器上的“呼叫”指示灯熄灭，“讲”指示灯亮起，乘客可与司机对讲。</td><td>是否可听到司机讲话：
是□　否□</td><td></td></tr>
<tr><td>司机按住“PTT”按键，司机可对乘客进行通话，松开“PTT”按键，司机可收听乘客语音，紧急报警器报警，乘客可与司机通话，通话声音响亮、清晰、无卡顿。</td><td>是否听到乘客讲话：
是□　否□</td><td></td></tr>
<tr><td>再次按下广播控制盒上的“PC”按钮，结束对话。紧急报警器被复位，紧急报警器面板上所有指示灯熄灭，广播控制盒上的“PC”指示灯熄灭。</td><td>结束对话，广播控制盒上的“PC”是否指示灯熄灭：
是□　否□</td><td></td></tr>
<tr><td colspan="5">故障原因补充说明：</td></tr>
</table>

（三）考核内容及评分标准（见表 6-11）

表 6-11 紧急报警试验作业考核内容及评分标准

序号	考核内容	配分	评分标准
1	作业工具的使用	10	作业过程中错误使用工具或出现工具掉落现象，每次扣 2 分，扣完本项所配分值为止。
2	预设故障查找	20	1. 步骤不对，每次扣 5 分。 2. 方法不对，每次扣 5 分。 3. 损坏零部件，每个扣 10 分。 4. 没有清槽、整理，扣 5 分。 5. 扣完本项所配分值为止。
3	作业标准考察	60	1. 步骤不对，每次扣 5 分。 2. 方法不对，每次扣 5 分。 3. 对标作业指导标准发生漏项，每次扣 5 分。 4. 损坏零部件，每个扣 10 分。 5. 扣完本项所配分值为止。
4	安全文明生产	10	1. 遵守国家或企业有关安全规定，每违反一项规定扣 2 分。 2. 严重违规者停止操作。
5	时间		每超时 5 min 扣 5 分（上限 40 分）

任务拓展

1. 参照上述技能考核模板，以小组为单位完成人工广播试验作业及考核。
2. 参照上述技能考核模板，以小组为单位完成半自动广播试验作业及考核。
3. 参照上述技能考核模板，以小组为单位完成紧急广播试验作业及考核。
4. 参照上述技能考核模板，以小组为单位完成广播优先级试验作业及考核。
5. 参照上述技能考核模板，以小组为单位完成广播系统音量调节试验作业及考核。

任务训练

1. 简述城轨车辆司机室的广播控制机柜由哪些模块组成。
2. 简述城轨车辆乘客信息系统广播及对讲优先级。
3. 简述城轨车辆广播控制盒安装在司机台面板上的按键及其功能。
4. 简述乘客信息系统的主要功能。
5. 简述乘客信息系统基本使用方法。
6. 简述乘客信息系统的组成。

任务七 城轨车辆照明控制系统工作原理分析及故障诊断

任务描述

城轨车辆照明系统可分为车辆外部照明与车辆内部照明，其中内部照明主要包括司机室照明和客室照明，为司机及乘客提供光照；车辆外部照明主要包括头灯、尾灯及运行灯，用于显示列车的运行状态。

本任务主要介绍城轨车辆照明系统的工作原理及电气控制原理，使学生具备分析城轨车辆照明系统控制原理的能力，培养测试城轨车辆照明系统电气功能及分析处理电气故障的基本技能。

任务目标

1. 知识目标

（1）了解城轨车辆外部照明系统的构成及显示意义。

（2）熟悉城轨车辆内部照明系统的设备布置。

（3）掌握城轨车辆外部照明及内部照明系统的检查与故障分析方法。

2. 能力目标

（1）掌握车辆外部照明的操作方法与要求。

（2）能对车辆外部照明电路进行检查与故障分析。

（3）掌握车辆内部照明的操作方法与要求。

（4）能对车辆内部照明电路进行检查与故障分析。

3. 职业素养目标

（1）培养“精益求精、严谨细致、操作规范”的工作作风。

（2）培养协作意识、环保意识、节约意识。

拓展知识

地铁车辆客室 LED 灯的光衰补偿

LED 灯经过一段时间的点亮后，其光强会比原来的光强低一些，这就是 LED 灯的光衰现象。为了有效节能，同时延长客室 LED 灯的使用寿命，城轨车辆客室照明系统的 LED 光衰补偿调节规划是：

3 年后进行照度测试，若低于最低照度限制则将驱动功率增加 10%。

6 年后进行照度测试，若低于最低照度限制则将驱动功率增加 10%。

9 年后进行照度测试，若低于最低照度限制则将驱动功率增加 10%。

实际照度调节周期视实际使用情况和业主要求而定，建议不宜将照度调得过高，以免缩短 LED 寿命。一般照明驱动器设计有 4 挡可调，只需按照驱动器底部拨码开关旁边的拨码说明，拨动开关，即可进行照度调节。

知识储备

一、认识城轨车辆照明系统

（一）城轨车辆照明系统的构成

城轨车辆照明系统分为车辆外部照明和车辆内部照明，外部照明包括前照灯（远光/近光）、尾灯和运行灯，外部照明布局如图 7-1 所示；车辆内部照明包括司机室照明和客室照明。

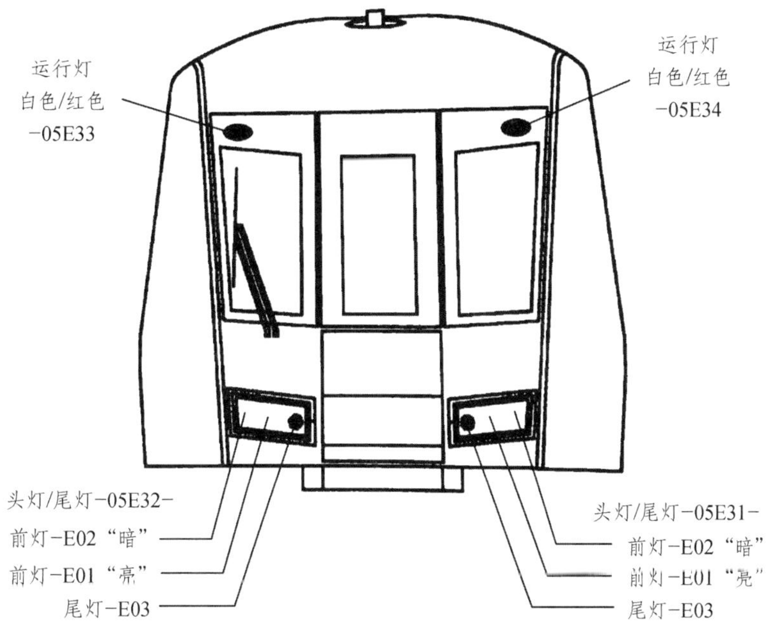

图 7-1　车辆外部照明布局

（二）外部照明系统的逻辑关系

当列车司控器方向手柄在“向前”位时，列车前端的前照明灯和白色运行灯点亮；列车后端的尾灯和红色运行灯点亮。当列车停车待命时（司控器方向手柄不动作），每一端的尾灯和红色运行灯点亮。当列车司控器方向手柄在“向后”位时，列车前端的前照明灯、尾灯、红色运行灯和白色运行灯均点亮；列车后端的尾灯、红色运行灯和白色运行灯均点亮。

（三）照明方案

客室照明驱动电源设计有专门的紧急照明信号接口，当意外造成地铁车内动力供电中断时，紧急照明信号将由正常的低电平自动切换为 DC 110 V 高电平（也可通过司机室司机台上的复位旋转开关“客室照明”手动切换），客室照明系统将由正常照明模式自动切换为紧急照明模式，客室照度将由正常照度下降至 100 lux 左右，以节约车内后备电池电力消耗，为安全营救争取时间。

如图 7-2 所示，模块化、标准化的照明灯具在电气结构上分为 4 路灯带，车内左右两侧各 2 路灯具分别间隔分布。每路灯具的电源由一个集中式驱动电源供电。当某一路 8 盏灯具损坏了几盏时（插座松脱），由于每路灯带中的每盏灯在电气回路上属于并联连接，剩余的灯具将继续点亮，此时驱动器进入恒压限流驱动模式，避免烧损灯具或缩短灯具寿命，而间隔的另一路灯带中的灯具将正常工作，完全不受任何影响。

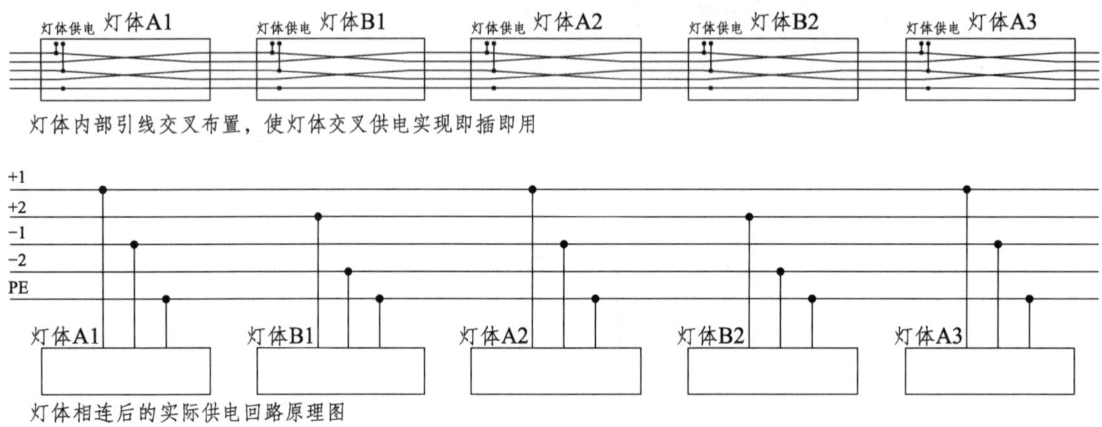

图 7-2　灯具接线原理图

二、照明控制系统电路分析

（一）外部照明电路分析

外部照明电路如图 7-3 所示，对该电路分析的具体步骤如下：

1. 步骤一：寻找电路中的正、负极

（1）图 7-3（a）中的电路正极：列车线 431Z、列车线 1104B、列车线 1104C、列车线 1102B、列车线 1103B、列车线 1105B、列车线 1105C。

（2）图 7-3（a）中的电路负极：列车线 1000A、列车线 1000B、列车线 1000C、列车线 1000D、列车线 100Z1A、列车线 100Z1B。

（3）图 7-3（b）中的电路正极：列车线 431K、列车线 431H、列车线 431G、列车线 431F。

（4）图 7-3（b）中的电路负极：列车线 100Z3A、列车线 100Z3B。

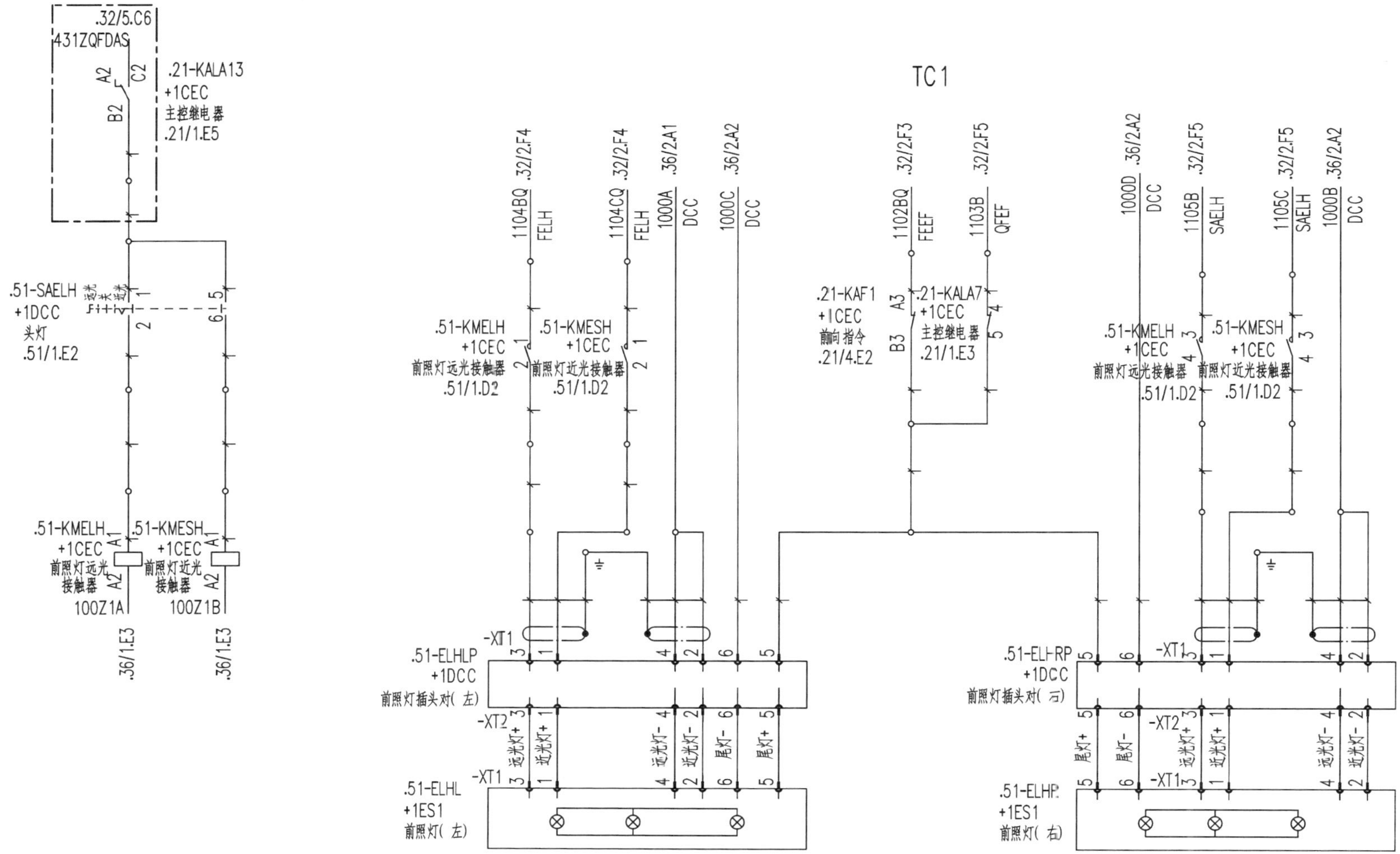

TC1
.32/5.C6
431ZQFDAS
.21-KALA13
+1CEC
主控继电器
.21/1.E5
.51-SAELH
+1DCC
头灯
.51/1.E2
.51-KMELH
+1CEC
前照灯远光接触器
100Z1A
.36/1.E3
.51-KMESH
+1CEC
前照灯近光接触器
100Z1B
.36/1.E3
1104BQ .32/2.F4
FELH
1104CQ .32/2.F4
FELH
1000A .36/2.A1
DCC
1000C .36/2.A2
DCC
1102BQ .32/2.F3
FEEF
1103B .32/2.F5
QFEF
.21-KAF1
+1CEC
前向指令
.21/4.E2
.21-KALA7
+1CEC
主控继电器
.21/1.E3
1000D .36/2.A2
DCC
1105B .32/2.F5
SAELH
1105C .32/2.F5
SAELH
1000B .36/2.A2
DCC
.51/1.D2
.51-ELHLP
+1DCC
前照灯插头对(左)
.51-ELHL
+1ES1
前照灯(左)
.51-ELHRP
+1DCC
前照灯插头对(右)
.51-ELHR
+1ES1
前照灯(右)
-XT1
-XT2
远光灯+
近光灯+
远光灯-
近光灯-
尾灯-
尾灯+

(a) 头灯、尾灯

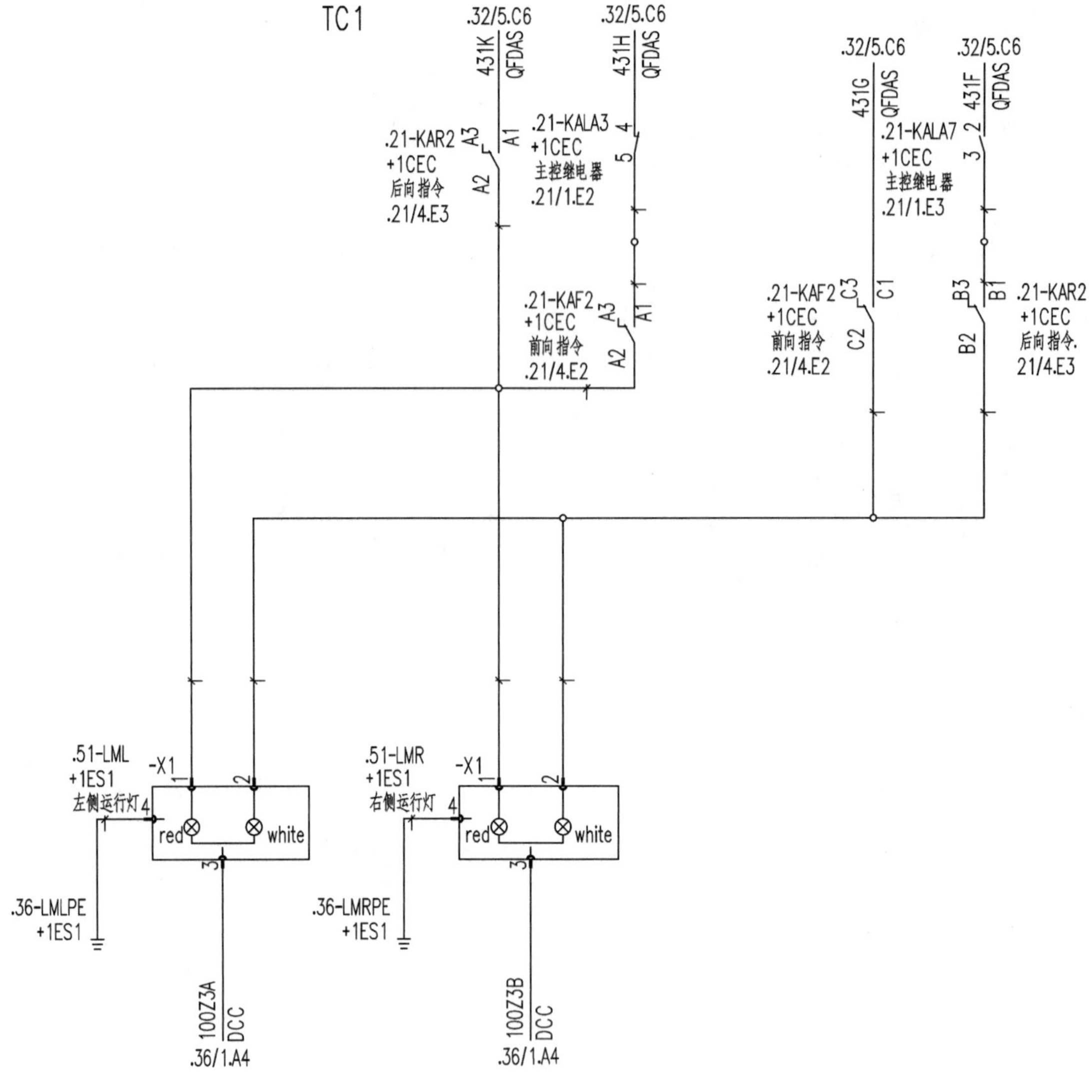

（b）运行灯

图 7-3 外部照明电路

2. 步骤二：功能分析

（1）外部照明操作：头灯开关“.51-SAELH”选择“远光”“关”或“近光”。

（2）外部照明电路表现：按照对应逻辑点亮头灯、尾灯及运行灯。

3. 步骤三：电路分析

对于城轨车辆，当司机台被占有，则被占有的一端为前车，非占有一端为尾车。同时司控器方向手柄选定“向前”或“向后”均会影响车辆车头外部前照灯、尾灯及运行灯的点亮逻辑。

1）列车方向“向前”

假定 Tc1 车司机台占有，同时触发“前向”指令，电流经列车线 431Z→Tc1 车主控继电器“.21-KALA13”的常开触点“B2-C2”（司机台占有时得电闭合）→头灯开关“.51-SAELH”的常开触点“1-2”（开关打到“远光”挡位时闭合）/“5-6”（开关打到“近光”挡位时闭合）→前照灯远光接触器“.51-KMELH”得电/前照灯近光接触器“.51-KMESH”得电。

Tc1 车左侧前照灯：电流经列车线 1104B→前照灯远光接触器“.51-KMELH”的常开触点“1-2”（头灯开关选择“远光灯”位时闭合）/前照灯近光接触器“.51-KMESH”的常开触点“1-2”（头灯开关选择“近光灯”位时闭合）→前照灯（左）“.51-ELHL”远光灯点亮/“.51-ELHL”近光灯点亮→列车线 1000A。

Tc1 车右侧前照灯：电流经列车线 1105B→前照灯远光接触器“.51-KMELH”的常开触点“3-4”（头灯开关选择“远光灯”位时闭合）/前照灯近光接触器“.51-KMESH”的常开触点“3-4”（头灯开关选择“近光灯”位时闭合）→前照灯（右）“.51-ELHR”远光灯点亮/“.51-ELHR”近光灯点亮→列车线 1000B。

Tc1 车左/右侧运行灯：电流经列车线 431G→Tc1 车前向指令继电器“.21-KAF2”的常开触点“C1-C2”（方向手柄选择“向前”时得电闭合）→运行灯“.51LML”、运行灯“.51LMR”的白灯点亮。

Tc2 车左/右侧尾灯：电流经列车线 1103B→Tc2 车主控继电器“.21-KALA7”的常闭触点“4-5”（司机台未占有时维持闭合状态）→尾灯（左）“.51-ELHL”、尾灯（右）“.51-ELHR”均点亮→列车线 1000C/列车线 1000D。

Tc2 车左/右侧运行灯：电流经列车线 431K→Tc2 车后向指令继电器“.21-KAR2”的常开触点“A1-A2”（Tc1 车方向手柄选择“向前”时，Tc2 车方向为“向后”，故该继电器得电闭合）→运行灯“.51LML”、运行灯“.51LMR”的红灯点亮。

2）列车方向“向后”

假定 Tc1 车司机台占有，同时触发“后向”指令，电流经列车线 431Z→Tc1 车主控继电器“.21-KALA13”的常开触点“B2-C2”（司机台占有时得电闭合）→头灯开关“.51-SAELH”的常开触点“1-2”（开关置于“远光”挡位时闭合）/“5-6”（开关置于“近光”挡位时闭合）→前照灯远光接触器“.51-KMELH”得电/前照灯近光接触器“.51-KMESH”得电。

Tc1 车左侧前照灯：电流经列车线 1104B→前照灯远光接触器“.51-KMELH”的常开触点“1-2”（头灯开关选择“远光灯”位时闭合）/前照灯近光接触器“.51-KMESH”的常开触点“1-2”（头灯开关选择“近光灯”位时闭合）→前照灯（左）“.51-ELHL”远光灯点亮/“.51-ELHL”近光灯点亮→列车线 1000A。

Tc1 车右侧前照灯：电流经列车线 1105B→前照灯远光接触器“.51-KMELH”的常开触点“3-4”（头灯开关选择“远光灯”位时闭合）/前照灯近光接触器“.51-KMESH”的常开触点“3-4”（头灯开关选择“近光灯”位时闭合）→前照灯（右）“.51-ELHR”远光灯点亮/“.51-ELHR”近光灯点亮→列车线 1000B。

Tc1 车左/右侧尾灯：电流经列车线 1102B→Tc1 车前向指令继电器“.21-KAF1”的常闭触点“A3-B3”（方向手柄选择“向后”时维持闭合状态）→尾灯（左）“.51-ELHL”、尾灯（右）“.51-ELHR”均点亮→列车线 1000C/列车线 1000D。

Tc1 车左/右侧运行灯：电流经列车线 431F→Tc1 车主控继电器“.21-KALA7”的常开触点“2-3”（司机台占有时得电闭合）→后向指令继电器“.21-KAR2”的常开触点“B1-B2”（方向

手柄选择“向后”时得电闭合）→运行灯“.51LML”、运行灯“.51LMR”的白灯点亮；电流经列车线431K→Tc1车后向指令继电器“.21-KAR2”的常开触点“A1-A2”（方向手柄选择“向后”时得电闭合）→运行灯“.51LML”、运行灯“.51LMR”的红灯点亮。

Tc2车左/右侧尾灯：电流经列车线1103B→Tc2车主控继电器“.21-KALA7”的常闭触点“4-5”（司机台未占有时维持闭合状态）→尾灯（左）“.51-ELHL”、尾灯（右）“.51-ELHR”均点亮→列车线1000C/列车线1000D。

Tc2车左/右侧运行灯：电流经列车线431F→Tc2车前向指令继电器“.21-KAF2”的常开触点“C1-C2”（Tc1车方向手柄选择“向后”时，Tc2车方向为“向前”，故该继电器得电闭合）→运行灯“.51LML”、运行灯“.51LMR”的白灯点亮；电流经列车线431H→Tc2车主控继电器“.21-KALA3”的常闭触点“4-5”（司机台未占有时维持闭合状态）→前向指令继电器“.21-KAF2”的常开触点“A1-A2”（方向手柄选择“向前”时得电闭合）→运行灯“.51LML”、运行灯“.51LMR”的红灯点亮。

（二）客室照明电路分析

客室照明电路如图7-4所示，对该电路分析的具体步骤如下：

1. 步骤一：寻找电路中的正、负极

（1）图7-4（a）中的电路正极：列车线426B、列车线426C、列车线426E、列车线427C、列车线408X。

（2）图7-4（a）中的电路负极：列车线100Z2、列车线100Z4。

（3）图7-4（b）中的电路正极：列车线426D、列车线5212A、列车线5213A、列车线5214A。

（4）图7-4（b）中的电路负极：列车线100Z4A、列车线100Z4B、列车线100Z4C、列车线100Z4D。

2. 步骤二：功能分析

（1）内部照明操作：客室照明开关“.52-SASEL”选择“开”“关”或“0”。

（2）外部照明电路表现：“紧急照明”“客室照明开”“客室照明关”列车线得电，为各个车辆电源模块供电，最终点亮客室照明灯。

3. 步骤三：电路分析

城轨车辆客室照明由司机台上的开关统一控制。

1）客室照明开

电流经列车线426C→客室照明开关“.52-SASEL”的常开触点“3-4”（选择“开”挡位时闭合）→照明开继电器“.52-KAOL”得电，“照明开”列车线得电，列车线5212A分别为Tc1、Mp1、M1、M2、Mp2、Tc2各车辆上的4个电源模块“.52-PM1”“.52-PM2”“.52-PM3”“.52-PM4”提供“开”控制信号，进而为客室照明灯“.52-PEL1”“.52-PEL2”供电，点亮客室照明灯带。

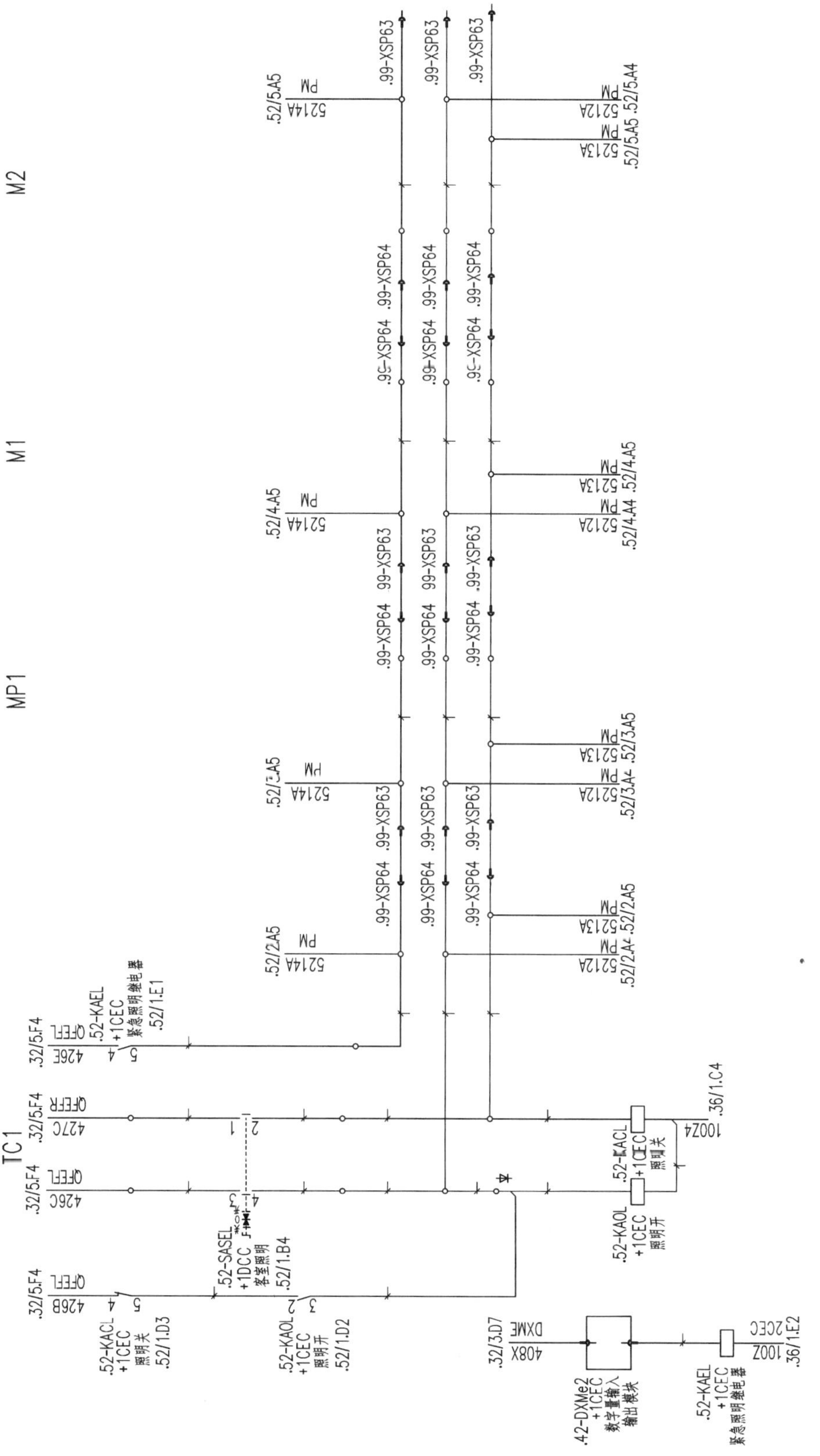
TC1
MP1
M1
M2
.99-XSP63
.99-XSP64
5214A
5212A
5213A
PM
.52/2.A5
.52/3.A5
.52/4.A5
.52/4.A4
.52/5.A5
.52/5.A4
.32/5.F4
426B
426C
427C
426E
QFEFL
QFEFR
.52-KAEL
+1CEC
紧急照明继电器
.52/1.E1
.52-KACL
+1CEC
照明关
.52/1.D3
.52-KAOL
+1CEC
照明开
.52/1.D2
.52-SASEL
+1DCC
客室照明
.52/1.B4
.42-DXMe2
+1CEC
数字量输入
输出模块
.32/3.D7
408X
DXME
100Z
2CEC
.36/1.E2
100Z4
.36/1.C4

（a）照明列车线

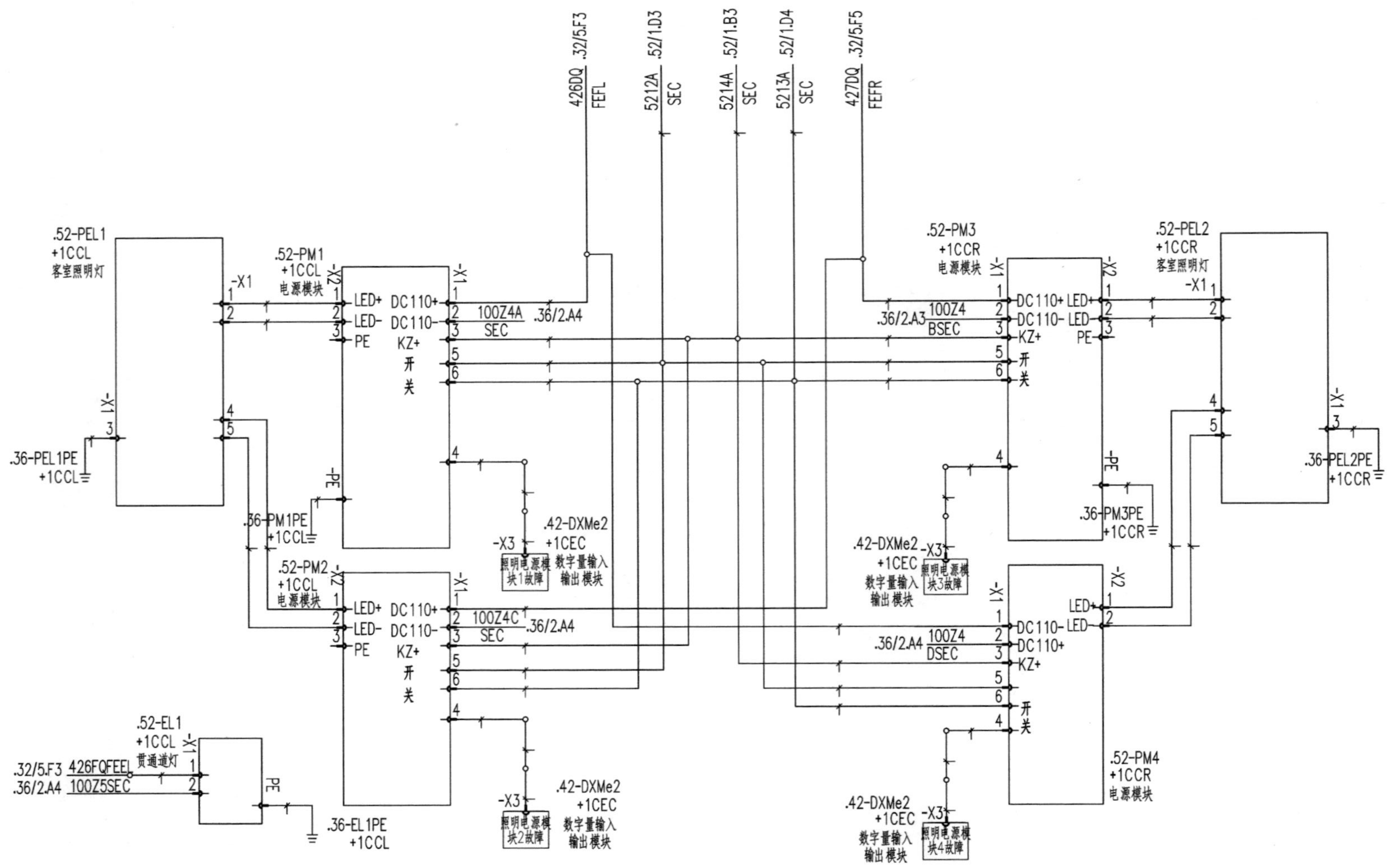

（b）Tc 车照明

图 7-4　客室照明电路

2）客室照明关

电流经列车线 427C→客室照明开关“.52-SASEL”的常开触点“1-2”（选择“关”挡位时闭合）→照明关继电器“.52-KACL”得电，“照明关”列车线得电，列车线 5213A 分别为 Tc1、Mp1、M1、M2、Mp2、Tc2 各车辆上的 4 个电源模块“.52-PM1”“.52-PM2”“.52-PM3”“.52-PM4”提供“关”控制信号，进而为客室照明灯“.52-PEL1”“.52-PEL2”供电，关闭客室照明灯带。

3）紧急照明启动

电流经列车线 408X→数字量输入输出模块输出“紧急照明”信号→紧急照明继电器“.52-KAEL”得电→列车线 100Z2。

电流经列车线 426E→紧急照明继电器“.52-KAEL”的常开触点“4-5”→紧急照明继电器“.52-KAEL”得电，列车线 5214A 分别为 Tc1、Mp1、M1、M2、Mp2、Tc2 各车辆上的 4 个电源模块“.52-PM1”“.52-PM2”“.52-PM3”“.52-PM4”提供“KZ+”控制信号，进而为客室照明灯“.52-PEL1”“.52-PEL2”供电，实现客室紧急照明。

4）关于客室照明开关“.52-SASEL”的说明

客室照明开关“.52-SASEL”置于“开”位，常开触点“3-4”闭合；客室照明开关“.52-SASEL”置于“关”位，常开触点“1-2”闭合。

（三）司机室照明电路分析

司机室照明电路如图 7-5 所示，对该电路分析的具体步骤如下：

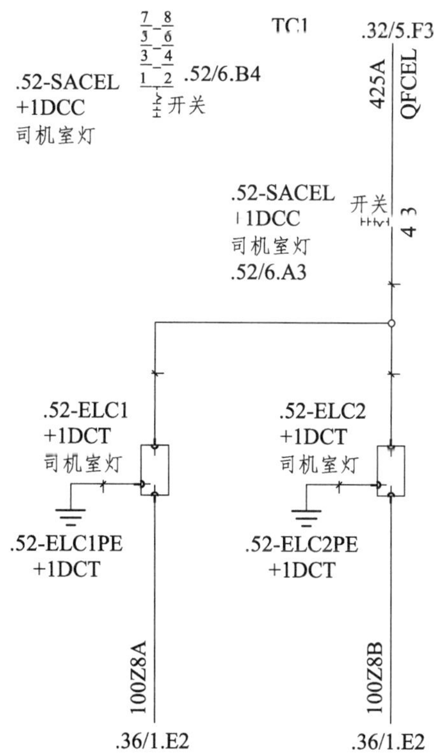

图 7-5　司机室照明电路

1. 步骤一：寻找电路中的正、负极

（1）图 7-5 中的电路正极：列车线 425A。

（2）图 7-5 中的电路负极：列车线 100Z8A、列车线 100Z8B。

2. 步骤二：功能分析

（1）司机室照明操作：司机室灯“.52-SACEL”选择“开”或“关”。

（2）司机室照明电路表现：司机室灯“.52-ELC1”“.52-ELC2”得电。

3. 步骤三：电路分析

电流经列车线 425A→司机室灯开关“.52-SACEL”的常开触点“3-4”（开关选择“开”挡位时闭合）→使司机室灯“.52-ELC1”“.52-ELC2”得电，点亮司机室照明灯。

电流经列车线 425A→司机室灯开关“.52-SACEL”的常开触点“3-4”（开关选择“关”挡位时断开）→使司机室灯“.52-ELC1”“.52-ELC2”失电，熄灭司机室照明灯。

任务实施

微课视频：车辆外部照明功能试验作业

一、任务作业指导标准

（一）车辆外部照明功能试验作业（见表 7-1）

表 7-1　车辆外部照明功能试验

作业项目	车辆外部照明功能试验作业	
作业人数	2 人	
作业工具	万用表	
序号	作业内容	作业标准
1	试验前的准备工作	（1）检查一位端司机室电器柜、一位端客室电器柜、二位端司机室电器柜、二位端客室电器柜端子排外观无损坏、线缆无明显线路裸露。 （2）确认一位端司机室电器柜永久负载微断器、列车控制微断器、外部照明微断器有 DC 110 V。 （3）闭合上述微断器。 （4）确认一位端操纵台上头灯开关在“近光”位。

续表

序号	作业内容	作业标准
2	外部照明试验  1—LED 显示器；2—头灯；3—尾灯；4—运行灯；5—司机室面罩；6—刮雨器；7—喷水管；8—防爬器；9—裙板。	（1）在一位端司机室激活列车、司机室占有。 （2）确认两端红色尾灯亮。 （3）将一位端司机台的方向手柄置于“向前”位。 （4）确认一位端头灯的近光灯和白色运行灯亮。 （5）将一位端司机台头灯开关由“近光”位切换到“远光”位，并观察现象。 （6）将一位端司机台的方向手柄置于“向后”位。 （7）确认一位端头灯的远光灯亮，运行灯亮红白灯。 （8）将头灯开关由“远光”位切换到“近光”位，并观察现象。 （9）将方向手柄恢复到“0”位。

（二）车辆内部照明功能试验作业（见表 7-2）

微课视频：车辆内部照明功能试验作业

表 7-2　车辆内部照明功能试验

作业项目	车辆内部照明功能试验作业	
作业人数	2 人	
作业工具	万用表	
序号	作业内容	作业标准
1	试验前的准备工作	（1）检查一位端司机室电器柜、一位端客室电器柜、二位端司机室电器柜、二位端客室电器柜端子排外观无损坏、线缆无明显线路裸露。 （2)确认一位端司机室电器柜永久负载微断器、列车控制微断器、司机室内部照明断路器、客室左侧照明断路器、客室右侧照明断路器有 DC 110 V。

<table>
<tr><th>序号</th><th>作业内容</th><th>作业标准</th></tr>
<tr><td>2</td><td>驾驶室照明测试
</td><td>（1）闭合内部控制柜断路器。
（2）将司机台上的驾驶室顶灯旋钮开关打开至全开位置，确认驾驶室座位上方的两盏顶灯点亮。
（3）将司机台上的驾驶室顶灯旋钮开关打开到半开位置，确认驾驶室隔断门上方的顶灯点亮。
（4）将司机台上的驾驶室顶灯旋钮开关调到 off 位置，确认驾驶室座位上方和隔断门上方的顶灯为 off。</td></tr>
<tr><td>3</td><td>阅读灯测试
</td><td>（1）按下司机室阅读灯锁紧按钮，司机台和司机室阅读灯点亮。
（2）再次按下司机台上驾驶室阅读灯的锁定按钮，驾驶室阅读灯熄灭。</td></tr>
<tr><td>4</td><td>客室照明测试
</td><td>（1）关闭控制柜中的Ⅰ号线照明控制电源的空气开关，关闭Ⅱ号线的照明控制电源的空气开关、控制柜中 1 号位置侧的照明控制电源的空气开关，照明控制电源的空气开关在 2 号位置侧。
（2）将司机台中的照明选项开关旋转到“打开”位置。
（3）检查客室 1 号位置侧的照明灯是否点亮，客室 2 号位置侧照明灯位置是否点亮。</td></tr>
</table>

续表

序号	作业内容	作业标准
4	 	（4）转动司机台上照明选择开关至关闭位置，客室内所有1线、2线照明灯熄灭。

二、现场典型故障案例分析

（一）故障一：远光灯不亮

1. 故障现象

列车6A端右侧远光灯不亮。折返后6A端右侧远光灯自动恢复正常。

2. 故障分析

可能的故障原因包括供电回路故障或器件性故障。

（1）确认远光灯是否正常，更换新的远光灯进行功能测试。

（2）确认24 V变压器输出端电压是否正常。

（3）确认远光灯相应继电器状态：

① 吸合状态，则测量该继电器1、2点电压。

- 1点电压正常，2点无电压，则更换该继电器。

• 1 点无电压，检查变压器输出、继电器 1 点输入相关接线状态，重新连接、紧固。

② 断开状态，则测量该继电器 A1 点电压。

• A1 点电压正常，则更换该继电器。

• A1 点无电压，确认该继电器 A1 点、头灯旋钮相关接线状态，重新连接、紧固或拔插。

3. 故障原因

远光灯照明回路中包括一个继电器、一个变压器、远光灯组件及接线，以上部件故障或连接不可靠均会造成远光灯不亮。发生该故障，检查故障原因时应逐步排除故障点。经检查发现故障原因为 6A 车右侧远光灯故障。

4. 故障处理

更换新的远光灯后恢复正常。图 7-6 所示为电客车外部照明实物图。

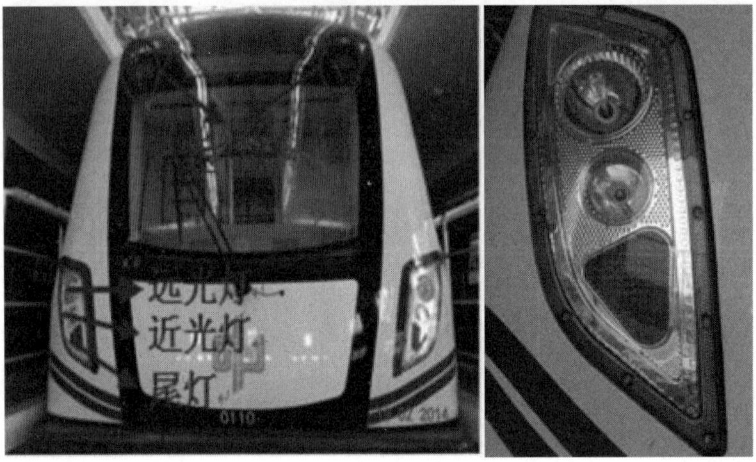

图 7-6　电客车外部照明实物图

技能考核

一、考核任务

每两位学生为一组，在规定的时间内完成车辆外部照明功能试验作业。

二、考核要求及评分标准

（一）作业安全要点

（1）作业前需进行场地及设备检查，并根据作业需求进行工具、物料拣选。

（2）作业过程需按照记录卡的要求进行准确记录。

（3）作业结束后需清理现场并归还工具。

（4）注意用电安全，严禁徒手触摸电源及与电源连接的线路。

（5）操作程序

按车辆外部照明功能试验作业指导标准完成测试，并将测试结果填写到记录卡（见表 7-3）中。

表 7-3　车辆外部照明功能试验作业记录卡

步骤	测试项		测试结果	故障描述
1	试验前的准备作业	检查一位端司机室电器柜、一位端客室电器柜、二位端司机室电器柜、二位端客室电器柜端子排外观无损坏、线缆无明显线路裸露	正常□　异常□	
		确认一位端司机室电器柜永久负载微断器、列车控制微断器、外部照明微断器有 DC 110 V。	是□　否□	
		确认一位端操纵台上的头灯开关在“近光”位。	是□　否□	
2	外部照明试验	确认一位端司机室电器柜永久负载微断器、列车控制微断器、外部照明微断器是否闭合。	全部闭合□　未全部闭合□	
		在一位端司机室激活列车、司机室占有。	正常激活□　未正常激活□ 正常占有□　无法占有□	
		确认两端红色尾灯状态。	（1）一位端尾灯： “亮”□　“灭”□ （2）二位端尾灯： “亮”□　“灭”□	
		（1）将一位端操纵台方向手柄置于“向前”位。 （2）确认一位端头灯的近光灯和运行灯状态。	（1）一位端头灯： “亮”□　“灭”□ （2）一位端运行灯： 红灯“亮”□ 白灯“亮”□	
		将一位端操纵台的头灯开关由“近光”位切换到“远光”位，并观察现象。	（1）一位端头灯近光灯： “亮”□　“灭”□ （2）一位端头灯远光灯： “亮”□　“灭”□	
		（1）将一位端操纵台的方向手柄置于“向后”位。 （2）确认一位端头灯的远光灯、运行灯状态。	（1）一位端头灯： “亮”□　“灭”□ （2）一位端运行灯： 红灯“亮”□ 白灯“亮”□	

续表

步骤	测试项		测试结果	故障描述
2	外部照明试验	（1）将头灯开关由“远光”位切换到“近光”位，并观察现象。 （2）将方向手柄恢复到“0”位。	（1）一位端头灯近光灯： “亮”□ “灭”□ （2）一位端头灯远光灯： “亮”□ “灭”□	
故障原因补充说明：				

（三）考核内容及评分标准（见表 7-4）

表 7-4　车辆外部照明功能试验作业考核内容及评分标准

序号	考核内容	配分	评分标准
1	作业工具的使用	10	作业过程中错误使用工具或出现工具掉落现象，每次扣 2 分，扣完本项所配分值为止。
2	预设故障查找	20	1. 步骤不对，每次扣 5 分。 2. 方法不对，每次扣 5 分。 3. 损坏零部件，每个扣 10 分。 4. 没有清槽、整理，扣 5 分。 5. 扣完本项所配分值为止。
3	作业标准考察	60	1. 步骤不对，每次扣 5 分。 2. 方法不对，每次扣 5 分。 3. 对标作业指导标准发生漏项，每次扣 5 分。 4. 损坏零部件，每个扣 10 分。 5. 扣完本项所配分值为止。
4	安全文明生产	10	1. 遵守国家或企业有关安全规定，每违反一项规定扣 2 分。 2. 严重违规者停止操作。
5	时间		每超时 5 min 扣 5 分（上限 40 分）

任务拓展

参照上述技能考核模板，以小组为单位完成车辆内部照明功能试验作业及考核。

任务训练

1. 当列车向前行驶时，列车的头灯、尾灯、运行灯是何种状态？
2. 当列车处于停车状态时，列车的头灯、尾灯、运行灯是何种状态？
3. 同一节车的客室照明都是由同一断路器保护的吗？为什么？
4. 关闭客室照明，司机室照明同步关闭吗？
5. 在什么条件下能打开照明？

任务八 城轨车辆空调控制系统工作原理分析及故障诊断

任务描述

城轨车辆运行时处于全封闭状态，其内部空气环境对乘客的健康和舒适性具有重要影响，车辆空调与制冷装置的作用是将一定量的车外新鲜空气和车内再循环空气混合，经过过滤、冷却或加热、减湿或加湿等处理后，以一定的流速送入车内，并将车内部分污浊空气排出车外，从而控制车辆客室内温度、湿度、风速、清洁度，并使之达到规定标准，以提高车内的舒适性，改善乘车环境。

本任务主要介绍城轨车辆空调控制操作的工作原理及电气控制原理，使学生具备分析城轨车辆空调系统控制原理的能力，培养测试城轨车辆空调控制系统电气功能及分析处理电气故障的基本技能。

任务目标

1. 知识目标

（1）了解城轨车辆空调系统的构成。

（2）熟悉城轨车辆空调系统电气控制的具体操作流程。

（3）掌握城轨车辆空调系统电气控制的电气测试标准。

2. 能力目标

（1）掌握空调系统各项运行模式的操作方法与要求。

（2）对空调系统控制电路进行检查与故障分析。

3. 职业素养目标

（1）培养“精益求精、严谨细致、操作规范”的工作作风。

（2）培养协作意识、环保意识、节约意识。

探索创新

车厢区分“强冷弱冷” 服务乘客节能环保

不同的人对温度的感受不一样，同一节地铁车厢内，有人感觉温度低，有人感觉温度不够低，由此地铁公司推出了人性化的“强冷弱冷”车厢。

北京是全国最早试点地铁“同车不同温”措施的城市，早在 2019 年夏天，北京地铁 6 号线就开始尝试将前 4 节车厢设定为 25 °C，后 4 节车厢设定为 27 °C，受到市民的广泛好评，而后北京地铁将该措施推广到了更多线路上。

其他城市也纷纷跟进，当年夏天就有长沙、西安、青岛等城市的地铁采取分区控温。2020 年夏天，深圳、福州、苏州等城市也推出了“强冷弱冷”车厢。2021 年 8 月，上海、成都、大连、武汉等城市地铁纷纷推行“强冷弱冷”车厢。今年夏天，更多城市开始推广该措施。“强冷弱冷”车厢已逐渐成为各个城市地铁的标配。

“强冷弱冷”车厢的推行，在乘客服务更加人性化的同时，也实现了节能减排的目的。

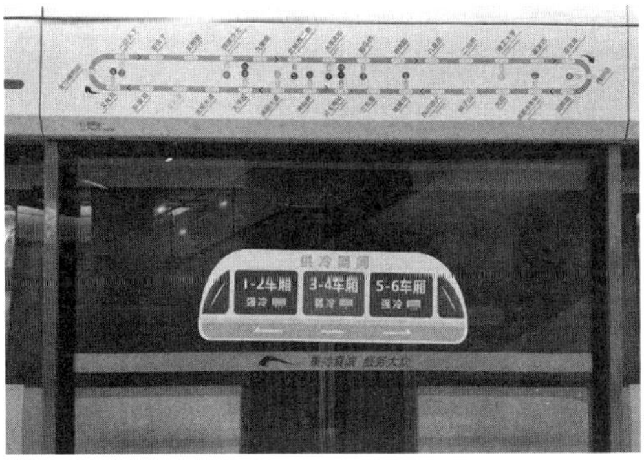

——摘编自中国港口网（2021 年 8 月 23 日）

知识储备

一、城轨车辆空调设备的分布及气流组织

（一）空调系统各个设备在地铁列车上的位置

城轨车辆空调系统简称 HVAC（Heating Ventilation Air-conditioning and Cooling）由空调机组及其控制系统、送风道、回风道、座椅电加热器以及废排装置等组成。

如图 8-1 所示，空调机组安装于列车车顶，每个客室装有两台空调机组，安装位置位于整个客室的 1/4 和 3/4 位置。每个司机室配备一台通风单元，车厢空调的控制单元及控制板安装在车内的电气柜内。

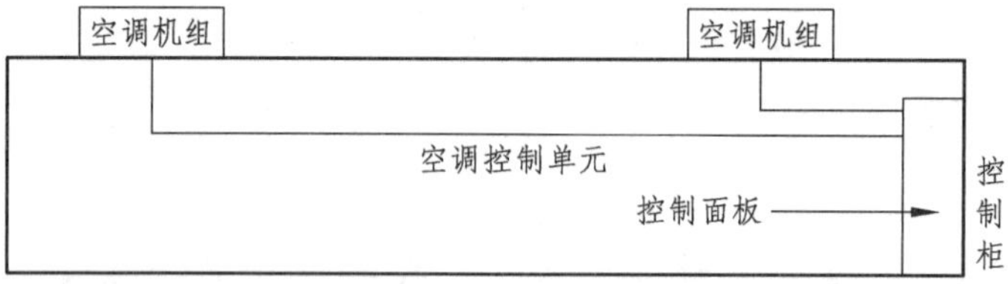

图 8-1　空调配置示意图

空调及通风系统在车辆中的布置如图 8-2 所示。

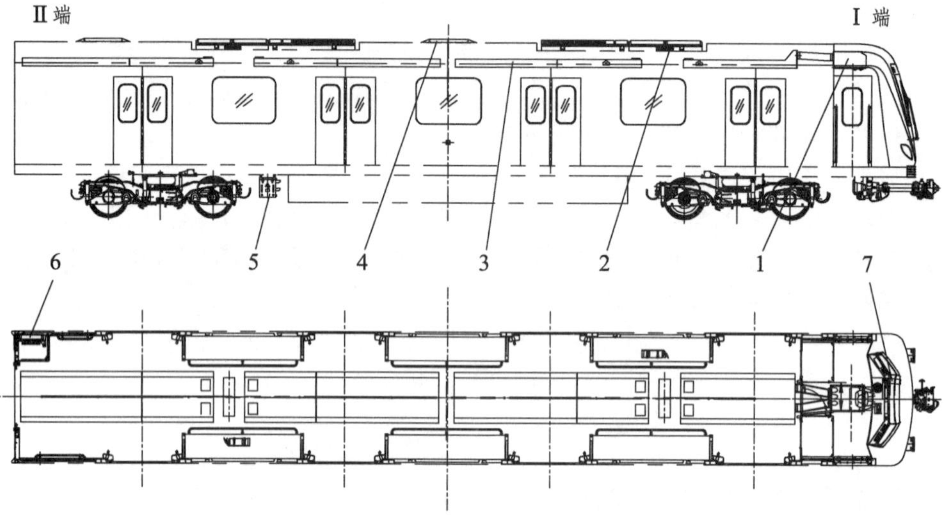

1—司机室通风单元；2—空调机组；3—风道；4—废排装置；
5—紧急逆变器；6—空调控制盘；7—足部取暖器。

图 8-2　空调系统各部件的位置

（二）城轨车辆空调系统的主要部件

1. 单元式空调机组

单元式空调机组采用不锈钢外壳，蒸发腔盖板通过方孔锁紧固，易于拆卸维修。每个空调机组包含一个压缩冷凝单元和一个空气处理单元。机械连接方式为：通过 8 个带橡胶减振器的安装座安装在车体结构上。电气连接为两个电气连接器，分别设在空调机组两侧。空调机组的结构如图 8-3 所示。

2. 废排装置

每节车车顶中部安装了 4 个废排装置，如图 8-4 所示。利用车内正压，通过座椅下空间、内墙板与车体外墙板及内顶板之间的空隙，将车内与新风量相等的车内废气排出车外。空调系统正常运行时，利用车内正压排风，车内正压保持在 30 ~ 50 Pa。

3. 风道系统

如图 8-5 所示，风道采用铝合金材料，外部敷设防寒棉以减小传热系数，内部粘贴阻燃吸音材料以降低噪声。为保证风速的均匀性，主风道采用均匀静压送风风道。为保证车厢内送风的均匀性，空调机组下方也设置了送风风道，车厢内无送风死角，使车内温度更加均匀。

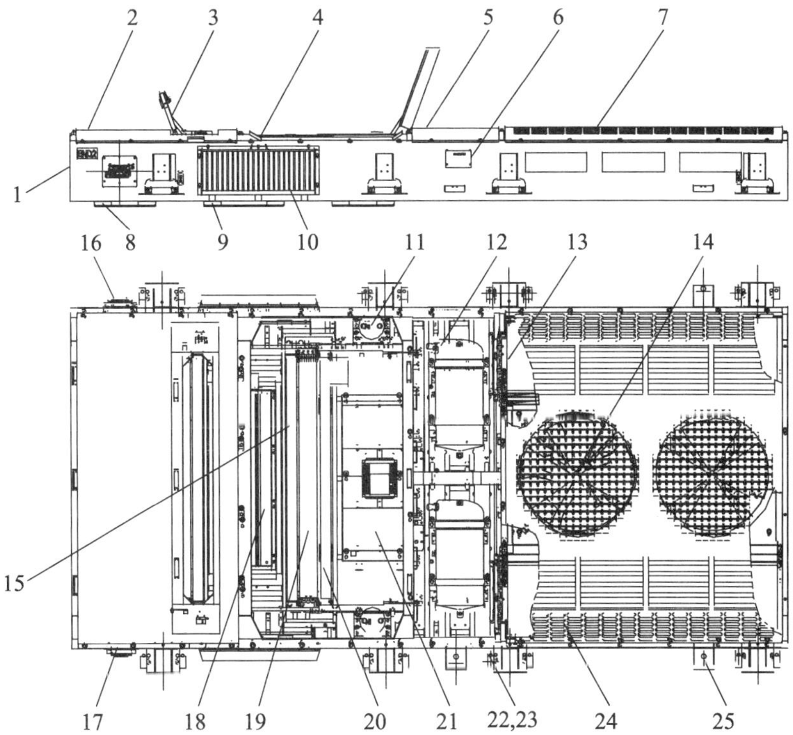

1—箱体总成；2—大盖板组成；3—小盖板组成；4—U 形橡胶嵌条；5—压缩机腔盖板；6—铭牌；7—冷凝腔盖板；8—送风口密封条；9—回风口密封条；10—新风口；11—气液分离器；12—压缩机；13—冷凝器；14—冷凝风机；15—混合风滤网；16—主回路连接器；17—控制回路连接器；18—风阀；19—蒸发器；20—电加热器；21—蒸发风机；22—安装座；23—减震器；24—干燥过滤器；25—定位销座。

（a）

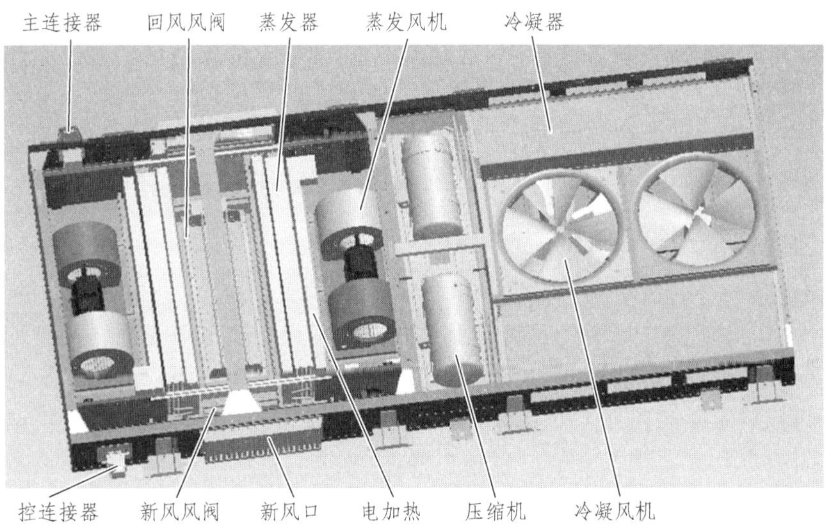

（b）

图 8-3　空调机组的外形及组成结构

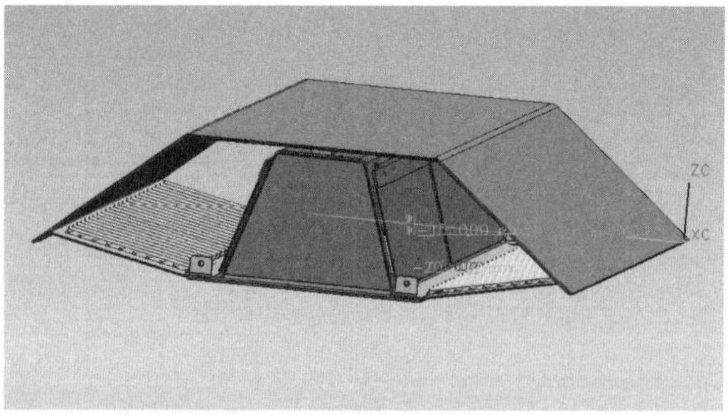

图 8-4　废排装置示意图

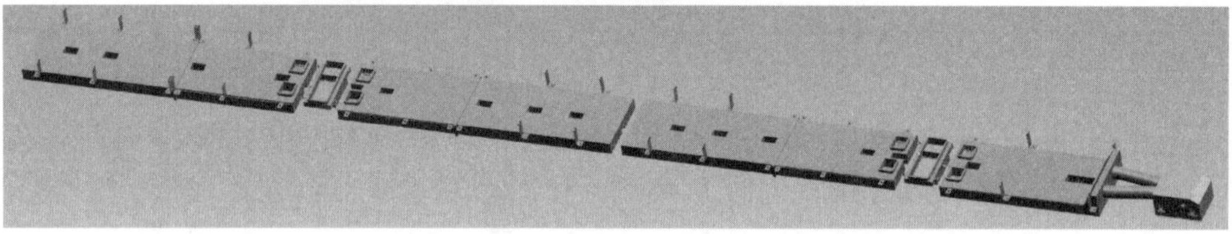

图 8-5　风道系统示意图

4. 空调控制柜

每节车辆设置一个空调控制单元，安装在客室空调电气柜中的空调控制板上。空调控制单元以及其他所有空调控制所需要的元器件均安装在控制板上。紧急逆变器安装在控制板下方。控制板上设有温度调节旋钮开关，设有自动、停机、测试 1、测试 2、24 °C、25 °C、26 °C、27 °C、28 °C 等。

5. 紧急逆变器

当车载辅助交流电源系统发生故障时，通过蓄电池供电的紧急逆变器自动开始工作，向空调机组通风机提供交流电源，使通风机向车内送风，此时回风调节阀被关闭，空调通风机向车内输送不少于 45 min、约 3000 m^3/h 的全新风。当空调交流电源恢复正常后，空调和通风系统将自动恢复正常运行状态。紧急逆变器安装在每节车的空调电气柜中。

6. 司机室通风单元

司机室内配备一个通风单元，安装在 A 车司机室的天花板上。空调风从相邻客室的风道经通风单元引入到司机室，同时为司机室提供制冷。司机室通风单元中装有通风机，送往司机室的风量可进行三级（200 m^3/h、450 m^3/h、645 m^3/h）手动可调，司机室获得的最大冷量超过 5 kW，可以满足不同条件下的要求。客室送风经通风机增压后通过 8 个可调喷嘴送出，送风方向可多向调节。

7. 气流组织

送风：在空调机组通风机的作用下，车外新风进入空调机组，与从车内吸入的回风混合过滤，经冷却后，通过风道和沿着车体长度方向布置的送风格栅均匀地送到客室各处。

回风：从安装在客室顶板的回风格栅吸入，经过回风道和空调机组底部的回风口进入空调机组，经处理后供循环使用。

排风：与新风量等量的车内空气（2600 m^3/h）从室内顶板缝隙处通过侧墙排风风道、侧墙板与车体外墙之间的空隙以及侧顶板与侧墙板之间的缝隙进入客室内顶板的上方空间，再通过车顶的废排装置排出车外。

（三）城轨车辆空调系统的气流组织

1. 空调机组的气流组织

如图 8-6 所示，空调机组采用下部送风、底部回风的形式，新风口设在机组两侧。冷凝风进出口、新风口的合理布置使空调机组外部气流组织分配合理，避免了冷凝出风直接进入新风的短路情况。

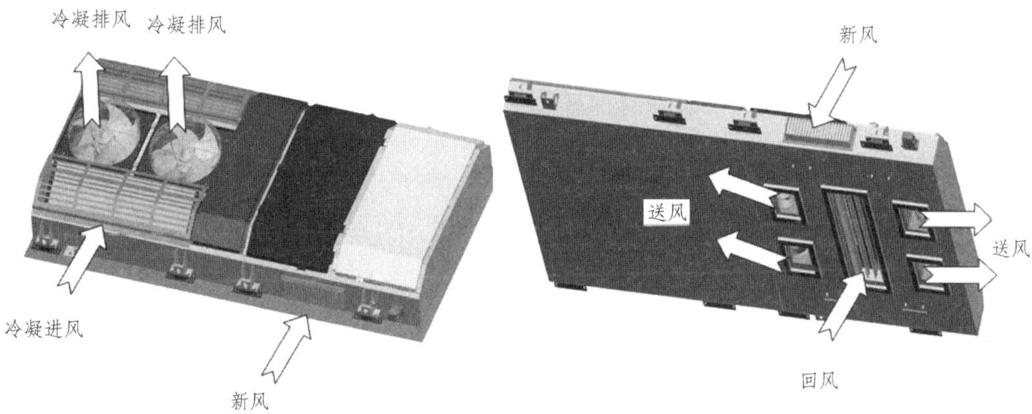

图 8-6　空调机组气流组织示意图

2. 客室的气流组织

客室的气流组织如图 8-7 所示。

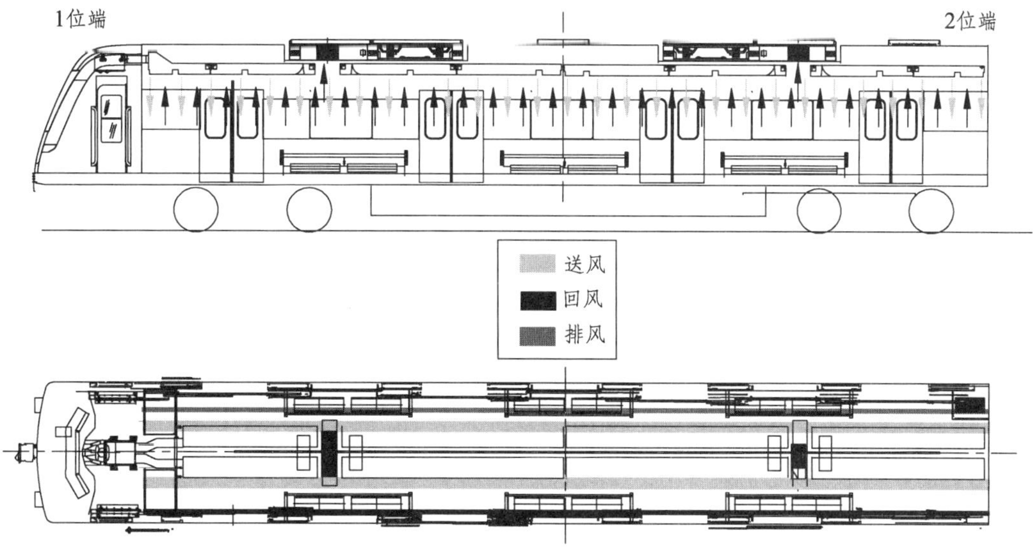

图 8-7　客室整体气流组织

二、空调系统的工作原理及控制原理分析

（一）空调系统的工作原理

空调机组向安装在天花板顶棚的管道系统送入调节空气。在空调机组底部的送/回风口通过橡胶密封条和车厢风道系统之间连接，使空调机组和车厢之间的连接是柔性的。通过风道，空气被均匀地吹入客室，通过集成在天花板上的空气扩散器扩散到整个车体。A 车同时装有一个司机室通风单元，送入司机室的送风量由风速选择开关和集成在司机室通风单元上的可调扩散器控制。

空调机组新风入口设有可以自动调节的新风门，可根据要求调节新风量的大小，进而减少新风带来的热负荷。空调机组采用下部送风，送风距离较短，可选用低风压的风机，有利于降低噪声。

空调机组有两套独立的制冷循环系统，每套制冷循环都能在送风口对新风进行制冷。当空调机组有一套制冷循环系统故障时，另外一套制冷循环系统能正常工作。单台空调机组有 50%制冷能力。

（二）空调系统的工作模式

空调系统的工作模式有：预冷模式、预热模式、正常制冷模式、正常制热模式、紧急通风模式、通风模式。

预冷/预热模式：在此模式下，新风调节门关闭，空调系统全回风运行，以使车厢内的温度在 AW0 条件下迅速冷却/升高，直至车厢内温度达到设定值后自动切换到正常制冷/制热状态。

正常制冷/制热模式：在此模式下，空调系统根据车厢内制冷/制热负荷的大小，自动运行在半冷/半暖模式或全冷/全暖模式下，不需要人为干预。

紧急通风模式：当三相 380 V/50 Hz 交流电源供电发生故障时，紧急通风系统将自动启动，向客室提供 3000 m^3/h 的新风，以保证乘客的安全。此时由蓄电池提供电源，经紧急逆变器逆变成三相交流电源为空调机组内的通风机供电，同时回风门全关，新风门全开。紧急通风至少能保持 45 min。当 380 V 交流电源恢复正常后，空调系统将自动恢复到正常运行状态。

通风模式：当车内制冷负荷极小时，如果空调控制系统检测到车内无制冷需求时，空调系统自动运行在通风模式，此时空调压缩机停机，冷凝风机停止运行，仅通风机工作。

（三）空调系统的控制原理

空调网络控制系统如图 8-8 所示。

每节车设有 1 台空调控制器，控制一台车的 2 台空调机组运转。空调控制器的主要功能是：① 通过 MVB 网络与 VCU 的数据通信；② 客室和外界温度的采集处理；③ 通过接触器等执行器件控制设备；④ 风门控制；⑤ 通过 RS232 和 USB 接口用 PTU 维护软件进行系统维护；⑥ 直接显示各部件工作状态或故障信息；⑦ 故障自诊断、自处理及维修建议；⑧ 故障信号的记录和下载。

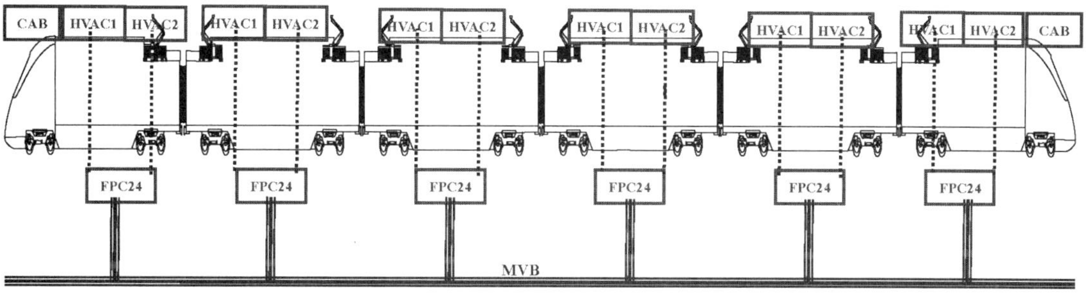

图 8-8　空调网络控制系统

空调机组的运行模式和故障诊断由微处理器控制，可实现客室通风、预冷、预热、制冷、制热、新风调节、紧急通风等功能，并根据运行条件自动调节制冷/热量大小。该控制系统采取控制盘形式，所有电气元件均布置在控制盘上，便于操作与维护。控制盘安装在车内电气柜内。

控制系统设有集成了 MVB 网卡的通信控制器，每节车的两台空调控制器通过同一个通信控制器与列车中央控制单元通信，上传空调机组的工作状态和故障信息，接收列车中央控制单元发送的工作指令；同时控制系统还对空调机组进行诊断，将空调系统各元件的状态信息以及故障信息发送给车辆控制器。每节车内的空调控制器通过总线结构与列车网络进行通信。

工作人员在司机台按下空调启动按钮后，VCU 将空调启动信息通过 MVB 传输至每节车的空调单元。空调单元通过温度传感器采集温度信号，通过与设定温度比较从而判别空调系统是处于全冷还是半冷等工作状态。当处在不同状态时，空调单元就可以控制本节车的一个或两个空调机组运行。无论何种状态下，空调机组启动时，为了保障空调的正常工作，空调单元控制通风机、冷凝风机、压缩机按顺序先后启动。

客室温度控制模式：每节车的空调电气柜中设有控制盘，控制盘上设有空调系统温度/模式选择开关，能够对空调系统的工作模式进行选择，或对空调系统的温度进行设置，如图 8-9 所示。

Auto（自动）：按 UIC553 标准，空调控制系统根据车外温度自动调节车内温度。UIC553 的设定温度计算公式如下：

$$Ti=22+0.25\times(Te-19)\ (°C)\ (Te>19\ °C)$$

$$Ti=22\ (°C)\ (Te\leqslant 19\ °C)$$

式中，Ti 为车内设定温度，Te 为车外空气温度。式中各系数，如 22、0.25 和 19 等，可在设计阶段根据实际情况进行调整。

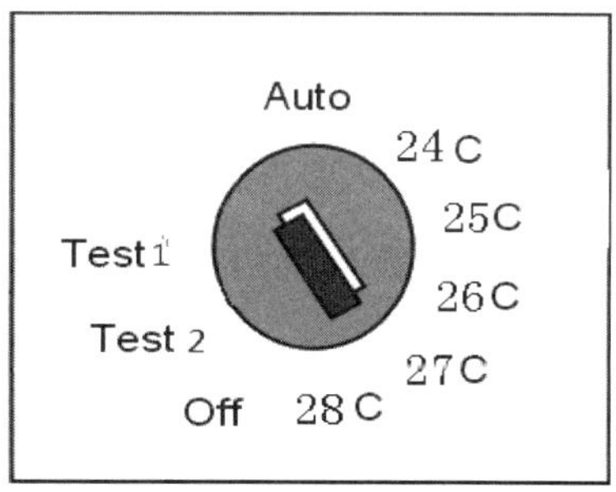

图 8-9　控制盘上的控制旋钮示意图

当选择“自动”位时，司机室能够在 HMI 上通过网络对空调温度进行设定。

Text1（测试 1）：用于 1 位端空调机组的维修及调试。

Text2（测试 2）：用于 2 位端空调机组的维修及调试。

Off（停机）：空调机组停止工作。

手动温度设置：设有 24 °C、25 °C、26 °C、27 °C、28 °C 等挡位。当选择 24 ~ 28 °C 的任意挡位时，空调控制系统按照设定的温度对车厢内温度进行控制。

司机室温度控制：如图 8-10 所示，司机室设有控制开关，通过硬线信号可对整列车空调进行接通/切除操作。当本车控制盘都选择“自动”位时，司机室能够在 HMI 上通过网络对空调温度进行-2 K、-1 K、+1 K、+2 K 调节。

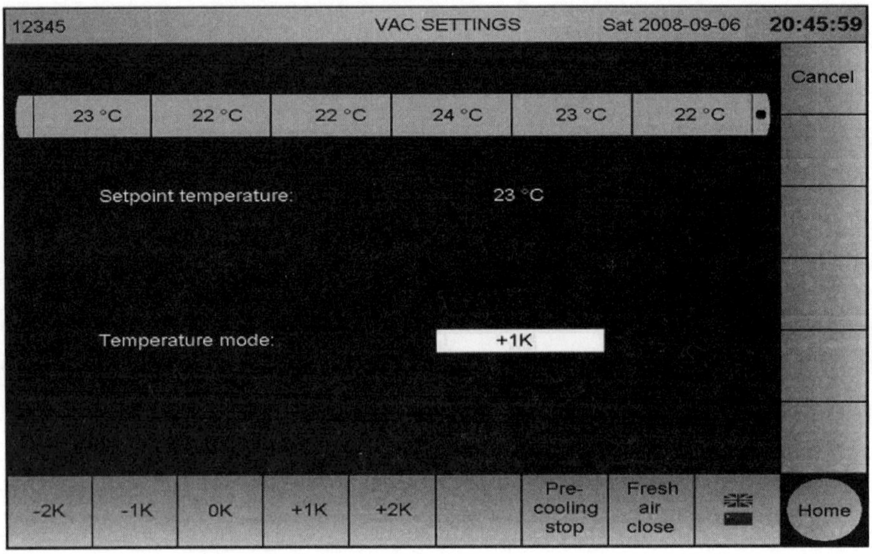

图 8-10　司机室 HMI 控制示意图

三、空调控制系统电路分析

（一）空调系统控制电路分析

空调系统控制电路如图 8-11 所示，对该电路分析的具体步骤如下：

1. 步骤一：寻找电路中的正、负极

（1）图 8-11 中的电路正极：列车线 408Y、列车线 408AA、列车线 408AB、列车线 408Z。

（2）图 8-11 中的电路负极：列车线 100K1。

2. 步骤二：功能分析

（1）空调控制操作：手动操作空调开（“.61-SBAOB”开关）、空调关（“.61-SBAS”开关）、Tc 车空调开（“.61-SBTCAO”）开关。

（2）电路表现：按照对应操作点亮指示灯：空调开“.61-SBAOB”、电加热“.61-HLEH”、Tc 车空调开“.61-SBTCAO”。

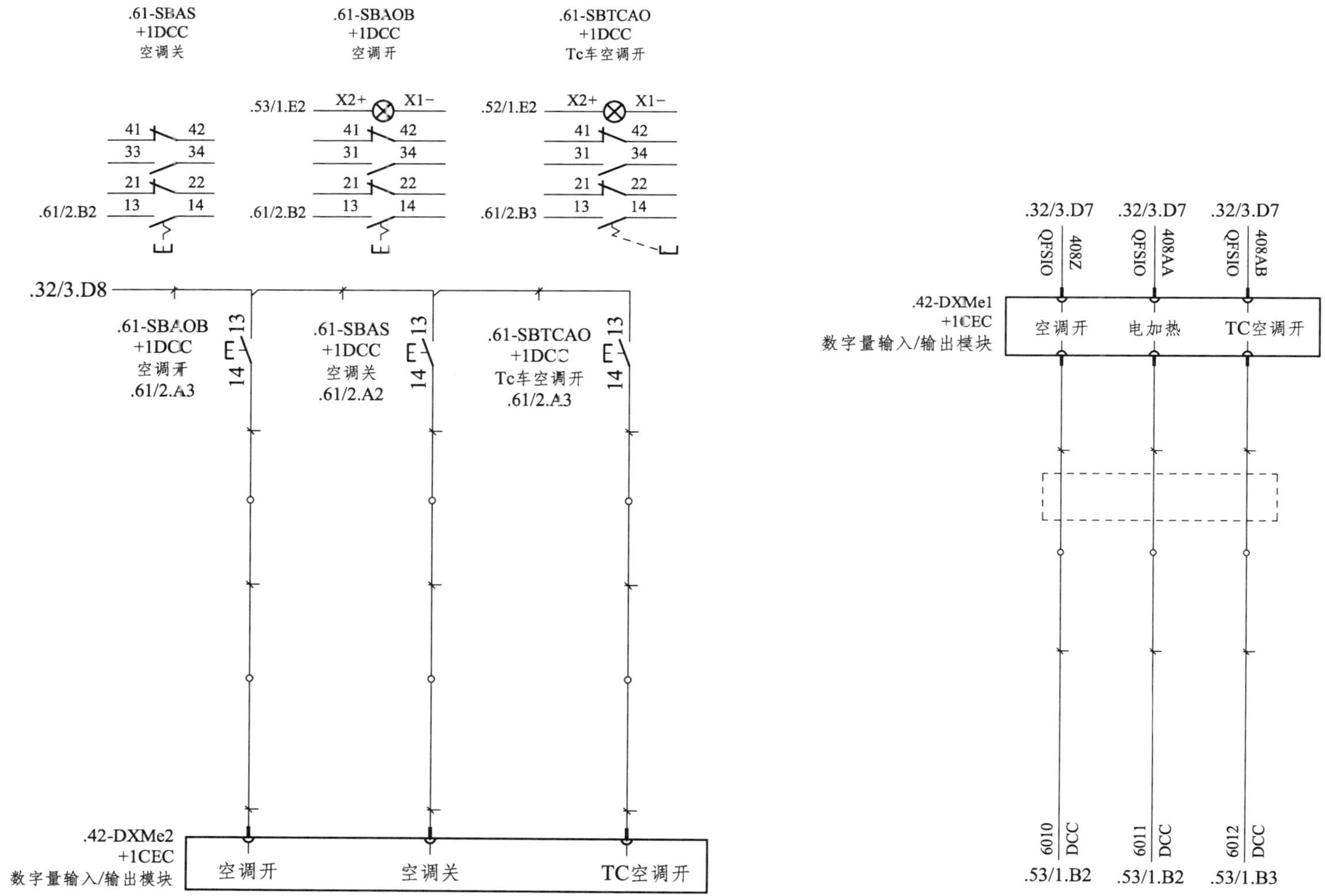

图 8-11　空调系统控制电路

3. 步骤三：电路分析

（1）空调开：电流经列车线 408Y→空调开“.61-SBAOB”按钮（按压时闭合）→数字输入输出模块获得“空调开”信号；电流经列车线 408Z→数字输入输出模块触发“空调开”信号→空调开“.61-SBAOB”按钮指示灯点亮→列车线 100K1。

（2）空调关电流经列车线 408Y→空调关“.61-SBAS”按钮（按压时闭合）→数字输入输出模块获得“空调关”信号；电流经列车线 408AA→数字输入输出模块触发“空调关”信号→空调关“.61-SBAS”按钮指示灯点亮→列车线 100K1。

（3）Tc 车空调开：电流经列车线 408Y→Tc 车空调开“.61-SBTCAO”按钮（按压时闭合）→数字输入输出模块获得“Tc 空调开”信号；电流经列车线 408AB→数字输入输出模块触发“Tc 空调开”信号→Tc 车空调开“.61-SBTCAO”按钮指示灯点亮→列车线 100K1。

（二）空调系统主回路电路分析

空调系统主回路原理电路如图 8-12（见书末折页图）所示，对该电路分析的具体步骤如下：

1. 步骤一：寻找电路中的正极

图 8-12 中的电路正极：AC 380 V“U、V、W”、紧急通风逆变器“U、V、W”。

2. 步骤二：电路分析

（1）主回路原理电路核心部件：空调控制柜“.62-ACC”、空调机组“.62-AC1”。

（2）主回路原理电路控制逻辑：AC380V 列车线或紧急通风逆变器提供三相交流电，经接触器、继电器等向空调机组内的通风机、冷凝风机、压缩机、新风预热器供电。

3. 步骤三：思考练习

每辆城轨车辆安装两台空调机组，由于每台空调机组的主电源供电原理完全一致，故以一台空调机组为对象进行电路分析。

1）“AC 380 V 主电源供电”电路分析过程

AC 380 V“U、V、W”→漏电保护器“CB1”→通风机接触器“EFK1”→通风机热继电器“EFTCB11”/“EFTCB12”→通风机“EF1”/ 通风机“EF2”。

AC 380 V“U、V、W”→漏电保护器“CB1”→冷凝风机继电器“CFTCB11”/“CFTCB12”→冷凝风机接触器“CFK11”/“CFK12”→冷凝风机“CF1”/ 冷凝风机“CF2”。

AC 380 V“U、V、W”→漏电保护器“CB1”→压缩机热继电器“CPTCB11”/“CPTCB12”→压缩机接触器“CPK11”/“CPK12”→压缩机“CP1”/ 压缩机“CP2”。

2）“紧急通风逆变器供电”电路分析过程

紧急通风逆变器“U、V、W”→紧急通风接触器“EMFK1”→通风机热继电器“EFTCB11”/“EFTCB12”→通风机“EF1”/ 通风机“EF2”。

任务实施

一、任务作业指导标准

（一）空调测试模式试验作业（见表 8-1）

表 8-1　空调测试模式试验

作业项目	空调测试模式试验作业	
作业人数	2 人	
作业工具	万用表	
序号	作业内容	作业标准
1	试验前的准备工作	（1）用万用表测量一位端司机室电器柜空调控制断路器有 DC 110 V。 （2）将空调控制断路器闭合。
2	空调测试试验	（1）将一位端客室空调柜内的空调控制模式置于“测试 2”位。 （2）空调控制器上的“测试 2”指示灯亮起。 （3）空调进入“测试”状态，在空调控制器面板上查看通风机（蒸发风机）、冷凝风机和压缩机对应指示灯亮绿灯。 （4）将一位端客室空调柜内的空调控制模式置于“自动”位。 注：在气温较低（不高于 22 °C）的情况下，禁止进行空调测试功能，请通过车辆 TCMS 屏进行空调其他调试作业。

（二）空调集控模式试验作业（见表 8-2）

微课视频：空调集控模式试验作业

表 8-2　空调集控模式试验

作业项目	空调集控模式试验作业	
作业人数	2 人	
作业工具	万用表	
序号	作业内容	作业标准
1	试验前的准备工作	（1）用万用表测量一位端司机室电器柜空调控制断路器有 DC 110 V。 （2）将空调控制断路器闭合。

续表

序号	作业内容	作业标准
2	进入空调集控界面	（1）集控试验时，需在司机台占有端操作 TCMS 屏进行操作。 （2）按下司机台“空调开”按钮（注意不是 TC 空调开），打开列车空调系统。 （3）在司机室 TCMS 屏的主界面中选择“空调系统”图标，进入空调系统界面。
3	空调设定试验	（1）在 TCMS 屏空调系统界面，在“车厢选择”一栏选择“全车”。 （2）在“模式设定”一栏依次选择“全暖”“半暖”“通风”“车外火灾”“自动”软键，观察屏界面上方的“空调模式”一栏的变化，变化应根据模式设定按钮更新，其中“自动”模式的设定，需要在点击“自动”后，再次点击“温度设定”一栏中的“OK”软键进行确认。
4	温度设定试验	（1）在 TCMS 屏空调系统界面，在“车厢选择”一栏选择“全车”，并确认空调设定为“自动”模式。 （2）在“温度设定”一栏，系统会自动给出“目标温度”，此温度定义为“默认温度”。 （3）在“温度设定”一栏，点击“+1K”软键，此时上方的“目标温度”在默认温度的基础上增加 1 °C。 （4）在“温度设定”一栏点击“-1K”软键，此时上方的“目标温度”在默认温度的基础上，减小 1 °C。 （5）在“温度设定”一栏，点击“0K”软键，此时上方的“目标温度”恢复为空调系统默认的温度。 （6）观察 TCMS 空调界面“室内温度”“室外温度”“目标温度”及“空调模式”的实时变化。

二、车辆空调系统操作

在司机台上的 HMI 人机交互显示器上进行空调系统操作，“空调状态”界面如图 8-13 所示。

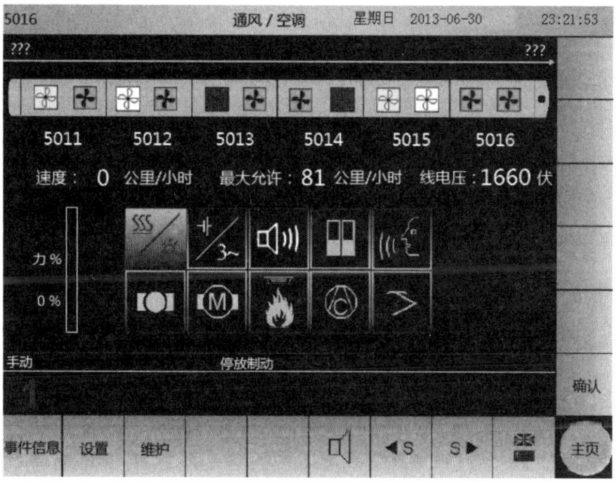

图 8-13 “空调状态”界面

“空调状态”界面显示的图形符号说明如表 8-3 所示。

表 8-3 “空调状态”界面显示的图形符号说明

优先级	符号	指示的状态
1		空调故障
2		空调警告
3		空调运行于“紧急通风”模式，由蓄电池供电.
4		空调运行于“通风”模式，由辅助电源供电
5		空调运行于“限制制冷”模式，由辅助电源供电
6		采暖开启，无故障
7		空调运行于制冷模式，无故障
8	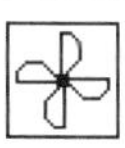	空调关闭，无故障

三、现场典型故障案例分析

（一）故障一：HMI 空调图标显黄

1. 故障现象

空调图标显黄，复位微动开关后恢复正常。

2. 故障分析

列车回库后，下载该车相关数据发现CFK22（冷凝风机22）接触器故障，故障信息见表8-4。经检查CFK22（冷凝风机22）接触器及活动辅助触头电阻、各接线电流（见图8-14），发现各部件无异常，库内多次试验均无异常，空调机组制冷功能正常，不影响运行。

表 8-4　空调故障记录

记录	列车编号	故障名称	故障等级	故障状态	发生时间	Ti	Te	Ts	模式
15	66	CFK22接触器故障锁死	严重	故障发生	2015/3/31 14:47:02	23.00	21.00	22.80	50%制冷
16	66	CFK22接触器吸合故障	中等	故障发生	2015/3/31 14:47:02	23.00	21.00	22.80	50%制冷
17	66	CFK22接触器吸合故障	中等	故障消失	2015/3/31 14:47:02	23.00	21.00	22.80	50%制冷
18	66	CFK22接触器吸合故障	中等	故障发生	2015/3/31 14:46:56	23.00	21.10	22.80	50%制冷

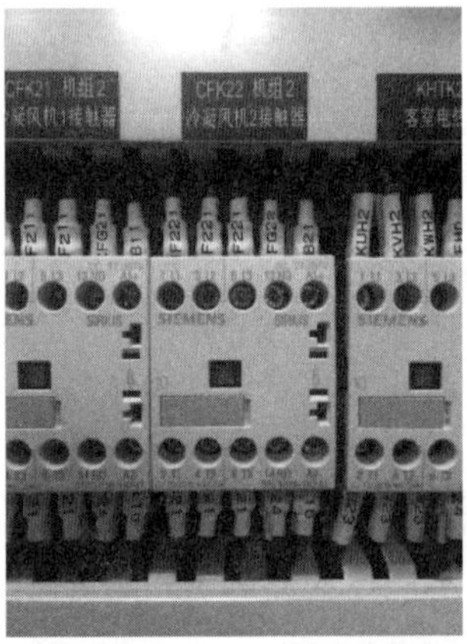

（a）CFK22接触器

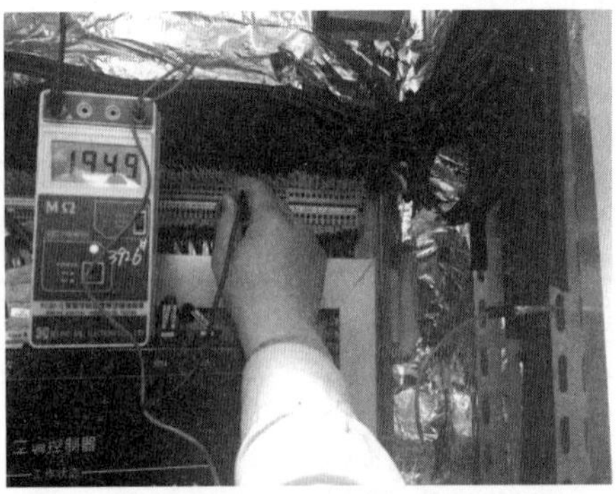

（b）接触器触点电阻测量

（c）冷凝风机电流测量

图 8-14　接触器测量

空调系统根据环境温度及载客量自动设定目标温度，根据制冷需求判定空调系统是否开启，并开启半冷或全冷模式。冷凝风机接触器动作仅发生在制冷系统开启或停止时，由故障记录可发现故障首次发生和消失时为 50% 制冷，可判定该故障正是在制冷系统开启时冷凝风机接触器动作时发生。由故障记录可发现冷凝风机接触器故障时间持续较短，可判定为冷凝风机接触器吸合不畅。

3. 故障原因

接触器吸合不畅，之后导致接触器锁死，造成正线车辆空调故障，HMI 显示空调黄点。

4. 故障处理

更换该接触器，空调系统工作恢复正常。

技能考核

一、考核任务

每两位学生为一组，在规定的时间内完成空调集控模式试验作业。

二、考核要求及评分标准

（一）作业安全要点

（1）作业前需进行场地及设备检查，并根据作业需求进行工具、物料拣选。
（2）作业过程需按照记录卡的要求进行准确记录。
（3）作业结束后需清理现场并归还工具。
（4）注意用电安全，严禁徒手触摸电源及与电源连接的线路。

（二）操作程序

按空调集控模式试验作业指导标准完成测试，并将测试结果填写到记录卡（见 8-5）中。

表 8-5　空调集控模式试验作业记录卡

<table>
<tr><th>步骤</th><th colspan="2">测试项</th><th>测试结果</th><th>故障描述</th></tr>
<tr><td rowspan="2">1</td><td rowspan="2">试验前的准备作业</td><td>用万用表测量一位端司机室电器柜空调控制断路器有 DC 110 V。</td><td>正常□　异常□</td><td></td></tr>
<tr><td>将空调控制断路器闭合。</td><td>闭合□　未闭合□</td><td></td></tr>
<tr><td>2</td><td>进入空调集控界面</td><td>（1）在司机室占用端操作 TCMS 屏进行操作。
（2）按下司机操作台“空调开”按钮，打开列车空调系统。</td><td>TCMS 屏空调系统界面显示：
正常□　异常□</td><td></td></tr>
</table>

续表

步骤	测试项		测试结果	故障描述
2	进入空调集控界面	（3）在司机室 TCMS 屏的主界面中选择“空调系统”图标，进入空调系统界面。		
3	空调设定试验	（1）在 TCMS 屏空调系统界面，在“车厢选择”一栏选择“全车”。 （2）在“模式设定”一栏依次选择“全暖”“半暖”“通风”“车外火灾”“自动”软键，观察 TCMS 屏界面上方的“空调模式”一栏的变化，变化应根据模式设定按钮更新，其中“自动”模式的设定，需要在点击“自动”后，再次点击“温度设定”一栏中的“OK”软键进行确认。	TCMS 屏空调系统界面显示： 正常□　　异常□	
4	温度设定试验	在 TCMS 屏空调系统界面的“车厢选择”一栏选择“全车”，并确认空调设定为“自动”模式。	TCMS 屏空调系统界面显示： 正常□　　异常□	
		（1）在“温度设定”一栏，系统会自动给出“目标温度”，此温度定义为“默认温度”。 （2）在“温度设定”一栏，点击“+1K”软键，此时上方的“目标温度”在默认温度的基础上，增加 1 °C。 （3）在“温度设定”一栏，点击“-1K”软键，此时上方的“目标温度”在默认温度的基础上，减小 1 °C。 （4）在“温度设定”一栏，点击“0K”软键，此时上方的“目标温度”恢复为空调系统默认的温度。	TCMS 屏空调系统界面显示： 正常□　　异常□	
		观察 TCMS 空调界面的“室内温度”“室外温度”“目标温度”及“空调模式”的实时变化。	TCMS 屏空调系统界面显示： 正常□　　异常□	
故障原因补充说明：				

（三）考核内容及评分标准（见表 8-6）

表 8-6　空调集控模式试验作业考核内容及评分标准

序号	考核内容	配分	评分标准
1	作业工具的使用	10	作业过程中错误使用工具或出现工具掉落现象，每次扣 2 分，扣完本项所配分值为止。
2	预设故障查找	20	1. 步骤不对，每次扣 5 分。 2. 方法不对，每次扣 5 分。 3. 损坏零部件，每个扣 10 分。 4. 没有清槽、整理，扣 5 分。 5. 扣完本项所配分值为止。
3	作业标准考察	60	1. 步骤不对，每次扣 5 分。 2. 方法不对，每次扣 5 分。 3. 对标作业指导标准发生漏项，每次扣 5 分。 4. 损坏零部件，每个扣 10 分。 5. 扣完本项所配分值为止。
4	安全文明生产	10	1. 遵守国家或企业有关安全规定，每违反一项规定扣 2 分。 2. 严重违规者停止操作。
5	时间		每超时 5 min 扣 5 分（上限 40 分）

任务拓展

参照上述技能考核模板，以小组为单位完成空调测试模式试验作业及考核。

任务训练

1. 简述城轨车辆空调系统的组成。
2. 简述城轨车辆空调系统启动的控制方式。
3. 简述城轨车辆空调系统的气流组织（送风、回风、排风）。

任务九 城轨车辆车门控制系统工作原理分析及故障诊断

任务描述

车门作为城轨车辆的重要部件，其不仅对协调客车的整体造型起着重要作用，还是乘客上下车辆的通道。城轨车辆的乘车人员比较密集，尤其是在上下班高峰期会出现超载现象，致使车门受到严重的挤压和振动。所以，在城轨车辆系统中，车门的故障率往往是最高的。因此，了解车门的结构及工作原理，分析其常见故障，并采取相应的维修措施具有重要意义。

本任务以电动塞拉门为例，主要介绍城轨车辆车门系统电气监控的工作原理及控制操作流程，使学生具备分析城轨车辆车门系统控制原理的能力，培养测试城轨车辆车门系统电气功能及分析处理电气故障的基本技能。

任务目标

1. 知识目标

（1）了解城轨车辆车门系统各项电气控制的工作原理。

（2）熟悉城轨车辆车门系统各项电气控制的具体操作流程。

（3）掌握城轨车辆车门系统各项电气控制的电气测试标准。

2. 能力目标

（1）掌握列车驾驶过程中车门开关门作业方法。

（2）掌握车门切除、紧急开门等作业方法。

（3）掌握车门旁路作业方法。

（4）掌握车门安全回路的构成及作用。

（5）对车门控制电路进行检查与故障分析。

3. 职业素养目标

（1）培养“精益求精、严谨细致、操作规范”的工作作风。

（2）培养协作意识、环保意识、节约意识。

探索创新

城市轨道交通车辆行车密度大、停车时间短，车门系统作为保障乘客安全上下车的关键部件，其安全性和可靠性一直是重点关注的问题。

随着我国城轨交通的飞速发展，国外车门厂家大量进入我国市场。自 1995 年开始，国内轨道交通陆续选择了 IFE（威奥）、FAIVELEY（法维莱）、BODE（博得）三家国外企业的车门产品。2000 年 10 月，南京康尼机电股份有限公司成立了，该公司坚持“以机电技术为核心的智慧交通装备平台”的战略定位，开启了我国轨道交通车门系统的研发、制造之路，公司主要产品包括轨道车辆门系统、站台安全门系统等。其中，核心产品“城轨车辆门系统”连续十多年在国内市场保持高占有率，产品出口美国、法国、加拿大等三十多个国家和地区，是中国中车、阿尔斯通、CAF、TALGO 等国际著名轨道车辆制造商的战略合作伙伴和供应商。从中国制造到中国创造，康尼公司几乎十年一个飞跃，创造了中国轨道交通门系统从走向世界到领跑世界的奇迹。

——摘编自南京康尼机电股份有限公司“企业简介”

（https://www.kn-nanjing.com/company/intro.aspx，2023 年 9 月 22 日）

知识储备

一、城轨车辆客室车门系统的布置

根据车体宽度不同，我国把地铁车辆分为 A、B、C 三种车型。A 型车宽 3 m、长 22 m；B 型车宽 2.8 m、长 19 m；C 型车宽 2.6 m、长 18.9 m。A 型车每侧设置 5 套电动开关门，B 型和 C 型车单侧设置 4 套电动开关门。

国内地铁常见的为 B 型车，其车门布置如图 9-1 所示。

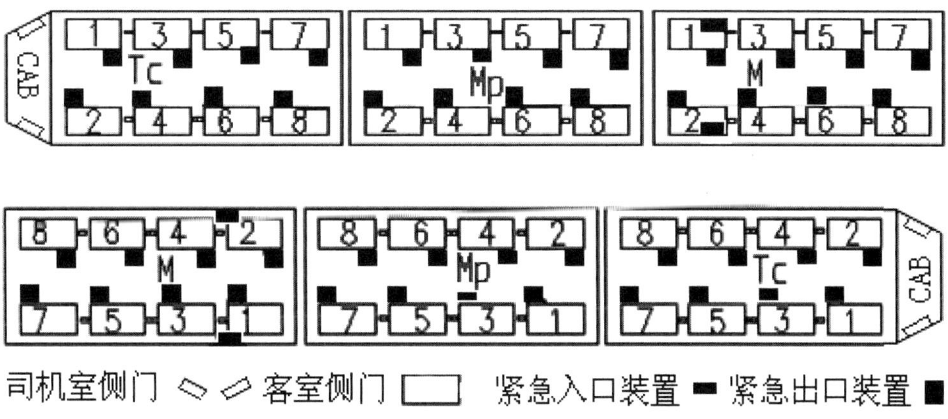

图 9-1　城轨车辆车门布置

二、城轨车辆车门系统控制单元及其功能

（一）门控单元系统简介

城市轨道交通车辆每个门的监控由电子门控单元 EDCU 实现，EDCU 安装在拐角顶板内的车体顶盖边梁的 C 形槽上。每节车辆一共安装两种不同型号的门控单元：一种型号的控制器装有两个 MVB 接口、一个 CAN 接口，标有“MDCU”（主门控单元）字样；另一种型号的控制器仅配备 CAN 接口，此车门控制单元标有“LDCU”（辅门控单元）字样。MVB 接口负责同列车控制系统进行数据交换（门控信号、状态信号、诊断信号），CAN 接口负责和 LDCU 通信。为备用起见，每一辆车装备有两个主门控单元，其余的辅门控单元通过 CAN 总线与 MDCU 通信。列车门控单元网络如图 9-2 所示。

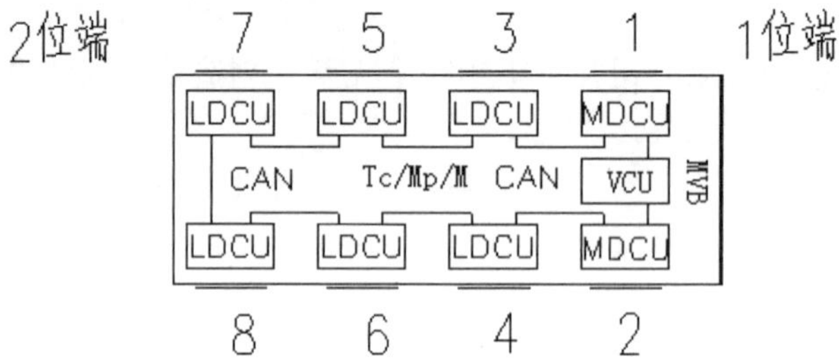

图 9-2　门控单元网络拓扑图

电子门控单元（见图 9-3）是可编程的，包含 16 路输入信号（I0～I15）和 6 路输出信号（O0～O5），由系统存储器中的软件控制。

根据列车线控制信号（“门允许列车线”“零速列车线”“开门列车线”）和门驱动机构上元件（门锁紧开关、隔离开关等）发出的信号，电子门控单元控制车门的开启和关闭。

中央门控指令（如门开/关）由司机按门控按钮或 ATO 发出，此信号与 ATP 信号（如零速度）一起由列车硬连线传送至门控单元。若门安全回路（安全列车线）中的“所有门关闭”未闭合，即有一个或一个以上的门尚未关到位，联锁继电器会阻止牵引指令及气制动释放。

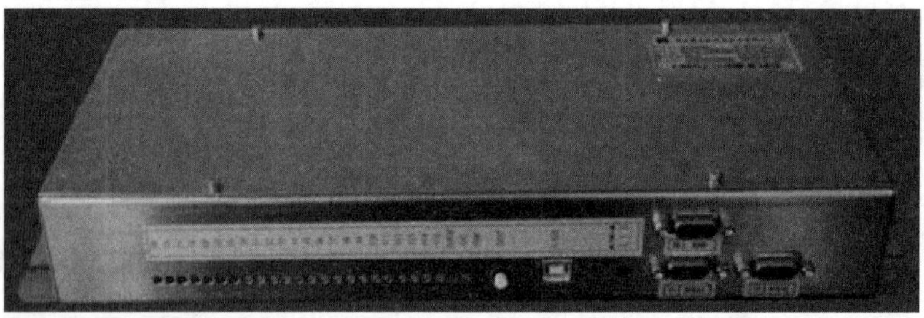

图 9-3　电子门控器

（二）门控单元系统功能介绍

1. 门系统初始化检测

打开电源电压可启动电子门控单元，车门关上和锁紧时，车门被启动并保持关闭；车门

未关上和锁紧时，根据所给的指令在开门或关门方向启动车门。

电子门控单元此时无法监控车门的位置，因此对于一个没有关上和锁紧的车门，将会运行初始化程序，即以低速关闭车门直到车门到达关上和锁紧位置，在这种情况下障碍检测系统正常工作。

2. 门允许列车线

当“门允许列车线”信号有效时，允许执行开门操作。如果撤销“门释放列车线”信号，开着的车门将立即开始关闭，这个时候，障碍检测功能仍有效。当同时满足开门条件和关门条件时，优先执行关门操作。

3. 零速保护

当检测到列车停稳时，“零速列车线”保持高电平。一般情况下，当“零速列车线”被激活时，EDCU 才执行开门命令；一旦检测到硬连线传输有故障，EDCU 执行网络传输的指令。只有在 MVB（零速列车信号）有效时，EDCU 才执行开门命令。如果零速继电器出现故障，司机可以通过操作零速旁路开关来激活“零速列车线”。

列车处于非零速状态下，无论 EDCU 是否接收到关门指令，开着的车门都将自动关闭，如果操作紧急解锁装置，需要克服一个很大的反作用力才能手动开门。

4. 集控开/关门

在正常状态下，开门需同时满足以下条件才动作：

（1）车速为零。

（2）接收到有效开门指令和门使能（允许）信号。

信号与车门状态的对应关系如表 9-1 所示。

表 9-1　信号与车门状态的对应关系

零速信号	门允许信号	开门指令	关门指令	门状态
0	0/1	0/1	0/1	关
0/1	0	0/1	0/1	关
1	1	0	0	保持
1	1	1	0	开
1	1	0	1	关
1	1	1	1	关

5. 门的开启和关闭

当“开关门控制切换”列车线信号为低电平时，门控单元只认可硬连线开门信号；当“开关门控制切换”列车线信号为高电平时，门控单元只认可网络开门信号。

1）开门

（1）“允许开门”的条件。当同时满足下列条件时，才允许 EDCU 驱动电机执行开门操作：

① 没有操作机械隔离装置。

② 没有操作紧急解锁装置。

③ “门允许列车线”为高电平。

④ “零速列车线”为高电平。

⑤ 门处于非开到位位置。

⑥ 没有产生过锁到位开关故障。

⑦ 没有产生过关到位开关故障。

（2）“开门列车线”和“网络开门指令”开门功能。检测到“开门列车线”或“网络开门指令”信号从低电平跳变到高电平，且保持高电平状态 200 ms 以上，那么“开门列车线”或“网络开门指令”信号有效；若满足“允许开门”的条件，则延时设定的时间后，车门开始开启。维护人员可以通过 TCMS 通信将开门时间在 2.5 ~ 4 s 之间进行调节，将开门延时时间在 0 ~ 3 s 之间进行调节。

若门控器接收到 MVB 网络发送的“紧急操作信号”，则整列车门将按顺序开门，每节车单侧每 3 s 开一扇门。车门开启到“开门终点位置”后保持当前位置，直到再次接收到关门指令。

如果在开门过程中，在满足“允许开门”的条件下，“开门列车线”或“网络开门指令”信号从高电平跳变为低电平，车门仍然会开启到“开门终点位置”。

2）关门

当“开关门控制切换”列车线信号为低电平时，门控单元只认可硬连线关门信号；当“开关门控制切换”列车线信号为高电平时，门控单元只认可网络关门信号。

（1）“关门列车线”和“网络关门指令”的关门功能：检测到“关门列车线”或“网络关门指令”信号从低电平跳变到高电平，且保持高电平状态 200 ms 以上，则“关门列车线”或“网络关门指令”信号有效，若同时满足下述“允许关门列车线关门”条件，则延时设定的时间后，车门开始关闭：

① 没有操作机械隔离装置。

② 没有操作紧急解锁装置。

③ 门未关锁到位。

维护人员可以通过 TCMS 通信将关门时间（出厂时为 3.5 s）在 2.5 ~ 4 s 之间调节；将关门延时时间（出厂时为 3 s）在 0 ~ 3 s 之间调节。

门关闭至“关锁到位的位置”后，保持当前位置。如果在关门过程中，在满足“允许关门”条件下，“关门列车线”或“网络关门指令”信号从高电平跳变为低电平，门仍然会关闭到“关锁到位的位置”。再次激活“关门列车线”或“网络关门指令”，已经关锁到位的车门不动作，未关锁到位的车门执行关门操作。

（2）“网络关门指令”的关门功能：检测到“网络关门指令”信号从 0 跳变到 1，则“网络关门指令”信号有效，若同时满足下述“允许网络信号关门”的条件，且“开关门控制切换”列车线信号为高电平，则延时设定的时间后，车门开始关闭：

① 没有操作机械隔离装置。

② 没有操作紧急解锁装置。

③ 门未关锁到位。

维护人员可以通过 TCMS 通信将关门时间（出厂时为 3.5 s）在 2.5 ~ 4 s 之间调节；将关门延时时间（出厂时为 3 s）在 0 ~ 3 s 之间调节；而且设定的参数可以通过服务软件查询。

门关闭至“关锁到位的位置”后，保持当前位置。如果在关门过程中，在满足“允许关门”的条件下，“网络关门指令”信号从 1 跳变为 0，门仍然会关闭到“关锁到位的位置”。“网络关门指令”应保持“1=有效”状态 3 s 以上。

（3）丢失“零速列车线”信号的关门功能：未操作“机械隔离装置”的情况下，若“零速列车线”信号从高电平跳变至低电平，且保持 200 ms 以上，则未关锁到位的车门将立即执行关门操作。在关门过程中，若检测到关门方向上有障碍物，障碍检测功能仍有效。

（4）复位“紧急解锁装置”的关门功能：未操作“机械隔离装置”的情况下，复位“紧急解锁装置”，未关锁到位的车门将立即执行关门操作。

6. 指示灯

1）内侧车门指示灯

在每个客室侧门的上方均设有一个橙色的指示灯。车门操作机械隔离时，该指示灯灭；车门被紧急解锁时，该指示灯亮；车门未操作机械隔离、未操作紧急解锁时，若车门开启，则指示灯亮；若车门处在关门过程中，则指示灯闪烁；若车门关闭到位，则指示灯灭。

2）车门切除指示灯

在每个客室侧门上方还设有红色指示灯。车门操作机械隔离或操作紧急解锁时，该指示灯亮；车门开到位或关锁到位或处在关门过程中或处在开门过程中，该指示灯灭。车门出现了故障，该指示灯亮。

橙黄色的 LED 指示灯和红色的 LED 指示灯，它们与车门状态的对应关系如表 9-2 所示。

表 9-2　车门状态与指示灯对应关系

车门系统状态	橙黄色 LED 指示灯	红色 LED 指示灯	蜂鸣器状态
车门处于全开状态	亮	灭	停止鸣响
车门处于关门过程中	闪烁（1 Hz）	灭	鸣响
车门处于全关状态	灭	灭	停止鸣响
车门处于开门过程中	亮	灭	停止鸣响
车门切除	灭	亮	
车门故障	灭	亮	

7. 紧急解锁

为了在紧急状态下手动开门，设有紧急解锁装置。操作紧急装置使锁闭装置解锁，并使锁闭装置处的限位开关动作。操作紧急解锁装置后，该装置将被定位在操作状态。

（1）当“门允许列车线”信号为高电平且“零速列车线”信号为高电平的情况下：

① 通过钢丝绳操作锁闭装置，实现机械解锁。

② 紧急解锁开关动作，将信号传递给 EDCU。

③“安全互锁回路”将被断开。

④ 门可通过手动在开门和关门方向上移动。

如果操作了紧急解锁装置，必须在列车重新启动之前将该装置复位。复位紧急解锁装置后，车门立即关闭，且障碍物检测功能有效。

（2）当“门允许列车线”信号为低电平或“零速列车线”信号为低电平的情况下：若没有操作隔离装置，将实现持续 5 min 关门力的功能，从而阻止门被打开。关门过程中，关门防挤压功能被禁止，作用于门扇的关门力将有如下变化：

① 若门已经关锁到位，电机停在当前位置。

② 若门未关锁到位，电机将试图驱动门扇回到关锁到位的位置附近。

8. 障碍检测

1）关门过程中的障碍检测

（1）电机电流监控：每次关门过程中，电机正常关门电流曲线被存储并自动调整；如果电机的实际电流超过额定值，障碍检测系统将被激活。最大电流值并不恒定，由车门的位置和前几次关门运动的电流决定。即使电子门控单元的电源关闭时，最大电流值也能被存储。如果电子门控单元更换到其他任何车门上，需以持续按下维护按钮的方式对其进行初始设置，按下按钮的时间超过 1.5 s（从打开电源开始计算）。

（2）路程、时间监测：通过车门位置传感器的检测，将车门的运动分成几个距离段，如果在给定的时间内车门未通过这些距离段，则障碍检测系统被激活。

当车门受到障碍物的阻挡时，按预先给 EDCU 设定的最大控制关门力关门（150 ~ 300 N 可调）。在车门自动打开一段距离之前，该关门力持续时间为 0.5 s，然后，经过 1 s（可调）后，将重新启动关门动作。若连续三次关门均检测到障碍物，那么车门会自动完全打开。之后，将根据新的关门命令再次进入关门流程。障碍检测的次数（1 ~ 5 次）以及车门的开度、障碍检测期间的停顿时间可自行调节。任何关、开门指令都可使车门重新启动。

检测到关门方向上有障碍物后，车门自动打开的功能在同时满足“没有操作机械隔离装置”“没有操作紧急解锁装置”“零速列车线有效”三个条件时方可执行。

2）开门过程中的障碍检测

障碍检测可被激活三次。开门时若有障碍会使开门循环停止 1s，在三次开门动作之后车门将会停在当前位置，并且电子门控器会认为此位置是最大可达开门位置，此时任何关门指令都可将车门关闭。

9. 再关门功能

如果司机显示屏上显示并非所有车门均已关闭锁定（如在某车门处有障碍物），则列车不能起动。司机可通过按压设备柜或继电器柜面板上的“再关门”按钮使这些未能关闭的车门重新打开，之后相应侧的这些未能关闭的车门将再次关闭，已关到位的车门不动作。

上述的开/关门列车线信号，在发送过程中也被 SKS 采集，并通过 MVB 网络传送给 VCU 和 EDCU。

综上所述，从车门控制面板传至 EDCU 的列车线信号如表 9-3 所示。

表 9-3　列车线信号

信　号	类　型	信号电平
开门	脉冲	1=开门
关门	脉冲	1=关门
零速	持续	1=零速
再关门	脉冲	1=再关门　1=door reopen
车门控制模式	持　续	0=硬线控制开关门　　1=网络控制开关门

10. 门隔离

1）门退出服务装置

当某车门出现故障时，在车内或者车外使用方头钥匙操作隔离装置，将车门从服务状态切除并被机械锁定，并且此时已不能操作被隔离门上的紧急解锁装置。此时车门隔离开关的NC 触点向 EDCU 发出一个信号，隔离开关的 NO 触点优先于安全互锁回路。门切除以后，EDCU 中的“Door_cut_out（门切除）”信号将变为高电平，此时 EDCU 将关闭门的所有运动，仅仅保留通信和故障诊断功能，不再接收开/关门信号，车门切除指示灯保持持续明亮，在 HMI 上显示相应门被隔离信息。

2）电源切除开关

为了进行维修工作，可通过关闭位于驱动机构的电源隔离开关来切断一扇车门区域的电源。

三、安全互锁回路及控制原理

安全互锁回路是车门系统的重要组成部分，它对车门的状态监控、行车安全可靠性的保障以及故障判断起到了至关重要的作用。绝大部分车门故障都涉及安全互锁回路。

如图 9-4 所示，车门安全互锁回路包括“关到位”开关、“锁到位”开关、“紧急解锁”开关、隔离开关等。

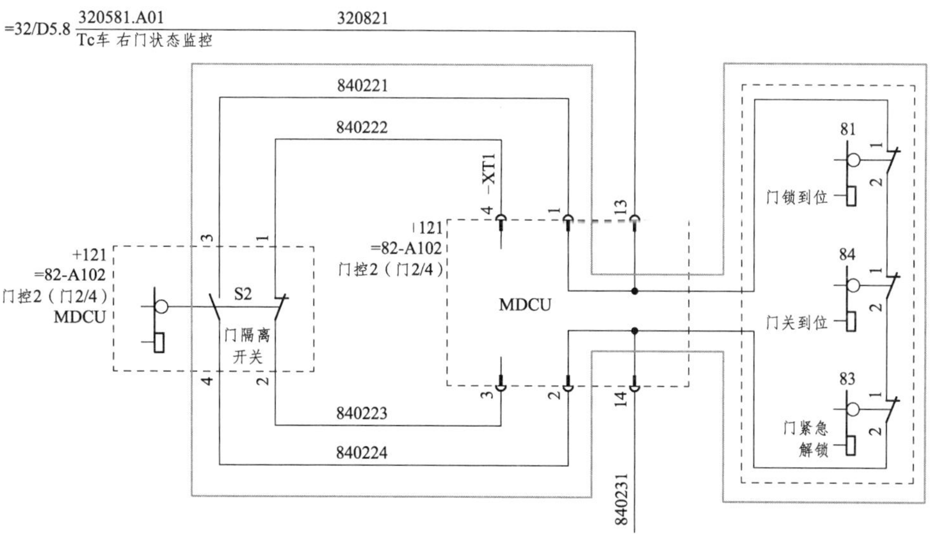

图 9-4　车门安全互锁回路

由图 9-4 可以看出，在安全互锁回路中，“关到位”开关的 NC 触点、“锁到位”开关的 NC 触点、“紧急解锁”开关的 NC 触点串联，与隔离开关的 NO 触点并联；由此可以看出，安全互锁回路中隔离开关回路优先于安全互锁回路。为了使列车正常牵引，必须闭合安全互锁回路。

（一）关到位开关、锁到位开关

这两种开关除了安装位置不同以外，其余没什么区别。这两个开关的状态将直接影响到车门会不会误判断障碍检测功能。

（二）紧急解锁开关

紧急解锁开关安装在门制动装置的下方。未操作紧急解锁时，此开关处于松开状态，其常开触点保持断开给 EDCU 一个信号，告知此车门无紧急解锁；其常闭触点保持闭合，接通此车门安全互锁回路中的紧急解锁电路。当车门紧急解锁时，紧急解锁开关的常开触点闭合，给 EDCU 一个信号，告知该车门已经解锁，同时紧急解锁开关的常闭触点断开，安全互锁回路断开。若列车在非零速状态下，EDCU 将立即启动强制关门指令，以确保车门处于关闭状态。

（三）隔离开关

隔离开关安装在隔离开关组件盒中，车门正常时，隔离开关处于松开状态，其常闭触点给 EDCU 一个信号，告知 EDCU 无隔离操作，同时其常开触点保持断开。车门故障无法使用时，在车门关闭的状态下，操作隔离开关，此时其常闭触点断开，给 EDCU 一个信号告知车门被隔离，同时其常开触点闭合，旁路该车门的“关到位”开关、“锁到位”开关以及“紧急解锁”开关，避免单个车门故障影响到整个列车的牵引。

在安全互锁回路中并联一个隔离开关的常开触点，其目的是：

（1）当并联回路中只要有一路畅通，就不会给 EDCU 一个安全互锁回路断开的信号。

（2）避免单个车门遇到故障的时候，影响到整列车的运营服务，即当列车车门故障导致安全互锁回路断开时，将车门关闭并隔离，隔离开关的常开触点闭合，此时安全互锁回路中隔离开关这一路畅通进而可以继续给 EDCU 一个安全的信号（也可以认为此时安全互锁回路可以忽略不计），不会因为安全互锁回路断开而影响列车运行。

四、车门控制系统电路分析

（一）车门动作指令控制电路分析

二维动画：开门指令控制电路图分析

1. 开门指令控制电路

开门指令控制电路如图 9-5 所示，对该电路分析的具体步骤如下：

1）步骤一：寻找电路中的正、负极

图 9-5 中的电路正极：列车线 435A。

图 9-5 中的电路负极：列车线 8050、列车线 8011、列车线 8021。

2）步骤二：功能分析

（1）开门指令控制操作：手动操作右门开“.81-SBOR1”“.81-SBOR2”按钮，左门开“.81-SBOL1”“.81-SBOL2”按钮，车门控制模式“.81-SKDM”开关，门模式开关“.41-SADMS”。

（2）开门指令控制电路的表现：按照对应操作是对应列车线得电：车门控制模式列车线 8050、右开门列车线 8011、左开门列车线 8021。

3）步骤三：电路分析

开门指令是控制列车客室车门打开的一个必要条件，由开门按钮或 ATO 系统触发，通过列车线传递至每个车门对应的 EDCU 中，控制车门开启。

（1）手动触发开门指令电路分析：

假设 Tc1 车为占有端，电流经列车线 435A→Tc1 车主控继电器“.21-KALA7”的常开触点“6-7”（司机台占有时得电闭合）→ATC 切除继电器“.41-KANRM4”的常开触点“C1-C2”（切除 ATC 后得电闭合）/RM 模式继电器“.41-KARM”的常开触点“22-17”（选择 RM 模式后得电闭合）/门模式开关“.41-SADMS”的常开触点“5-6”（选择 MM 模式闭合）→右门开按钮“.81-SBOR1”/“.81-SBOR2”（按下按钮时闭合）/左门开按钮“.81-SBOL1”/“.81-SBOL2”（按下按钮时闭合）→右开门列车线“8011”高电平/左开门列车线“8021”高电平，数字量输入输出模块获取“右开门列车线”/“左开门列车线”信号。

（2）自动触发开门指令电路分析：

ATO 系统“.41-CC”触发电信号→右开门列车线“8011”高电平/左开门列车线“8021”高电平，数字量输入输出模块获取“ATO 开右门”/“ATO 开左门”信号。

（3）车门控制模式电路分析：

电流经列车线 435A→Tc1 车主控继电器“.21-KALA7”的常开触点“6-7”（司机台占有时得电闭合）→车门控制模式“.81-SKDM”的常开触点“13-14”（选择“网络”模式闭合）→车门控制模式列车线“8050”高电平，数字量输入输出模块获取信号。

（4）关于门模式开关“.41-SADMS”的说明：

门模式开关“.41-SADMS”置于“AA”位时，其常开触点“1-2”闭合、常闭触点“3-4”断开、常开触点“5-6”不动作；门模式开关“.41-SADMS”置于“AM”位时，其常开触点“1-2”、常闭触点“3-4”、常开触点“5-6”均不动作；门模式开关“.41-SADMS”置于“MM”位时，其常开触点“1-2”不动作、常闭触点“3-4”断开、常开触点“5-6”闭合。

（5）关于车门控制模式“.81-SKDM”的说明：

车门控制模式“.81-SKDM”置于“网络”位时，其常开触点“13-14”闭合；车门控制模式“.81-SKDM”置于“硬线”位时，其常开触点“13-14”断开。

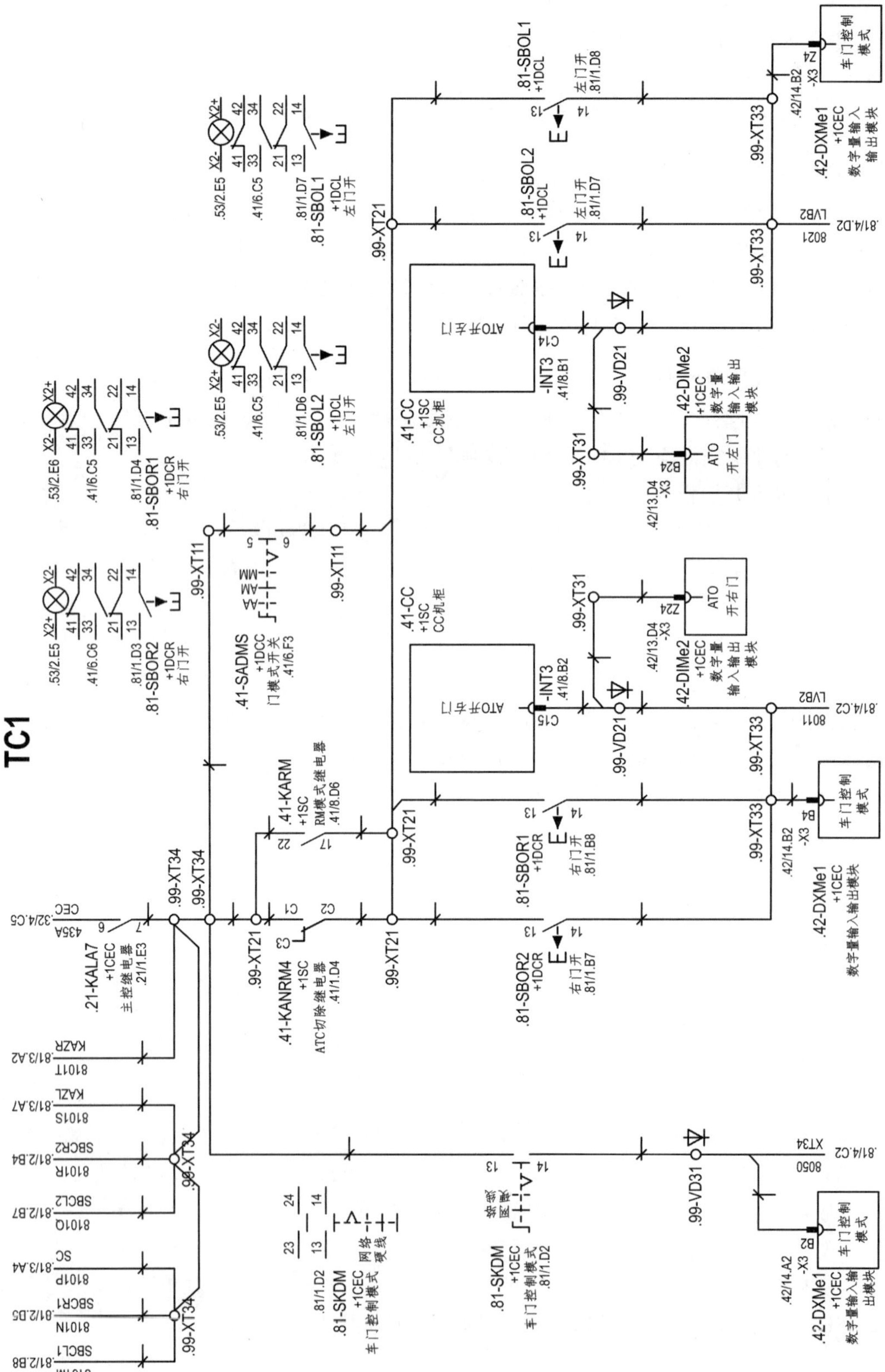

图 9-5 开门指令控制电路

2. 关门指令控制电路分析

二维动画：关门指令控制电路图分析

关门指令控制电路如图 9-6 所示，对该电路分析的具体步骤如下：

1）步骤一：寻找电路中的正、负极

图 9-6 中的电路正极：列车线 435B、列车线 435C、列车线 8101R、列车线 8101N、列车线 8101Q、列车线 8101M。

图 9-6 中的电路负极：列车线 8005、列车线 8012、列车线 8022。

2）步骤二：功能分析

（1）关门指令控制操作：

手动操作右门关“.81-SBCR1”“.81-SBCR2”按钮、左门关“.81-SBCL1”“.81-SBCL2”按钮和零速旁路“.81-SKZVB”开关。

（2）关门指令控制电路的表现：按照对应操作使对应列车线得电：零速列车线 8005、右关门列车线 8012、左关门列车线 8022。

3）步骤三：电路分析

关门指令可控制列车客室车门关闭，由关门按钮或 ATO 系统触发，通过列车线传递至每个车门对应的 EDCU 中，控制车门关闭。

（1）手动触发关门指令电路分析：

电流经列车线 8101R/8101N/8101Q/8101M→右门关按钮“.81-SBCR1”/“.81-SBCR2”（按下按钮时闭合）/左门关按钮“.81-SBCL1”/“.81-SBCL2”（按下按钮时闭合）→右关门列车线“8012”高电平/左关门列车线“8022”高电平，数字量输入输出模块获取“右关门列车线”/“左关门列车线”信号。

（2）自动触发关门指令电路分析：

ATO 系统“.41-CC”触发电信号→右关门列车线“8012”高电平/左关门列车线“8022”高电平，数字量输入输出模块获取“ATO 关右门”/“ATO 关左门”信号。

（3）触发零速信号电路分析：

在城轨车辆制动系统的 EP2002 网关阀的反馈下，当列车处于静止状态时，电流经列车线 435B→零速继电器“.22-KAZV1”的常开触点“C1-C2”和“.22-KAZV2”的常开触点“A1-A2”（列车零速状态下得电闭合）→零速列车线“8005”高电平，数字量输入输出模块获取“列车零速”信号。

电流经列车线 435B→Tc1 车主控继电器“.21-KALA10”的常开触点“4-5”（司机台占有时得电闭合）→零速旁路开关“.81-SKZVB”（闭合旁路开关后闭合）→零速列车线“8005”高电平，数字量输入输出模块获取“列车零速”信号。

（4）关于零速旁路“.81-SKZVB”的说明：

零速旁路“.81-SKZVB”置于“合”位时，其常开触点“13-14”“53-54”闭合；零速旁路“.81-SKZVB”置于“分”位时，其常开触点“13-14”“53-54”断开。

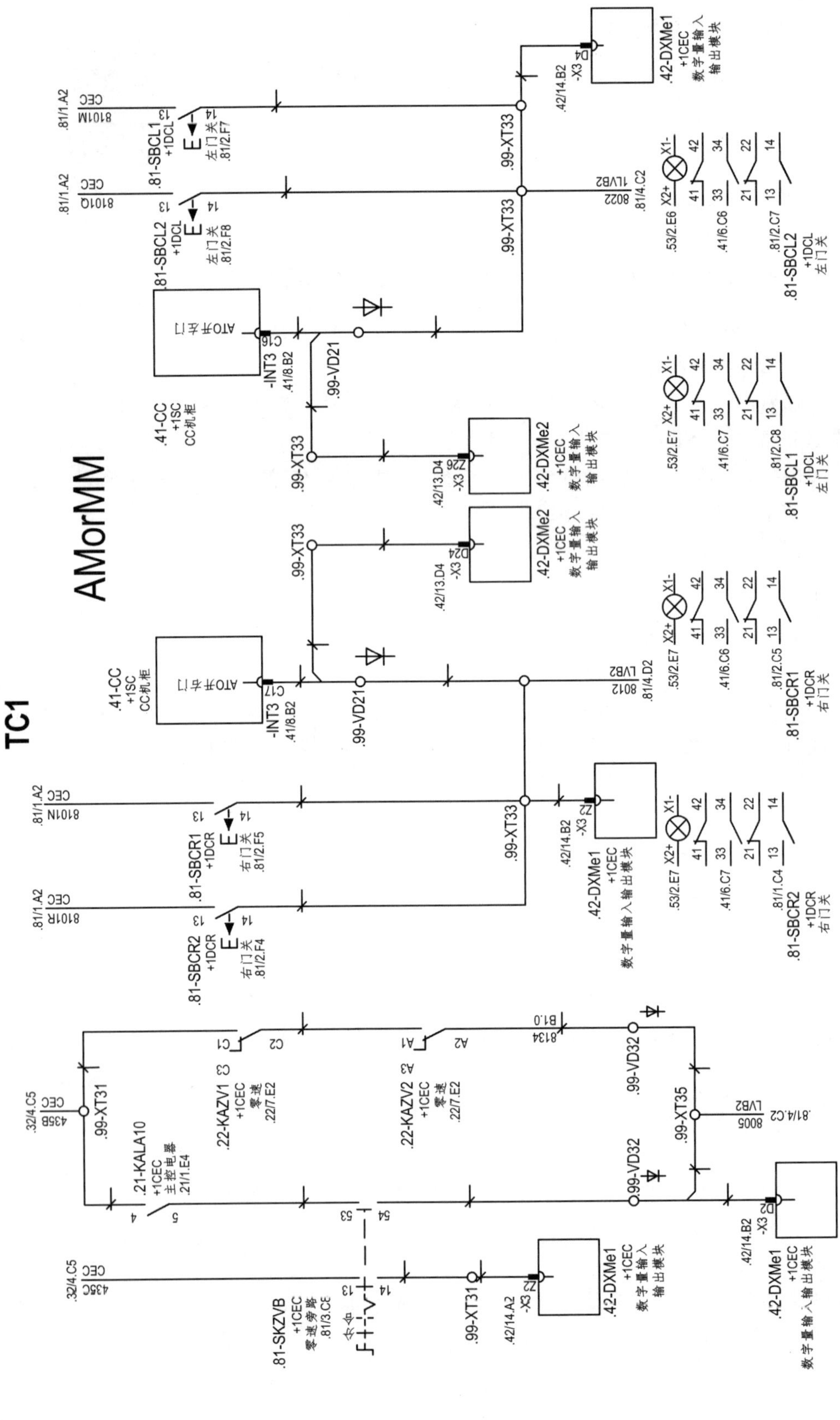

图 9-6 关门指令控制电路

3. 门允许信号控制电路分析

门允许信号控制电路如图 9-7 所示，对该电路分析的具体步骤如下：

二维动画：门允许信号控制电路图分析

1）步骤一：寻找电路中的正、负极

（1）图 9-7 中的电路正极：列车线 8101T、列车线 8101P、列车线 810TS。

（2）图 9-7 中的电路负极：列车线 100Z6B、列车线 100Z6C。

2）步骤二：功能分析

（1）车门允许信号控制联锁：零速状态、ATC 切除、RM 模式、零速旁路“.81-SKZVB”、强制左门允许“.81-SKZL”、强制右门允许“.81-SKZR”、信号车载控制单元“.41-CC”。

（2）车门允许信号控制电路的表现：建立联锁电路使对应列车线得电：右使能列车线 8015、左使能列车线 8025，右门开“.81-SBOR1”“.81-SBOR2”按钮，左门开“.81-SBOL1”“.81-SBOL2”按钮，自带指示灯点亮。

3）步骤三：电路分析

门允许信号又称“使能信号”，是控制客室车门开启的一个必要条件，包括网络信号与硬线信号两种，通过列车线传递至每个车门对应的 EDCU 中，为控制车门开启提供必要条件。

（1）网络门允许信号触发：

电流经列车线 8101T/8101S→信号车载控制单元“.41-CC”（触发右门允许信号/左门允许信号）→数字量输入模块获取“ATO 右使能/ATO 左使能”信号，右使能列车线“8015”/左使能列车线“8025”高电平。列车线 8015F4→右门开“.81-SBOR1”“.81-SBOR2”红色指示灯点亮；列车线 8025F4→左门开“.81-SBOL1”“.81-SBOL2”红色指示灯点亮。

（2）硬线门允许信号触发：

电流经列车线 8101P→零速继电器“.22-KAZV2”的常开触点“D1-D2”（列车零速时得电闭合）/零速旁路“.81-SKZVB”（打“合”位后闭合）→ATC 切除继电器“.41-KANRM2”的常开触点“C1-C2”（切除 ATC 后得电闭合）/RM 模式继电器“.41-KARM”的常开触点“20-21”（选择 RM 模式后得电闭合）/强制门允许按钮“.81-SKZR”/“.81-SKZL”（按下按钮时闭合）→数字量输入模块获取“ATO 右使能/ATO 左使能”/“强制门允许 R/L”信号，右使能列车线“8015”/左使能列车线“8025”高电平，右/左门开红色指示灯点亮。

（3）“强制门允许操作”电路分析：

电流经列车线 8101P→零速继电器“.22-KAZV2”的常开触点“D1-D2”（列车零速时得电闭合）/零速旁路“.81-SKZVB”（打“合”位后闭合）→强制门允许按钮“.81-SKZR”/“.81-SKZL”（按下按钮时闭合）→数字量输入模块获取“ATO 右使能/ATO 左使能”/“强制门允许 R/L”信号，右使能列车线“8015”/左使能列车线“8025”高电平，右/左门开红色指示灯点亮。

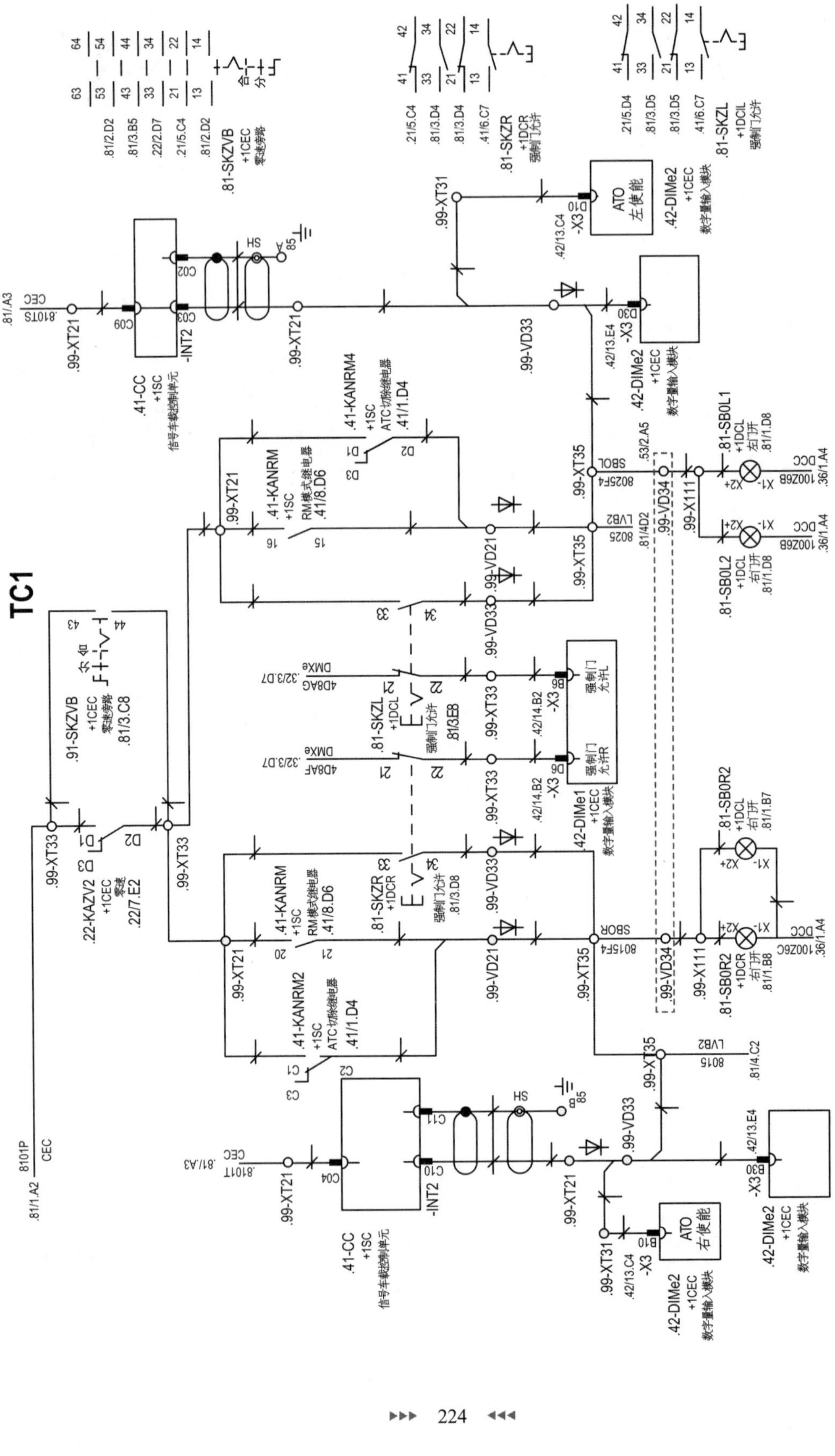

图 9-7 门允许信号控制电路

（二）车门动作控制电路分析

1. 开关门操作

二维动画：门控电路图分析

（1）操作目标：列车客室车门受电信号控制开启或关闭。

（2）目标设备：门控器“.81-EDCU1”～“.81-EDCU8”。

（3）操作方法：按下右门开“.81-SBOR1”“.81-SBOR2”按钮、左门开“.81-SBOL1”“.81-SBOL2”按钮或通过 ATC 系统自动触发，相关列车线得电。

2. 电路分析

车门动作控制电路如图 9-8（见书末折页图）所示，对该电路分析的具体步骤如下：

1）步骤一：功能分析

（1）车门动作控制操作：按下右门开“.81-SBOR1”“.81-SBOR2”按钮、左门开“.81-SBOL1”“.81-SBOL2”按钮或通过 ATC 系统自动触发。

（2）车门动作控制电路表现：门控器“.81-EDCU1”～“.81-EDCU8”通过列车线获得对应信号，按照车门开关门逻辑进行动作。

2）步骤二：电路分析

门控电路主要实现通过车门列车线控制单侧车门开关动作。由于左、右侧车门动作控制原理完全一致，下面将以左侧车门控制电路（见图 9-8）为例进行分析。

（1）列车左侧车门开门控制电路分析。

电流经 Tc1 车左开门列车线“8021”、左使能列车线“8025”、车门控制模式列车线“8050”、零速列车线“8005”→Tc1 车门控器 7“.81-EDCU7”→Mp1 车门控器 1“.81-EDCU1”→M1 车门控器 1“.81-EDCU1”→M2 车右开门列车线“8011”、右使能列车线“8015”、车门控制模式列车线“8050”、零速列车线“8005”→M2 车门控器 2“.81-EDCU2”→Mp2 车门控器 2“.81-EDCU2”→Tc2 车门控器 8“.81-EDCU8”→全列车左侧车门开启。

对于 Tc1 车车辆内部，上述列车线的传递路径为门控器 7“.81-EDCU7”→门控器 5“.81-EDCU5”→门控器 3“.81-EDCU3”→门控器 1“.81-EDCU1”。

对于 Mp1/M1 车车辆内部，上述列车线的传递路径为门控器 1“.81-EDCU1”→门控器 3“.81-EDCU3”→门控器 5“.81-EDCU5”→门控器 7“.81-EDCU7”。

对于 Mp2/M2 车车辆内部，上述列车线的传递路径为门控器 2“.81-EDCU2”→门控器 4“.81-EDCU4”→门控器 6“.81-EDCU6”→门控器 8“.81-EDCU8”。

对于 Tc2 车车辆内部，上述列车线的传递路径为门控器 8“.81-EDCU8”→门控器 6“.81-EDCU6”→门控器 4“.81-EDCU4”→门控器 2“.81-EDCU2”。

（2）列车左侧车门关闭控制电路分析：

电流经 Tc1 车左关门列车线“8022”、车门控制模式列车线“8050”→Tc1 车门控器 7“.81-EDCU7”→Mp1 车门控器 1“.81-EDCU1”→M1 车门控器 1“.81-EDCU1”→M2 车右关门列车线“8012”、车门控制模式列车线“8050”→M2 车门控器 2“.81-EDCU2”→Mp2 车门控器 2“.81-EDCU2”→Tc2 车门控器 8“.81-EDCU8”→全列车左侧车门关闭。对于车辆内部列车线传递情况与开门控制操作一致。

左使能列车线“8025”从高电平转变为低电平，也会触发全列车左侧车门关闭。

零速列车线“8005”从高电平转变为低电平，也会触发全列车左、右侧车门关闭。

（三）车门状态监视电路分析

1. 车门状态监视控制

（1）基础设备：门控器“.81-EDCU1” ~ “.81-EDCU8”。

（2）目标设备：列车所有门关好指示灯，右门关按钮指示灯，左门关按钮指示灯。

（3）控制方法：通过门控器 获得单个车门关闭锁闭状态，将全列车左侧或右侧所有车门关闭锁闭信号串联，最终获得列车左侧车门关闭信号、列车右侧车门关闭信号、列车所有门关好信号。

2. 电路分析

车门状态监视电路如图 9-9（见书末折页图）所示，对该电路分析的具体步骤如下：

二维动画：车门系统状态监视电路图分析

1）步骤一：寻找电路中的正、负极

（1）图 9-9 中的电路正极：列车线 440A、列车线 441A、列车线 425F、列车线 425G、列车线 425B、列车线 5501D。

（2）图 9-9 中的电路负极：列车线 100Z6D、列车线 100Z6E、列车线 100Z9、列车线 100D1A、列车线 100D1B、列车线 100D1C、列车线 100D1D。

2）步骤二：功能分析

（1）车门状态监控基础控制：门控器“.81-EDCU1” ~ “.81-EDCU8”提供单个车门状态信号。

（2）车门状态监控电路的表现：按照实际状态点亮指示灯：列车所有门关好指示灯“.53-HLDC”右门关“.81-SBCR1”“.81-SBCR2”按钮指示灯、左门关“.81-SBCL1”“.81-SBCL2”按钮指示灯。

3）步骤三：电路分析

本电路通过门控器获得单个车门关闭锁闭状态，将全列车左侧或右侧所有车门关闭锁闭信号串联，最终获得列车左侧车门关闭信号、列车右侧车门关闭信号、列车所有门关好信号。由于左、右侧车门监视控制原理完全一致，下面以左侧车门关闭监控为例进行分析。

假设 Tc1 车为占有端，电流经列车线 441A→Tc2 车主控继电器“.21-KALA4”的常闭触点“4-5”（司机台未占有时维持闭合状态）→列车线 8030D→Tc2 车门控器 2“.81-EDCU2”、门控器 4“.81-EDCU4”、门控器 6“.81-EDCU6”、门控器 8“.81-EDCU8”、数字量输入模块获取“Tc2 车右门全关闭状态”信号→Mp2 车门控器 2“.81-EDCU2”、门控器 4“.81-EDCU4”、门控器 6“.81-EDCU6”、门控器 8“.81-EDCU8”、数字量输入模块获取“Mp2 车右门全关闭状态”信号→M2 车门控器 2“.81-EDCU2”、门控器 4“.81-EDCU4”、门控器 6“.81-EDCU6”、门控器 8“.81-EDCU8”、数字量输入模块获取“M2 车右门全关闭状态”信号→M1 车门控器 7“.81-EDCU7”、门控器 5“.81-EDCU5”、门控器 3“.81-EDCU3”、门控器 1“.81-EDCU1”、

数字量输入模块获取“M1 车左门全关闭状态”信号→Mp1 车门控器 7“.81-EDCU7”、门控器 5“.81-EDCU5”、门控器 3“.81-EDCU3”、门控器 1“.81-EDCU1”、数字量输入模块获取“Mp1 车左门全关闭状态”信号→Tc1 车门控器 7“.81-EDCU7”、门控器 5“.81-EDCU5”、门控器 3“.81-EDCU3”、门控器 1“.81-EDCU1”、数字量输入模块获取“Tc1 车左门全关闭状态”信号→列车线 8040D→Tc1 车主控继电器“.21-KALA9”的常开触点“2-3”（司机台占有时得电闭合）→左门全关闭继电器“.81-KALD1”“.81-KALD2”得电，数字量输入模块获取“左门全关闭状态”信号。

电流经列车线 425F→左门全关闭继电器“.81-KALD1”的常开触点“B2-C2”（列车左侧车门全关闭时得电闭合）→点亮左门关绿色指示灯“.81-SBCL1”“.81-SBCL2”。

当右门全关闭继电器“.81-KARD2”与左门全关闭继电器“.81-KALD1”均得电时，可点亮列车所有门关好指示灯“.53-HLDC”。

任务实施

一、任务作业指导标准

微课视频：集控开关客室门试验作业

（一）集控开关客室门试验作业（见表 9-4）

表 9-4　集控开关客室门试验

作业项目	集控开关客室门试验作业	
作业人数	2 人	
作业工具	万用表	
序号	作业内容	作业标准
1	试验前的准备工作	（1）检查一位端司机室电器柜、一位端客室电器柜、二位端客室电器柜端子排外观无损坏、线缆无明显线路裸露。 （2）确认一位端司机室电器柜永久负载断路器、列车控制断路器、车门控制断路器，门控单元 1、2 断路器，门控单元 3、4 断路器，门控单元 5、6 断路器，门控单元 7、8 断路器，左门状态监控断路器、右门状态监控断路器有 DC 110 V。 （3）闭合上述断路器。
2	集控开关客室门	（1）在一位端司机室激活列车、司机室占有。 （2）检查列车所有车门处于锁闭状态、紧急解锁功能未激活、车门隔离功能未激活、司机台列车所有门关好灯常亮。 （3）依次将一位端司机室电器柜车门控制模式置于“硬线”位，ATC 切除开关置于“合”位，ATC 车门旁路置于“合”位，一位端司机台门模式置于“MM”位。 （4）按下开左门按钮（大于 2 s），左侧车门打开，开门过程中，车门状态黄色指示灯亮，TCMS 显示屏显示左侧车门打开。

续表

序号	作业内容	作业标准
2	集控开关客室门	（5）按下关左门按钮（大于 2 s），左侧车门关闭，在关门过程中，车门状态黄色指示灯闪烁。关门到位后，车门状态指示灯灭，TCMS 显示屏显示左侧车门关闭。 （6）按下开右门按钮（大于 2 s），右侧车门打开，开门过程中，车门状态黄色指示灯亮，TCMS 显示屏显示右侧车门打开。 （7）按下关右门按钮（大于 2 s），右侧车门关闭，在关门过程中，车门状态黄色指示灯闪烁。关门到位后，车门状态指示灯灭，TCMS 显示屏显示右侧车门关闭。
3	ATC 车门旁路	（1）将一位端司机室电器柜“=81-S109”置于“分”位。 （2）按压车门按钮（大于 2 s），车门无法打开。 （3）将一位端司机室电器柜“=81-S109”置于“合”位。 （4）按压开门按钮（大于 2 s），车门正常打开。

（二）车门紧急解锁试验作业（见表 9-5）

微课视频：车门紧急解锁试验作业

表 9-5　车门紧急解锁试验

作业项目	车门紧急解锁试验作业	
作业人数	2 人	
作业工具	万用表、方孔钥匙	
序号	作业内容	作业标准
1	试验前的准备工作	同“集控开关客室门试验”的试验前准备一致
2	内紧急解锁	（1）依次操作各车门内紧急解锁手柄到“解锁位”。 （2）各车门可手动打开和关闭。各车门状态指示灯常亮，TCMS 显示屏显示紧急解锁状态。 （3）将各车门内紧急解锁复位。 （4）在车门关闭过程中，车门状态黄色指示灯闪烁，各车门关闭且锁闭后，车门状态黄色指示灯熄灭，TCMS 显示屏显示关门状态。
3	外紧急解锁	（1）依次操作各车外紧急解锁装置到“解锁位”。 （2）各车门可手动打开和关闭。各车门状态指示灯常亮，TCMS 显示屏显示紧急解锁状态。 （3）将外紧急解锁复位。 （4）车门关闭且锁闭，各车门状态指示灯熄灭，TCMS 显示屏显示关门状态。

（三）车门隔离试验作业（见表 9-6）

微课视频：车门隔离试验作业

表 9-6　车门隔离试验

作业项目	车门隔离试验作业	
作业人数	2 人	
作业工具	万用表、方孔钥匙	
序号	作业内容	作业标准
1	试验前的准备工作	同“集控开关客室门试验”的试验前准备一致
2	车门内部隔离	（1）确认所有客室车门处于关闭且锁闭状态。 （2）将车门内部隔离开关置于“隔离”位，使车门处于隔离状态。 （3）车门状态红色指示灯亮，TCMS 显示屏上显示隔离状态。 （4）分别按下开左门（大于 2 s）与开右门按钮（大于 2 s）。 （5）确认被隔离车门无响应。 （6）将隔离开关置于“复位”位。 （7）确认车门功能恢复，TCMS 显示屏显示关闭状态。
3	车门外部隔离	（1）确认所有客室车门处于关闭且锁闭状态。 （2）将车门外部隔离开关置于“隔离”位，使车门处于隔离状态。 （3）车门状态红色指示灯亮，TCMS 显示屏上显示隔离状态。 （4）分别按下开左门（大于 2 s）与开右门按钮（大于 2 s）。 （5）确认被隔离车门无响应。 （6）将隔离开关置于“复位”位。 （7）确认车门功能恢复，TCMS 显示屏显示关闭状态。

（四）车门障碍物检测试验作业（见表 9-7）

微课视频：车门障碍物检测试验作业

表 9-7　车门障碍物检测试验

作业项目	车门障碍物检测试验作业	
作业人数	2 人	
作业工具	万用表、防挤压铝块	
序号	作业内容	作业标准
1	试验前的准备工作	同“集控开关客室门试验”的试验前准备一致
2	障碍物检测	（1）将车门打开。 （2）按下关门按钮（大于 2 s），在车门关闭过程中将障碍物放到两扇门板之间的下、中、上位置处。 （3）车门在关闭过程中遇到障碍物后，车门会停止关闭并自动开启。 （4）连续关闭三次后，客室门均检测到障碍物，车门最终将完全打开，TCMS 显示屏显示“障碍物状态”。 （5）在车门打开和关闭过程中，车门状态黄色指示灯闪烁。 （6）移开障碍物，再次按下关闭按钮。 （7）车门关闭并保持关闭状态，TCMS 显示屏显示关门状态。

二、城轨车辆车门控制系统操作

（一）HMI 车门状态显示

MDCU 上的所有数据通过 MVB 传送到 VCU 上，所有门的状态信息将根据需要显示在司机显示屏上，在 HMI 上显示的车门状态如图 9-10 和表 9-8 所示。

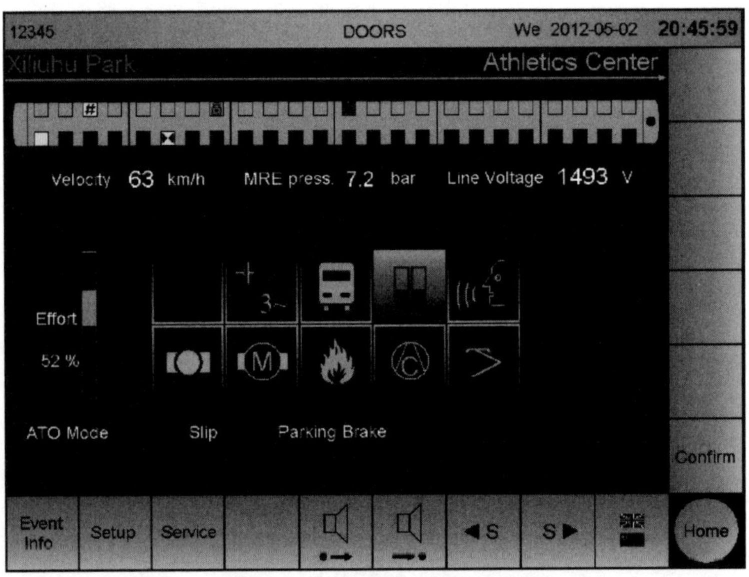

图 9-10　车门状态显示界面

表 9-8　HMI 上的车门状态界面说明

Priority 优先级	Symbol 符号	Indicated state 指示状态
1		door opened in emergency case from inside or outside 紧急情况下门从里面或外面打开
2		door is cutout 门切除
3		“maintenance push button” active 维护按钮按下
4		door is faulty 门故障
5		door with warning 门警告
6		door has detected an obstruction 门检测到障碍物
7		door open, no fault 门开，无故障
8		door closed, no fault 门关，无故障

（二）司机室内车门控制

在司机室内能实现对列车开关门控制。

（1）在司机台的左、右两侧各设置开关门按钮，即“右门开”“右门关”“左门开”“左门关”四个按钮，同时在司机台左边的按钮面板上有“门模式开关”，右边有“列车所有车门关好”指示灯，如图 9-11（a）所示。

（2）在司机室的左、右两侧靠近司机室侧门处各设置车门控制板，即“右门开”“右门关”“左门开”“左门关”“重关门”（左、右）六个按钮，如图 9-11（b）所示。

（3）在司机室的继电器柜上设“车门控制、门控单元 1-8、左门状态监控、右门状态监控”断路器和“车门控制模式、门关好旁路、门零速旁路”旋钮。

车门控制相关按钮说明如表 9-9 所示，继电器柜面板上的车门控制旋钮清单如表 9-10 所示。

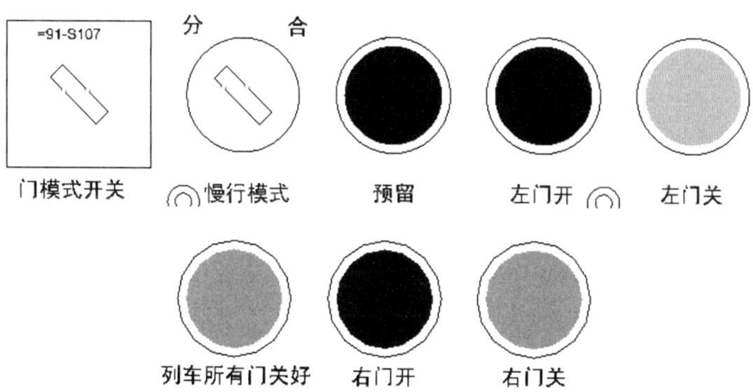

（a）

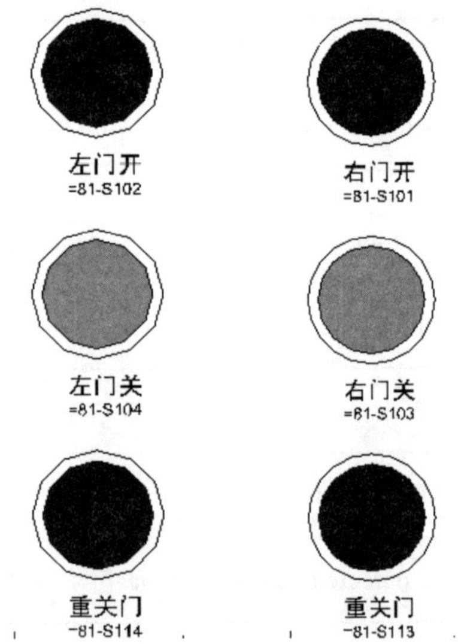

（b）

图 9-11　车门控制按钮

表 9-9　车门控制相关按钮说明

序号	按钮/旋钮/指示灯	描述
1	 =81-S11	右门开 （按钮开关，带红色指示灯）
2	 =81-S101	右门开 （按钮开关，带红色指示灯）
3	 =81-S113	重关门（右） （按钮开关，带红色指示灯）
4	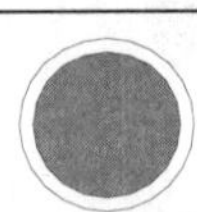 =81-S13	右门关 （按钮开关，带绿色指示灯）
5	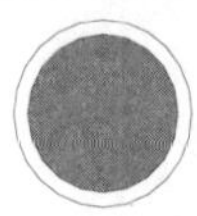 =81-S103	右门关 （按钮开关，带绿色指示灯）

续表

序号	按钮/旋钮/指示灯	描述
6	 =81-S12	左门开 （按钮开关，带红色指示灯）
7	 =81-S102	左门开 （按钮开关，带红色指示灯）
8	 =81-S114	重关门（左） （按钮开关，带红色指示灯）
9	 =81-S14	左门关 （按钮开关，带绿色指示灯）
10	 =81-S104	左门关 （按钮开关，带绿色指示灯）

表 9-10　继电器柜面板上的车门控制按钮清单

序号	旋钮/断路器	描述	使用
1	=81-F101	车门控制	
2	–82-F101	门控单元 1、3	
3	=82-F102	门控单元 2、4	
4	=82-F103	门控单元 5、7	
5	=82-F104	门控单元 6、8	
6	=84-F101	左门状态监控	
7	=84-F102	右门状态监控	
8	门关好旁路=81-S110 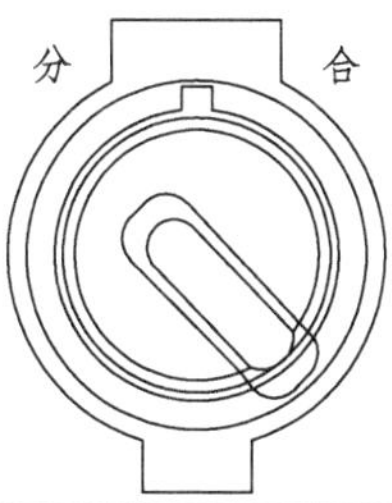	门关好旁路　分/合 （旁路车门关闭触点，在“分”位旋转开关）	

续表

序号	旋钮/断路器	描述	使用
9	门零速旁路=81-S115 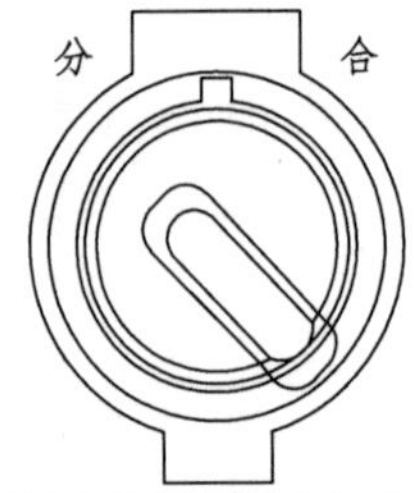 	门零速旁路　分/合 （旁路门零速信号，在“分”位，旋转开关）	
10	车门控制模式=81-S15  	车门控制模式　硬线/网络 （车门控制模式，一般在“硬线”位，旋转开关）	
11	ATC 车门旁路=81-S112 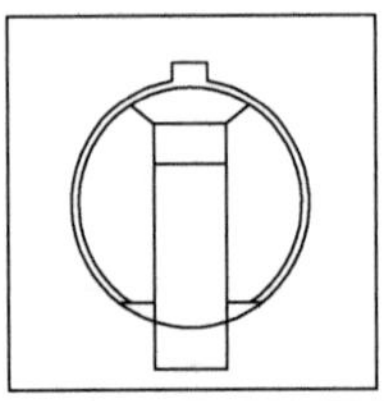	ATC 车门旁路开关　分/合 （提供门允许信号，在“分”位，旋钮开关）	

三、现场典型故障案例分析

（一）故障一：车门图标显红导致列车产生 FSB

1. 故障现象

车辆在站与站区间运行时，突然产生 FSB，HMI 车辆屏显示 TC 车 2 门图标显红，司机台此侧关门灯不亮。司机切除故障车门后运行正常。

2. 故障分析

关闭车门时，释放“关到位”开关 S4 和“锁到位”开关 S1，当单节车此侧所有车门完全关闭后，安全互锁回路导通，右门状态监控继电器得电。两单元右侧车门完全关闭后，列车右门关好继电器得电，“右门关”指示灯亮。

列车回库后，上车对故障门进行了检查，发现门关好时“锁到位”开关 S1 处于临界触发状态，判断故障原因为列车在运行中 S1 开关异常触发，导致车门安全回路断开，列车产生 FSB。进一步检查发现右侧螺母副撞块位置偏低，门锁闭时开关无法完全释放，调整螺母副开关撞块位置后故障消失，测量车门其他尺寸正常，试验开关门功能正常。

下载门控器故障记录，如图 9-12 所示，故障时间点报有主要故障“安全互锁回路异常”，与门图标显红的故障现象相符，此时列车已离站超过 60 m，车辆 VCU 不再施加紧急制动，信号系统施加 FSB 使列车停车。

48	001056	12	32	Event	机械隔离事件	1	产生	2014-10-19 17:35:52
49	001056	12	8	Major	“安全互锁回路异常”故障	1	消除	2014-10-19 17:35:52
50	001056	12	8	Major	“安全互锁回路异常”故障	1	产生	2014-10-19 17:33:43
51	001056	12	8	Major	“安全互锁回路异常”故障	1	消除	2014-10-19 17:33:36
52	001056	12	8	Major	“安全互锁回路异常”故障	1	产生	2014-10-19 17:33:35
53	001056	12	8	Major	“安全互锁回路异常”故障	1	消除	2014-10-19 17:31:57
54	001056	12	8	Major	“安全互锁回路异常”故障	1	产生	2014-10-19 17:31:56

图 9-12　门控器故障记录

3. 故障原因

故障车门撞块位置偏下，车门锁闭时 S1 开关仍处于临界触发状态，是造成本次故障的主要原因。

4. 故障处理

对故障车门 S1 开关进行调整，日常检查作业中重点检查。

（二）故障二：门控器失电

1. 故障现象

正线运营在站台作业时，发现车辆屏显示 5B 车 8 号车门图标显示红色，车门无法打开，重新开门仍无法打开。关门后司机将此车门切除，车辆屏 5B 车 8 号车门图标仍显示红色，关门灯亮，列车有速度码。司机确认安全后以 ATO 模式动车。

2. 故障分析

列车回库后，检查发现 8 号车门的门控器面板上 LED 灯全部不亮，门控器未得电，进一步检查发现集成门控器电源线（243 线）的 XT1 插头轻微脱出，如图 9-13 所示，将其重新拔插后，故障消失。

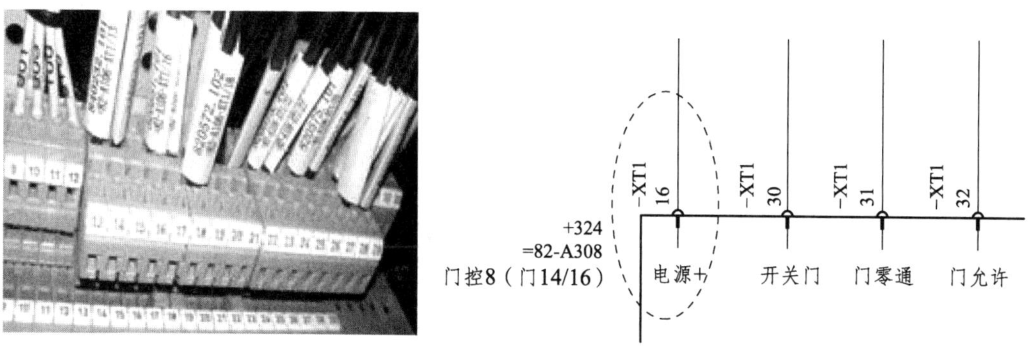

图 9-13　门控器插头

（1）HMI 车门图标显红，门控器供电插头 XT1 松动，门控器失电，导致通信中断，使其不能接收开/关门指令，VCU 判别此门严重故障，因此车门无法打开，HMI 车门图标应显红。

（2）车门切除后，关门灯亮，门控器供电电路与车门状态监控电路相互独立，门控器失电不影响车门状态监控。由电路图 9-13 可知，右门安全互锁回路正常得电，“门关好”灯亮，电客车可以正常牵引。

3. 故障原因

门控器端子排松动，导致门控器失电。

4. 故障处理

回库后对插头进行紧固，在三月检规程中对接线端子进行检查。切除故障车门后，若 HMI 车门图标仍显示红色，有可能是门控器失电或故障以及通信故障。一般采取以下处理方式：① 检查门控器供电空气开关是否跳闸，接线是否松动；② 检查端子排插接是否牢固；③ 检查门控器插头是否牢固；④ 更换门控器。

技能考核

一、考核任务

每两位学生为一组，在规定的时间内完成集控开关客室门试验作业。

二、考核要求及评分标准

（一）作业安全要点

（1）作业前需进行场地及设备检查，并根据作业需求进行工具、物料拣选。
（2）作业过程需按照记录卡的要求进行准确记录。
（3）作业结束后需清理现场并归还工具。
（4）注意用电安全，严禁徒手触摸电源及与电源连接的线路。

（二）操作程序

按集控开关客室门试验作业指导标准完成测试，并将测试结果填写到记录卡（见表 9-11）中。

表 9-11　集控开关客室门试验作业记录卡

步骤	测试项		测试结果	故障描述
1	试验前的准备作业	检查一位端司机室电器柜、一位端客室电器柜、二位端司机室电器柜、二位端客室电器柜端子排外观无损坏、线缆无明显线路裸露	正常□　异常□	
		检查一位端和二位端操纵台两个“紧急停车”蘑菇按钮处于释放位	是□　否□	

续表

<table>
<tr><th>步骤</th><th colspan="2">测试项</th><th>测试结果</th><th>故障描述</th></tr>
<tr><td>1</td><td>试验前的准备作业</td><td>将一位端司机室电器柜永久负载微断器、一位端司机室电器柜列车控制断路器、二位端司机室电器柜列车控制断路器、一位端司机室电器柜停放制动微断器、一位端客室电器柜压缩机控制微断器、一位端司机室电器柜车门控制微断器，一位端司机室电器柜门控单元 1、2 微断器，一位端司机室电器柜门控单元 3、4 微断器，一位端司机室电器柜门控单元 5、6 微断器，一位端司机室电器柜门控单元 7、8 微断器，一位端司机室电器柜左门状态监控断路器、一位端司机室电器柜右门状态监控断路器是否闭合</td><td>全部闭合□
未全部闭合□</td><td></td></tr>
<tr><td rowspan="2">2</td><td rowspan="2">开关门试验</td><td>按下开左门按钮（大于 2 s）</td><td>（1）车门状态：
打开□　关闭□
（2）车门红色指示灯状态：
常亮□　灭□
先闪烁再亮□
先闪烁再灭□
（3）车门黄色指示灯状态：
常亮□　灭□
先闪烁再亮□
先闪烁再灭□
（4）TCMS 屏上状态：
打开□　关闭□</td><td></td></tr>
<tr><td>按下关左门按钮（大于 2 s）</td><td>（1）车门状态：
打开□　关闭□
（2）车门红色指示灯状态：
常亮□　灭□
先闪烁再亮□
先闪烁再灭□</td><td></td></tr>
</table>

续表

<table>
<tr><th>步骤</th><th colspan="2">测试项</th><th>测试结果</th><th>故障描述</th></tr>
<tr><td>2</td><td>开关门试验</td><td></td><td>（3）车门黄色指示灯状态：
常亮□　灭□
先闪烁再亮□
先闪烁再灭□
（4）TCMS 屏上状态：
打开□　关闭□</td><td></td></tr>
<tr><td colspan="5">故障原因补充说明：</td></tr>
</table>

（三）考核内容及评分标准（见表 9-12）

表 9-12　集控开关客室门试验作业考核内容及评分标准

序号	考核内容	配分	评分标准
1	作业工具的使用	10	作业过程中错误使用工具或出现工具掉落现象，每次扣 2 分，扣完本项所配分值为止。
2	预设故障查找	20	1. 步骤不对，每次扣 5 分。 2. 方法不对，每次扣 5 分。 3. 损坏零部件，每个扣 10 分。 4. 没有清槽、整理，扣 5 分。 5. 扣完本项所配分值为止。
3	作业标准考察	60	1. 步骤不对，每次扣 5 分。 2. 方法不对，每次扣 5 分。 3. 对标作业指导标准发生漏项，每次扣 5 分。 4. 损坏零部件，每个扣 10 分。 5. 扣完本项所配分值为止。
4	安全文明生产	10	1. 遵守国家或企业有关安全规定，每违反一项规定扣 2 分。 2. 严重违规者停止操作。
5	时间		每超时 5 min 扣 5 分（上限 40 分）

任务拓展

1. 参照上述技能考核模板，以小组为单位完成车门紧急解锁试验作业及考核。
2. 参照上述技能考核模板，以小组为单位完成车门隔离试验作业及考核。
3. 参照上述技能考核模板，以小组为单位完成车门障碍物检测试验作业及考核。

任务训练

1. 简述城轨车辆客室车门系统的组成。
2. 简述城轨车辆门驱盖板上车门指示灯的工作情况。
3. 简述城轨车辆车门安全回路的组成（可画出示意图）。
4. 开门按钮亮红灯和关门按钮亮绿灯分别表示什么意思？
5. 车门上有几个行程开关？各起什么作用？
6. 怎样切除车门？
7. 如何紧急打开车门？
8. 车门切除时，开门过程中和关门过程中分别显示什么信号？

参考文献

[1] 徐彦. 城轨车辆驾驶控制系统[M]. 北京：中国铁道出版社，2016.

[2] 李瑞荣，童巧新. 城轨车辆电气故障分析与处理. 2 版[M]. 北京：中国铁道出版社，2017.

[3] 牟岩，侯朋岐，胥倪. 城轨车辆牵引逆变器主电路参数设计依据[J]. 铁道机车与动车，2020（12）：1-6.

[4] 张笛，崔晶. 国产电力机车及牵引传动系统案例分析[J]. 黑龙江交通科技，2022，45（09）：140-142.

[5] 李丽丽，王泉文，田慧. 城轨车辆牵引系统简析[J]. 中国战略新兴产业，2018（04）：30.

[6] 赵龙. 电力牵引传动与控制技术的现状与发展[J]. 城市建设理论研究（电子版），2017（01）：264-265.

[7] 韦义林，李晓康，赵锐. 城轨车辆介入式控制装置设计与应用[J]. 电力机车与城轨车辆，2021，44（04）：35-38.

[8] 吴云飞，等. 城轨车辆电制动滑行故障分析与优化策略研究[J]. 铁道车辆，2023. 6（30）：57-62.

[9] 许钰文. 城轨车辆制动系统常见故障分析与处理[J]. 中国机械，2023（10）：96-99.

[10] 吴萌岭，等. 列车制动技术发展趋势探讨[J]. 中国铁道科学，2019，40（01）：134-144.

[11] 李培署. 我国城轨交通车辆制动系统技术标准体系研究[J]. 铁道车辆，2021，59（05）：10-14.

[12] 陈骞，等. 电机械制动——“双碳”下的列车制动技术创新[J]. 现代城市轨道交通，2022（08）：93-97.

[13] 郭蕾，宋元全，王天宇. 城轨车辆车门气密性研究及设计[J]. 轨道交通装备与技术，2020（05）：39-41.

[14] 李伟斌，桂建飞. 城轨车辆车门系统常见故障及解决措施[J]. 科技与创新，2023（15）：158-160.

[15] 宋杰，等. 城轨车辆车门检测设备的设计实现及应用[J]. 国外电子测量技术，2020，39（09）：100-105.

[16] 毛永文，等. 城轨车辆车门系统可靠性分析[J]. 工程建设与设计，2019（13）：109-111.

[17] 张丽. 悬挂式空轨车辆空调系统设计与研究[J]. 铁道机车车辆，2022，42（02）：99-105.

[18] 伍春发. 城轨车辆空调制冷系统的故障诊断研究[J]. 南方农机，2020，51（03）：249.

[19] 王建，等. 城轨车辆空调设计、分析及测试方法的探讨[J]. 中国标准化，2019（S2）：142-144.

[20] 王志文，等. 地铁列车空调温度控制策略研究[J]. 轨道交通装备与技术，2022（01）：39-41.

[21] 徐明功，吕平，程海林. 城市轨道交通乘客信息系统互联互通探索[J]. 交通世界，2020（10）：158-160.

[22] 马丽英，杨贵森. 标准地铁列车乘客信息系统设计[J]. 电力机车与城轨车辆，2021，44（05）：70-74.
[23] 王光，翟德龙，杨路宇. 地铁列车乘客信息系统故障分析与技术改进[J]. 石家庄铁路职业技术学院学报，2021，20（04）：62-65.
[24] 陶艳，陈全，冯峥嵘. 长沙市轨道交通 2 号线列车乘客信息系统故障分析及对策[J]. 电力机车与城轨车辆，2022，45（04）：119-122.
[25] 李昌强. 广州地铁 B8 型车高速断路器与紧急牵引关系研究[J]. 机电信息，2018（8）：67-68.

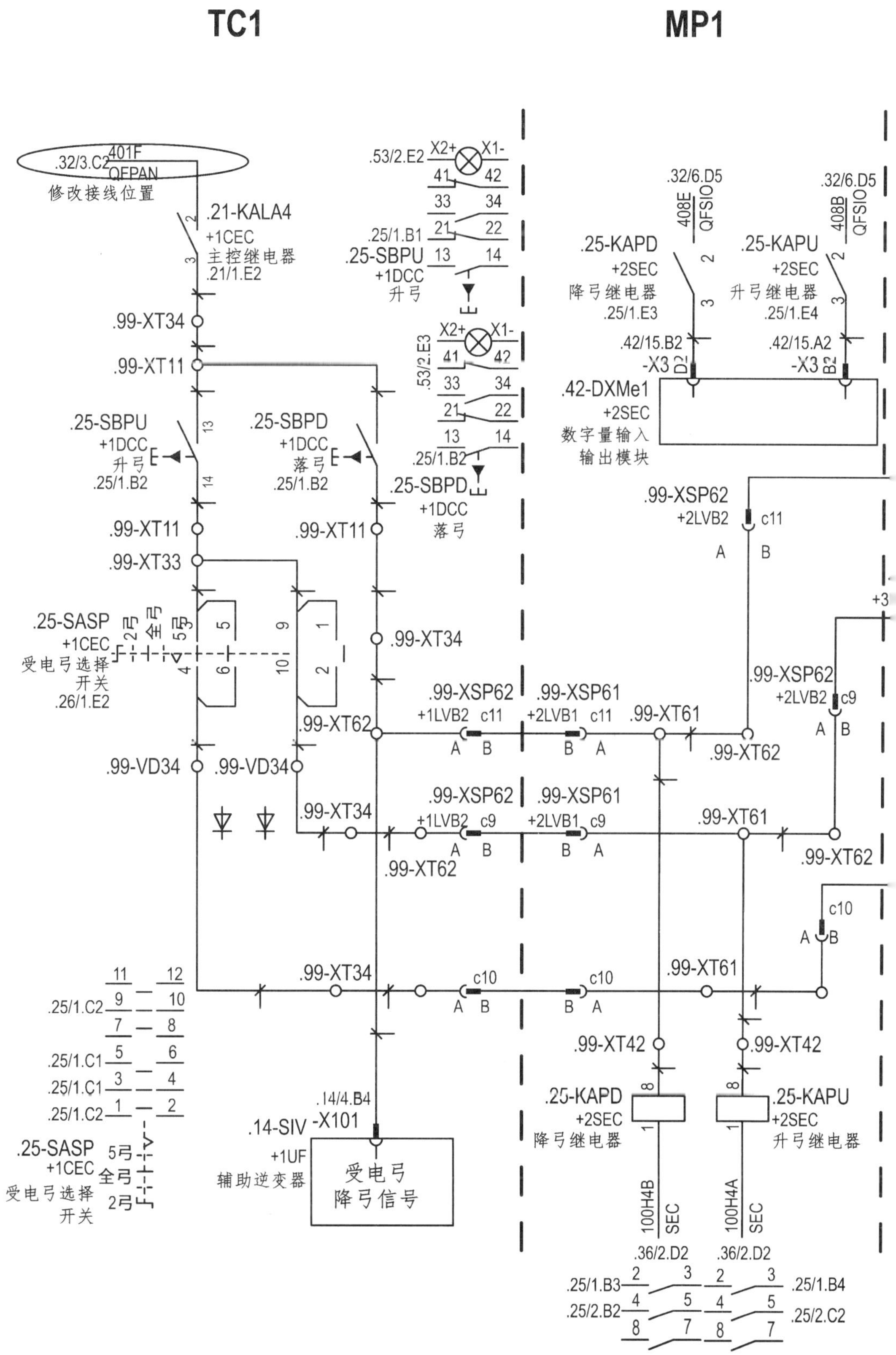

TC1
MP1
.32/3.C2 401F QFPAN
修改接线位置
.21-KALA4
+1CEC
主控继电器
.21/1.E2
.25-SBPU
+1DCC
升弓
.25-SBPD
+1DCC
落弓
.25-SASP
+1CEC
受电弓选择开关
.26/1.E2
.25-KAPD
+2SEC
降弓继电器
.25-KAPU
+2SEC
升弓继电器
.42-DXMe1
+2SEC
数字量输入输出模块
.14-SIV -X101
+1UF
辅助逆变器
受电弓降弓信号
.99-XT34
.99-XT11
.99-XT33
.99-XT62
.99-VD34
.99-XSP62
.99-XSP61
.99-XT61
.99-XT42
100H4B SEC
100H4A SEC

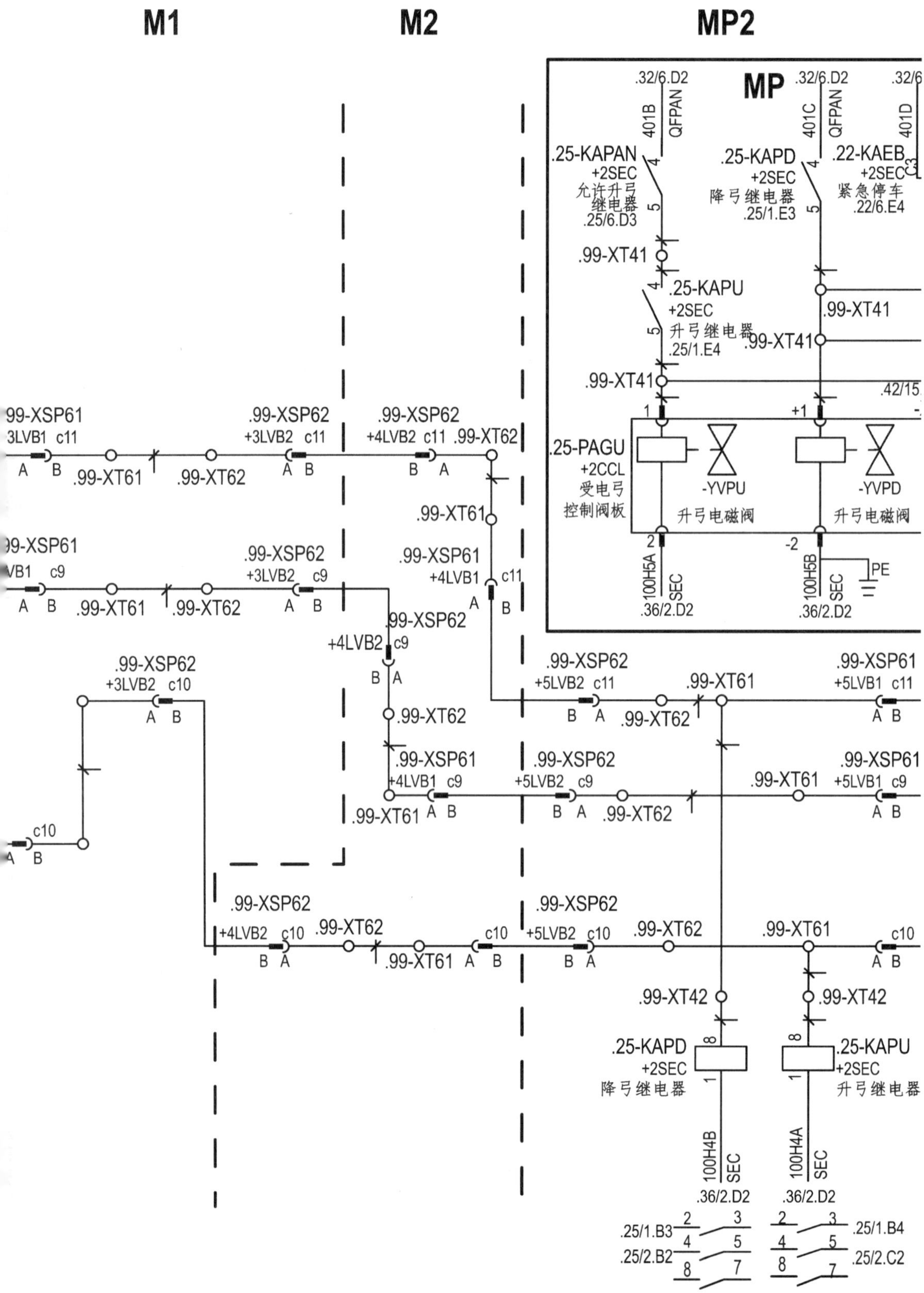
M1
M2
MP2
MP
.25-KAPAN
+2SEC
允许升弓继电器
.25-KAPD
+2SEC
降弓继电器
.22-KAEB
+2SEC
紧急停车
.25-KAPU
+2SEC
升弓继电器
.25-PAGU
+2CCL
受电弓控制阀板
-YVPU
升弓电磁阀
-YVPD
升弓电磁阀
.99-XSP61
.99-XSP62
.99-XT61
.99-XT62
.99-XT41
.99-XT42
.25-KAPD
+2SEC
降弓继电器
.25-KAPU
+2SEC
升弓继电器

图 3-4　受电弓控制电路

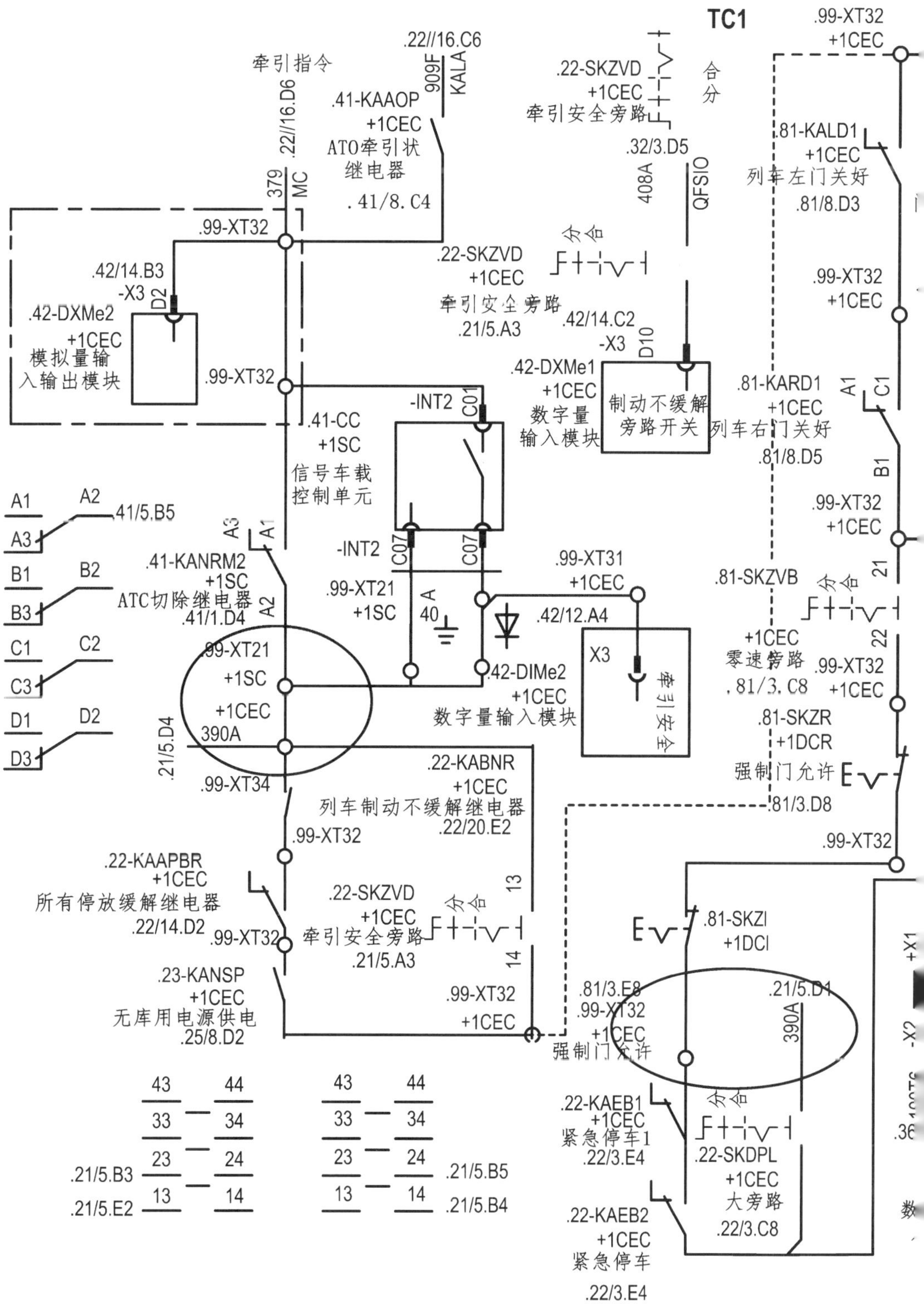

TC1
牵引指令
.41-KAAOP
+1CEC
ATO牵引状继电器
.41/8.C4
.22-SKZVD
+1CEC
牵引安全旁路
合
分
.81-KALD1
+1CEC
列车左门关好
.81/8.D3
.42-DXMe2
+1CEC
模拟量输入输出模块
.41-CC
+1SC
信号车载控制单元
.42-DXMe1
+1CEC
数字量输入模块
制动不缓解旁路开关
.81-KARD1
+1CEC
列车右门关好
.81/8.D5
.41-KANRM2
+1SC
ATC切除继电器
.41/1.D4
.42-DIMe2
+1CEC
数字量输入模块
牵引安全
.81-SKZVB
+1CEC
零速旁路
.81/3.C8
.81-SKZR
+1DCR
强制门允许
.81/3.D8
.22-KABNR
+1CEC
列车制动不缓解继电器
.22/20.E2
.22-KAAPBR
+1CEC
所有停放缓解继电器
.22/14.D2
.23-KANSP
+1CEC
无库用电源供电
.25/8.D2
.81-SKZI
+1DCI
强制门允许
.22-KAEB1
+1CEC
紧急停车1
.22/3.E4
.22-SKDPL
+1CEC
大旁路
.22/3.C8
.22-KAEB2
+1CEC
紧急停车
.22/3.E4

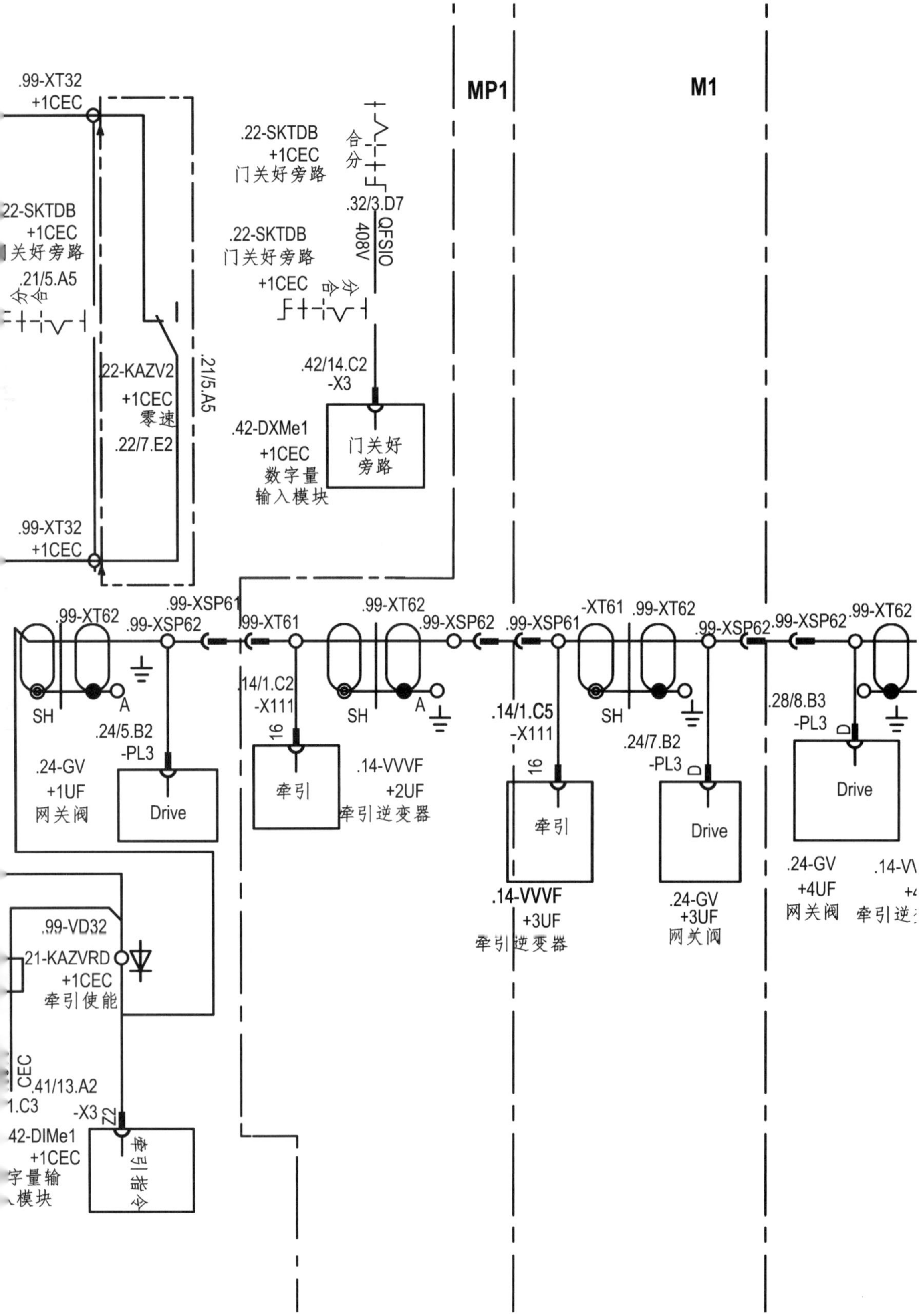
MP1
M1
.99-XT32
+1CEC
.22-SKTDB
+1CEC
门关好旁路
合
分
.32/3.D7
408V
QFSIO
.22-SKTDB
门关好旁路
+1CEC
.21/5.A5
.22-KAZV2
+1CEC
零速
.22/7.E2
.42/14.C2
-X3
.42-DXMe1
+1CEC
数字量
输入模块
门关好
旁路
.99-XT62
.99-XSP62
.99-XSP61
.99-XT61
SH
A
.24/5.B2
-PL3
.24-GV
+1UF
网关阀
Drive
.14/1.C2
-X111
16
牵引
.14-VVVF
+2UF
牵引逆变器
.14/1.C5
.14-VVVF
+3UF
牵引逆变器
-XT61
.24/7.B2
D
.24-GV
+3UF
网关阀
.28/8.B3
+4UF
.99-VD32
21-KAZVRD
+1CEC
牵引使能
.41/13.A2
Z2
42-DIMe1
牵引指令

4-3　启动联锁控制电路

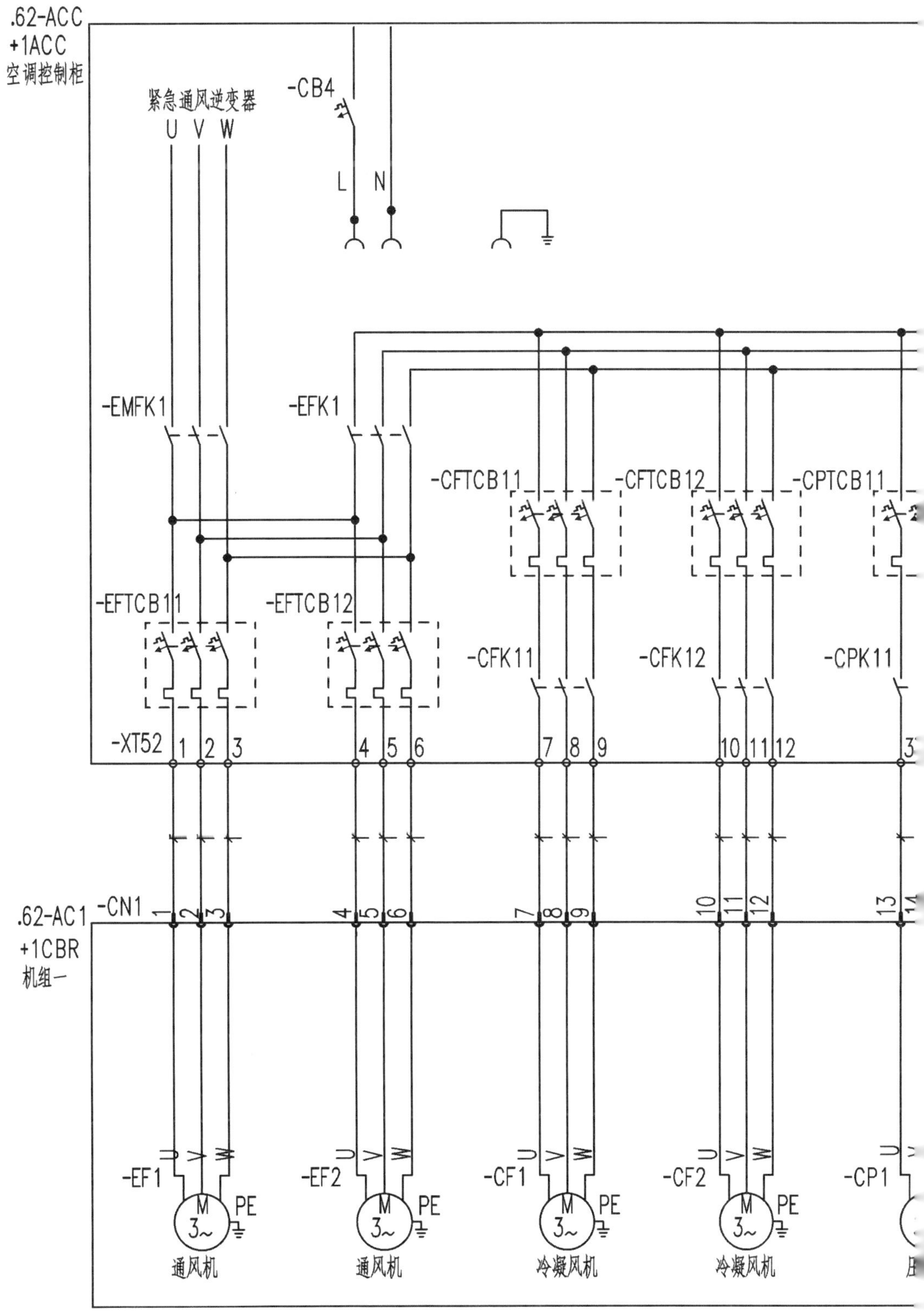

.62-ACC
+1ACC
空调控制柜
紧急通风逆变器
U V W
-CB4
L N
-EMFK1
-EFK1
-CFTCB11
-CFTCB12
-CPTCB11
-EFTCB11
-EFTCB12
-CFK11
-CFK12
-CPK11
-XT52
1 2 3 4 5 6 7 8 9 10 11 12
.62-AC1
+1CBR
机组一
-CN1
-EF1
-EF2
-CF1
-CF2
-CP1
PE
通风机
通风机
冷凝风机
冷凝风机

图 8-12

TC1

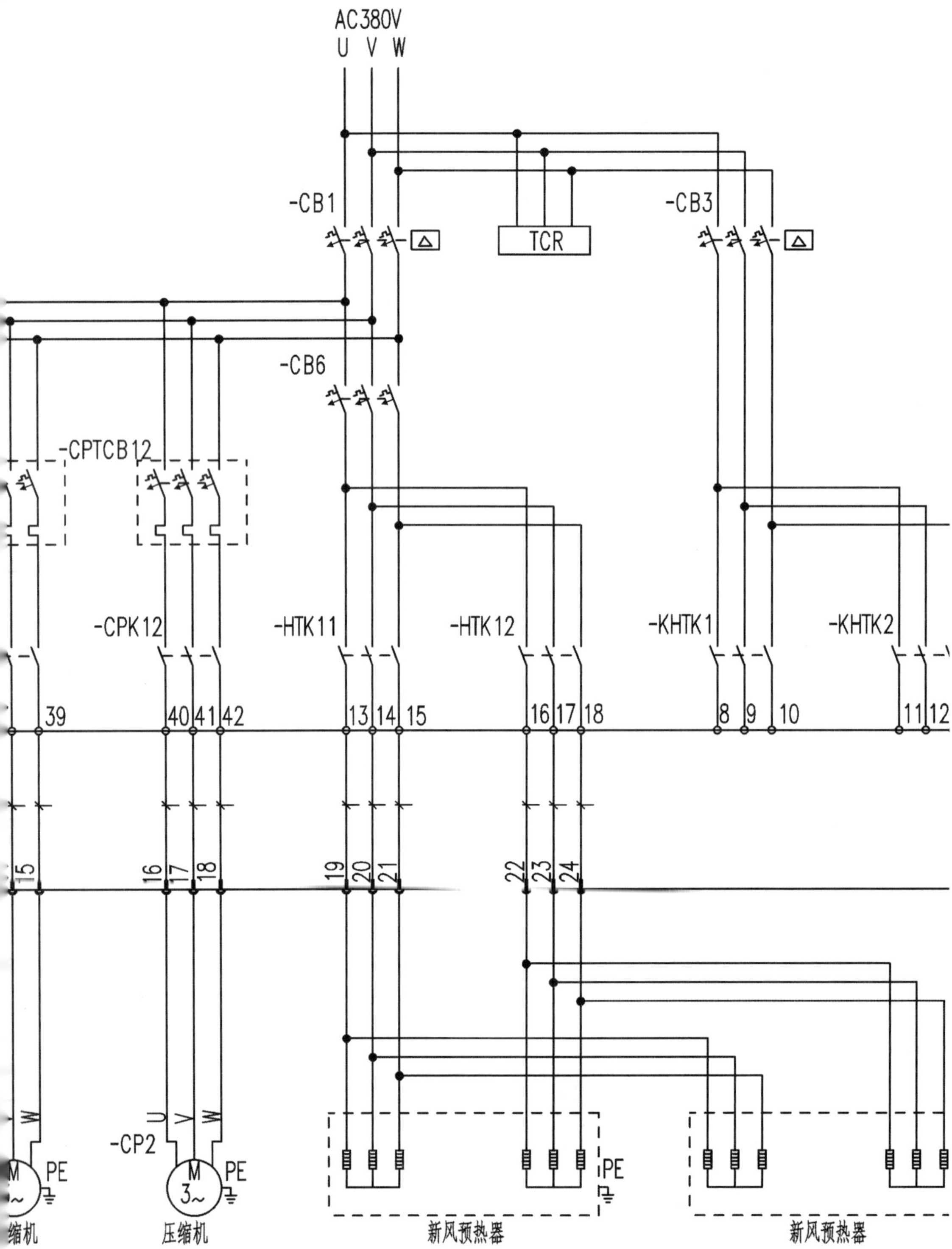

空调系统主回路原理电路

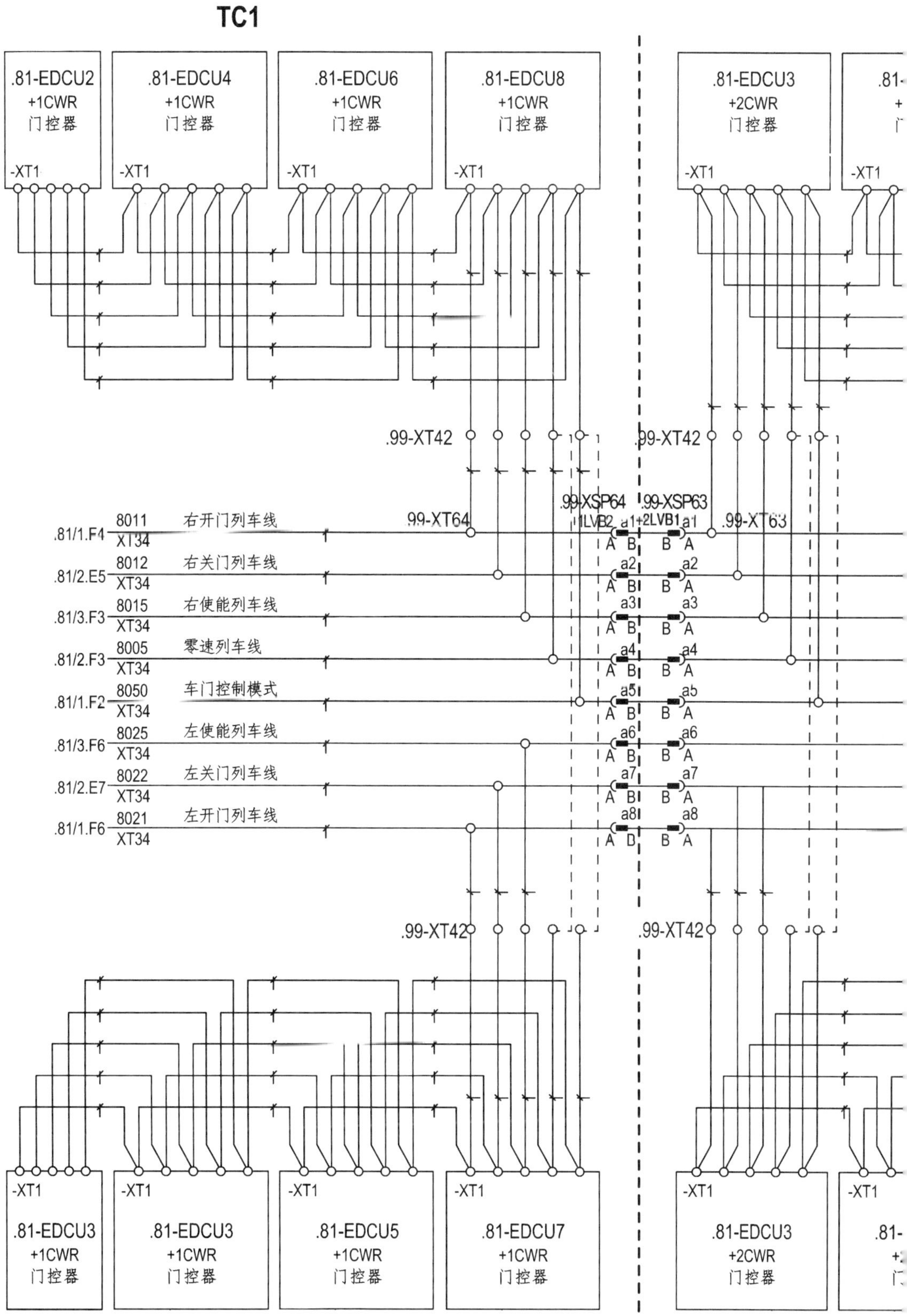
TC1
.81-EDCU2
+1CWR
门控器
.81-EDCU4
+1CWR
门控器
.81-EDCU6
+1CWR
门控器
.81-EDCU8
+1CWR
门控器
.81-EDCU3
+2CWR
门控器
-XT1
.99-XT42
.99-XSP64
.99-XSP63
.99-XT64
.99-XT63
8011 右开门列车线
8012 右关门列车线
8015 右使能列车线
8005 零速列车线
8050 车门控制模式
8025 左使能列车线
8022 左关门列车线
8021 左开门列车线
.81/1.F4
.81/2.E5
.81/3.F3
.81/2.F3
.81/1.F2
.81/3.F6
.81/2.E7
.81/1.F6
XT34
.81-EDCU3
+1CWR
门控器
.81-EDCU3
+1CWR
门控器
.81-EDCU5
+1CWR
门控器
.81-EDCU7
+1CWR
门控器
.81-EDCU3
+2CWR
门控器

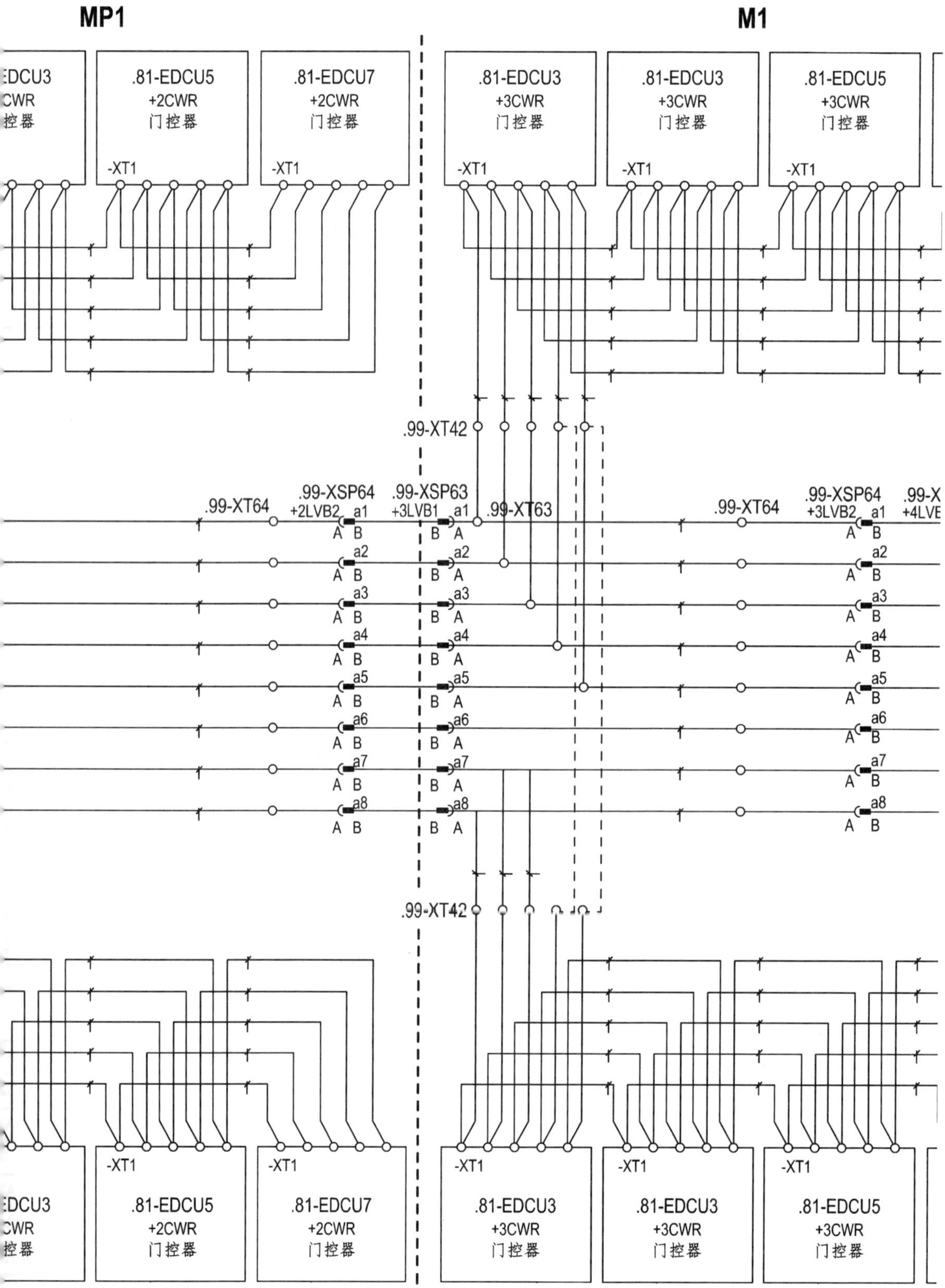

图 9-8　车门动作控制电路

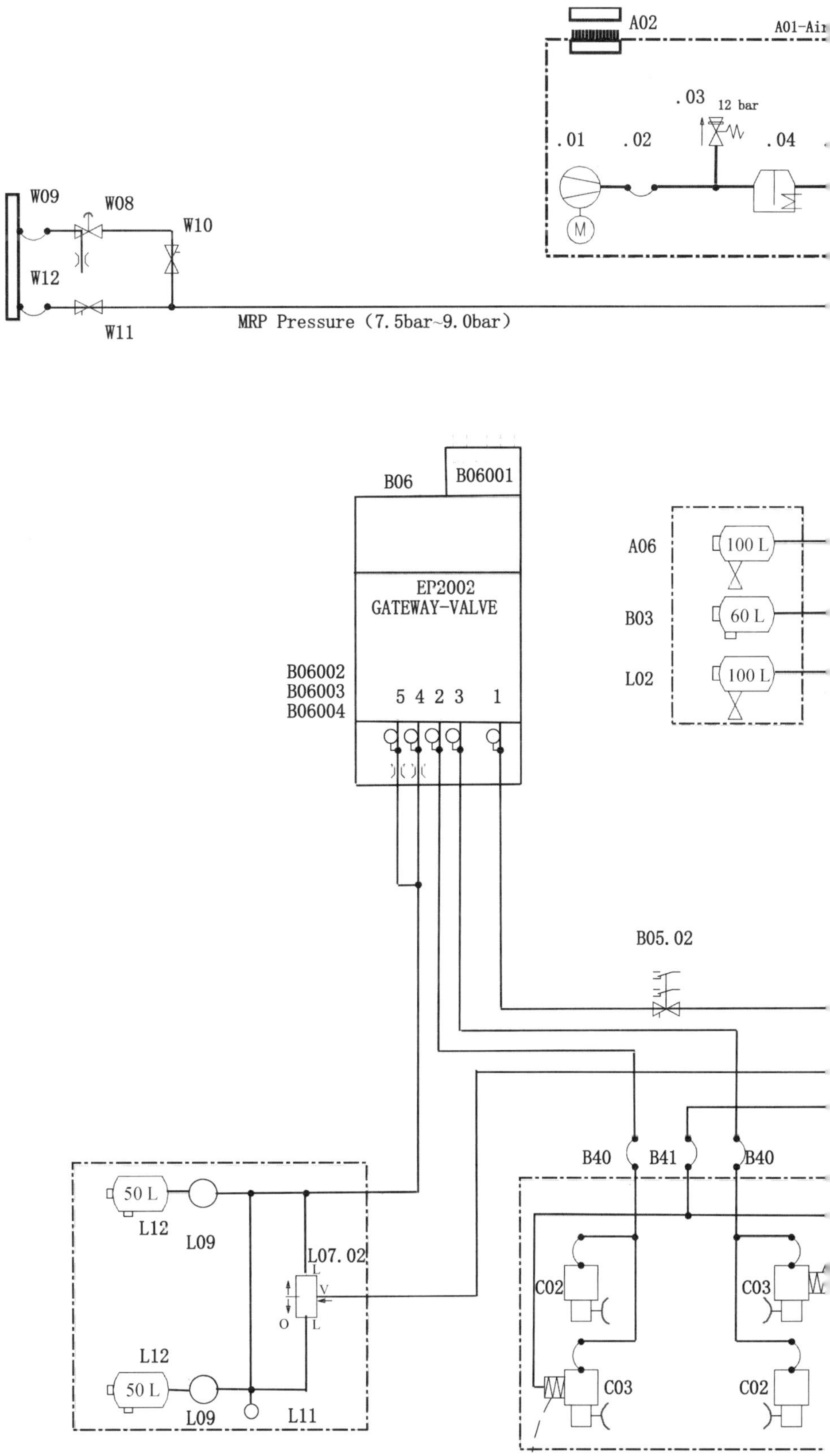
A02
A01-Ai
.03
12 bar
.01
.02
.04
M
W09
W08
W10
W12
W11
MRP Pressure (7.5bar~9.0bar)
B06
B06001
EP2002
GATEWAY-VALVE
B06002
B06003
B06004
5 4 2 3 1
A06
100 L
B03
60 L
L02
100 L
B05.02
B40
B41
B40
50 L
L12
L09
L07.02
L12
50 L
L09
L11
C02
C03
C03
C02

附图

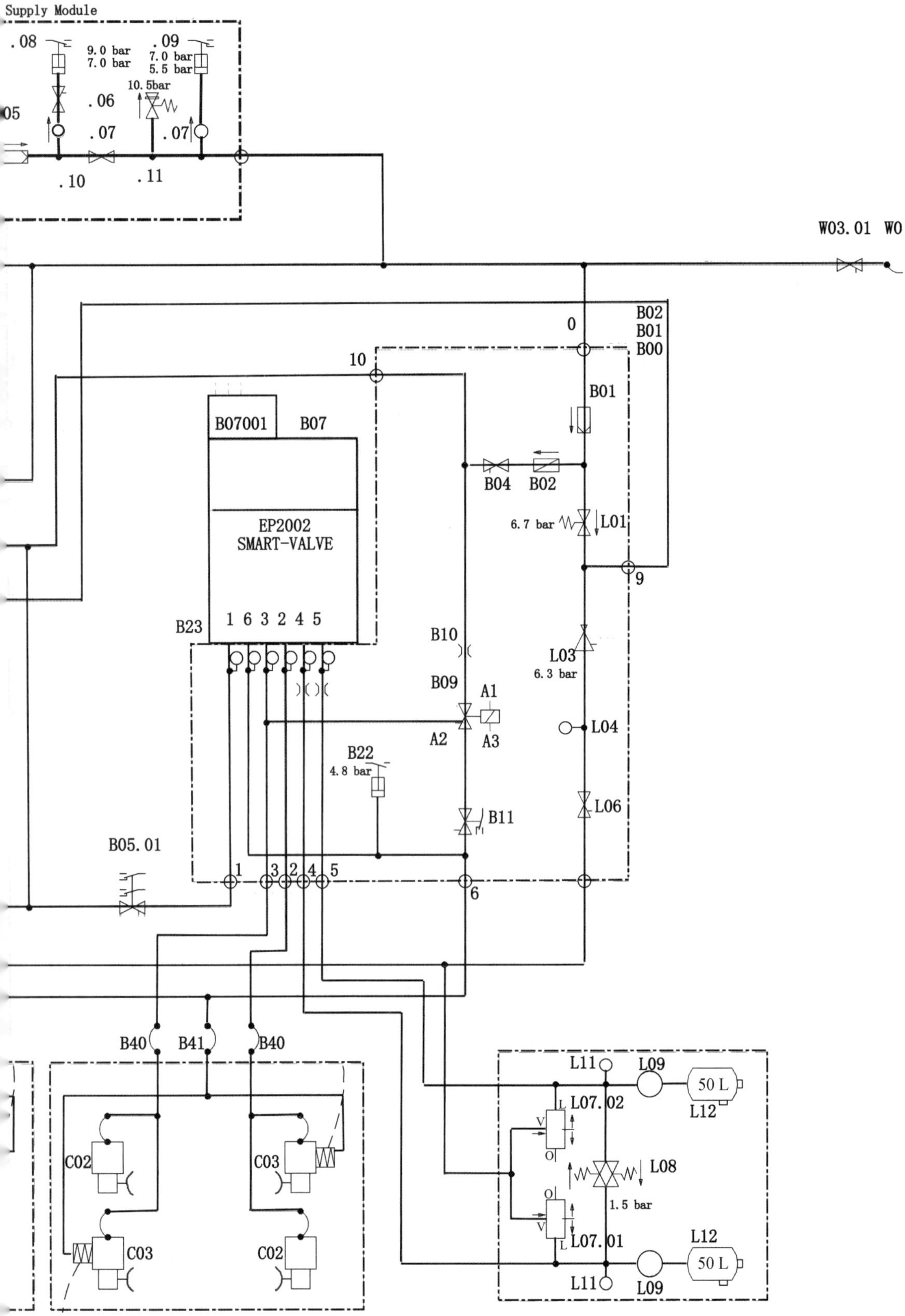

Supply Module
.08
9.0 bar
7.0 bar
.09
7.0 bar
5.5 bar
10.5bar
.06
05
.07
.07
.10
.11
W03.01 W0
B02
B01
B00
0
10
B01
B07001
B07
B04
B02
EP2002
SMART-VALVE
6.7 bar
L01
9
B23
1 6 3 2 4 5
B10
L03
6.3 bar
B09
A1
A2
A3
L04
B22
4.8 bar
B11
L06
B05.01
1
3
2
4
5
6
B40
B41
B40
C02
C03
C03
C02
L11
L09
50 L
L07.02
L12
V
O
L08
1.5 bar
L07.01
L12
50 L
L11
L09

M 车空气管路原理图